PEAKY BLINDERS

Le professeur Carl Chinn, MBE*, PhD**, est un historien, écrivain, conférencier et enseignant. Lui-même bookmaker (preneur de paris) jusqu'en 1984, il est à la fois fils et petit-fils de bookmakers illégaux à Sparkbrook du côté paternel, et issu d'une famille ouvrière d'Aston du côté maternel. Ses écrits, profondément marqués par ce milieu ouvrier et sa vie à Birmingham, lui ont valu une notoriété nationale. Il croit passionnément que l'histoire doit être démocratisée, car chacun d'entre nous la marque de son empreinte et a quelque chose à y ajouter. *Peaky Blinders: The Legacy* est son trente-quatrième livre.

* Pour *Member of the Most Excellent Order of the British Empire.*

** Pour *Doctor of Philosophy.*

PEAKY BLINDERS
L'HÉRITAGE

Carl Chinn

Traduit de l'anglais
(Royaume-Uni)

DARK SIDE

Édition originale publiée au Royaume-Uni, en 2020, sous le titre
Peaky Blinders: The Legacy, par John Blake Publishing
4th Floor,
Victoria House,
Bloomsbury Square,
London, England, WC1B 4DA
John Blake Publishing est une marque de Bonnier Books UK
www.bonnierbooks.co.uk

Design : www.envydesign.co.uk

Pour l'édition française

58 rue Jean-Bleuzen 92170 Vanves France

Direction Hachette Pratique : Catherine Saunier-Talec
Responsable éditoriale : Anne Le Meur
Éditrice : Élise Ducamp
Préparation éditoriale, relecture et corrections : Laurie Tétart-Perrier / EliLoCom
Mise en page : *EliLoCom*
Fabrication : Zoé Farré-Vilalta

Achevé d'imprimer en février 2023 par Grafica Veneta en Italie
Dépôt légal : avril 2023

Nuart : 76-5-5180

ISBN : 978-2-01-721053-5

PAPIER À BASE DE FIBRES CERTIFIÉES

hachette s'engage pour l'environnement en réduisant l'empreinte carbone de ses livres. Celle de cet exemplaire est de :
1,700 kg éq. CO_2
Rendez-vous sur www.hachette-durable.fr

L'éditeur utilise des papiers composés de fibres naturelles, renouvelables, recyclables et fabriquées à partir de bois issus de forêts qui adoptent un système d'aménagement durable. L'éditeur attend également de ses fournisseurs de papier qu'ils s'inscrivent dans une démarche de certification environnementale reconnue.

SOMMAIRE

REMERCIEMENTS

En grandissant, j'avais entendu parler des gangs des champs de courses, mais j'ai appris à les connaître en détail pour la première fois en 1987, alors que je faisais des recherches sur l'histoire sociale des paris illégaux et des bookmakers, inspirées par mes origines. Mon grand-père, Richard Chinn, avait commencé comme bookmaker illégal de rue à Sparkbrook, à Birmingham, en 1922, et mon père, Alfred « Buck » Chinn, a ensuite supervisé des boutiques de paris, après la légalisation des paris en espèces en dehors des hippodromes en 1961. Je suis né cinq ans plus tôt et j'ai travaillé à temps partiel dans l'entreprise à partir de l'âge de treize ans, et pendant la majeure partie de mes études secondaires et universitaires. J'en ai ensuite pris la direction entre 1978 et 1984, date à laquelle nous avons vendu l'entreprise. Pendant plusieurs années, mon père est resté une personnalité de premier plan de l'association locale pour la protection des bookmakers et, grâce à ses contacts, j'ai eu la chance de rencontrer des hommes qui m'ont enseigné le bookmaking sur les hippodromes et son histoire, un domaine dans lequel ma famille ne s'était pas impliquée. Leur contribution à mon livre a été très précieuse.

Quelques-uns de ces bookmakers de Londres m'ont fourni des informations de première main à propos de Billy Kimber et le Birmingham Gang, et de Darby Sabini et le Sabini Gang, tous mis en scène dans la série télévisée *Peaky Blinders*. Parmi ces bookmakers se trouvaient Dave Langham, le fils de George Langham, meilleur ami et bras droit de Darby Sabini ; Simmy Solomon, le jeune frère d'Alfie Solomon ; Lou Prince, présent lorsque le Birmingham Gang s'était déchaîné aux courses d'Alexandra Park en 1921 ; Charles Maskey, qui a grandi à Hoxton, le fief des Titanics ; Alan Smith, un bookmaker londonien bien informé ; et Sam Dell, qui avait une connaissance approfondie des paris sur les hippodromes dans les années 1920. Je leur suis reconnaissant, tout comme je le suis envers Joe Martin, Jim Cooper, Horace Bottrell, M. Gilliver, Hilda Burnett et Steve Nicholls, qui m'ont fourni des informations depuis le point de vue de Birmingham. Je suis également reconnaissant des souvenirs de la guerre des gangs de Sheffield que l'on m'a partagés, notamment Frank Harris.

Mon livre sur les paris illégaux a été publié en 1992, et bien qu'il comprenne une section sur la guerre des hippodromes de 1921, il y a beaucoup de choses que je n'avais pas pu inclure. Ce contenu a été intégré dans ce livre, ainsi que le résultat d'années de recherche depuis lors. Je suis donc reconnaissant envers John Blake Publishing de m'avoir donné l'occasion d'écrire de manière approfondie sur les gangs des années 1920, et j'apprécie la contribution de toute l'équipe impliquée dans la publication de *Peaky Blinders: The Legacy*. Je souhaite toutefois remercier tout particulièrement Ciara Lloyd, directrice éditoriale, d'avoir cru en mon travail et de m'avoir soutenu avec enthousiasme, ainsi qu'Ellie Carr, rédactrice en chef, pour son travail d'édition réfléchi, éclairé et minutieux. Ma famille a joué le rôle le plus important dans mon approche de l'histoire et je remercie ma mère et mon père, Sylvie et Buck ; mes grands-parents, Lil Perry, Arthur Perry et Richard

Chinn ; ainsi que ma grand-tante Win Martin et mon grand-oncle George Wood, pour m'avoir inspiré en racontant leurs histoires sur la vie de la classe ouvrière à Sparkbrook et Aston. Pour m'avoir donné la confiance nécessaire pour affirmer la valeur de telles histoires, je rends hommage à Dorothy Thompson, historienne influente et pionnière, qui a supervisé ma thèse de doctorat. Enfin, je remercie ma femme, Kay, dont les récits d'enfance à Finglas West, à Dublin, me permettent de garder les pieds sur terre et sans laquelle je n'aurais jamais pu devenir historien.

INTRODUCTION

L'HÉRITAGE DES PEAKY BLINDERS

Les Années folles, dans l'imaginaire collectif, sont une décennie exubérante, joyeuse, chic et surtout jeune, incarnée par les complaisants Bright Young Things[*]. Un mélange de riches aristocrates et de bohémiens dédaigneux des normes sociales, se délectant d'un comportement agité, de fêtes spectaculaires, de cocktails coûteux, de la consommation de drogues et d'excès scandaleux. Cette image des années 1920 est imprégnée de la richesse et des privilèges d'une infime minorité, néanmoins, la décennie a été passionnante pour un grand nombre de personnes qui savouraient leurs libertés nouvelles. Libérées de leurs baleines et de leurs cerceaux, les jeunes femmes connues sous le nom de *flappers* sortaient avec plus d'assurance, portant des jupes raccourcies jusqu'au genou, affichant des cheveux bouclés couverts selon la mode par des chapeaux cloches portés bas sur le front. Fumant et buvant comme les jeunes hommes, elles avaient également adopté la mode du jazz,

[*] Bright Young Things est un surnom donné par la presse tabloïde britannique à un groupe de jeunes aristocrates hédonistes des Années folles à Londres.

de la danse, du cinéma, du charleston et toutes les autres modes de la décennie.

Quant aux personnes de classe et d'âge moyens, les années 1920 n'ont peut-être pas été torrides pour elles, mais elles ont été agréables. De plus en plus nombreux et sûrs de leur emploi, ces gens-là pouvaient se permettre d'acheter des maisons mitoyennes modernes dans les banlieues et de dépenser leur revenu dans des voitures qui les emmenaient au travail et en excursion. Pourtant, en parallèle, des millions de personnes étaient confrontées à une réalité plus dure. La Grande-Bretagne était déchirée par les inégalités de genre et de classe. Les femmes de la classe ouvrière avaient peut-être obtenu le droit de vote en 1928, mais elles étaient loin d'être égales aux hommes dans les domaines de l'éducation, de la santé, du lieu de travail et des opportunités ; un grand nombre de personnes de la classe ouvrière vivait encore dans des logements mal construits et surpeuplés dans des quartiers pollués ; quant aux hommes de la classe ouvrière, ils étaient beaucoup plus susceptibles que les autres de subir les indignités et le désespoir du chômage. Les anciennes industries qui avaient propulsé la Grande-Bretagne vers la suprématie industrielle connaissaient un déclin rapide, et la fermeture des filatures de coton, des usines sidérurgiques, des mines de charbon et des chantiers navals dévasta des communautés entières dans tout le territoire. Dans un pays d'abondance, la seule chose réellement abondante dans la vie des ouvriers était malheureusement la pauvreté. Les Années folles ont peut-être été une période de fête pour quelques-uns, mais pour un nombre incalculable de personnes, ce fut une période de difficultés et de famine.

Ces sombres réalités sont ignorées dans les versions romancées de la décennie, par ailleurs profondément marquées par les représentations hollywoodiennes de l'Amérique de l'âge du jazz, avec ses gangsters et leurs poules, ses chanteurs, ses danseurs, ses contrebandiers, ses mondains décadents, ses bars clandestins, ses fusillades et ses escapades. Les gangsters, en particulier, se sont imposés dans la culture populaire comme un phénomène propre aux années vingt américaines, mais plus récemment, une version britannique, élégante, bien coiffée et charismatique a vu le jour grâce à la série télévisée *Peaky Blinders*, très appréciée. Ces gangsters sont librement inspirés du vrai groupe des Peaky Blinders, qui portaient les casquettes plates qui ont donné leur nom, mais qui, contrairement à leurs homologues fictifs, n'étaient ni bien habillés ni séduisants. Brutes vicieuses, ils avaient rendu Birmingham célèbre comme l'une des villes les plus violentes de Grande-Bretagne, non pas dans les années 1920, mais à la fin du XIXe et au début du XXe siècle. Appartenant à de nombreux gangs de rue, ils aimaient se battre entre eux, attaquer la police et s'en prendre à la majorité décente des pauvres gens parmi lesquels ils vivaient.

Comme nous l'avons vu dans *Peaky Blinders : The Real Story*, ce groupe a disparu avant la Première Guerre mondiale, grâce au renforcement de la police, à des peines plus sévères pour les crimes violents et à la mise en place de clubs de jeunesse et de sport pour les jeunes. Pourtant, bien que leur règne de ruffians ait pris fin à Birmingham, ils ont transmis un héritage violent, car les hommes qui avaient appartenu aux Peaky Blinders déclenchèrent la première grande guerre des gangs en Grande-Bretagne. Appartenant à un groupe de bandits connu sous le nom de « Birmingham Gang », ils exerçaient, en 1920, leur contrôle sur le vol à la tire des turfistes et le chantage des bookmakers dans la plupart des hippodromes d'Angleterre. Cette criminalité s'avérant lucrative, la domination du Birmingham Gang fut rapidement contestée dans le sud par le « Sabini Gang » de Londres. La guerre des hippodromes qui s'ensuivit au printemps et à l'été 1921 fut un phénomène nouveau et choquant. Auparavant, les gangs de rues d'une même ville se battaient entre eux simplement pour affirmer qu'ils étaient les plus durs ; mais cette fois-ci, deux gangs de criminels de villes différentes s'affrontaient pour gagner de l'argent illégalement. Les combats entre eux furent brutaux, provoquant les gros titres de journaux de tout le pays. Des hommes sont balafrés par des entailles faites au rasoir à main, d'autres sont abattus, beaucoup sont frappés à coups de marteau et autres armes. Et en première ligne de ces combats se trouvaient d'anciens Peaky Blinders.

Pendant leur heure de gloire dans les années 1890, les « Peaky Blinders seniors » étaient devenus des voyous des hippodromes, parcourant le pays pendant la saison des courses de plat, plus excitante, au printemps et en été.[1] Les hippodromes étaient pour eux de « joyeux terrains de chasse », en raison des importantes sommes d'argent transportées par les bookmakers et les parieurs. Les paris en argent liquide étaient illégaux partout ailleurs, un facteur qui a encouragé l'augmentation de la fréquentation des courses de plat, à une époque où la classe moyenne était en pleine expansion et où le réseau ferroviaire s'étendait pour faciliter les déplacements. Il en a résulté une croissance extraordinaire des paris en argent liquide.[2] Cette situation attirait les voleurs, qui pouvaient dérober et intimider presque en toute impunité en raison de l'absence de contrôle sur les hippodromes. Les policiers étaient trop peu nombreux pour maintenir l'ordre et certains d'entre eux étaient susceptibles de recevoir des pots-de-vin pour « regarder ailleurs ».[3] Dans ces conditions, il était facile pour des bandes de six, sept ou huit hommes d'encercler et de faire trébucher leurs victimes pour les dévaliser ou leur arracher sacs à main, montres et chaînes. Les équipes de chaque gang, qui se rendaient à l'hippodrome et en revenaient en train, utilisaient également leurs talents de tricheurs experts aux jeux de cartes auprès des autres passagers crédules.[4] Ces pickpockets et tricheurs forçaient de plus en plus les bookmakers à verser des fonds dans les « collectes », et furent bientôt rejoints par des bandes de resquilleurs : deux ou trois hommes, protégés par plusieurs autres, s'installaient comme bookmakers et disparaissaient avant d'avoir à payer les paris gagnants.[5]

Les parasites des hippodromes, comme les appelait la police, étaient alors connus sous le nom familier des « garçons » (les Boys), et les garçons de Birmingham, également appelés les garçons de Brummagem (ou « Brums »), étaient très nombreux, mais n'étaient pas les seuls. En Écosse, des bandes de voyous de l'East End* de Glasgow et « d'autres régions notoires étaient à l'avant-garde d'un système répréhensible en vogue depuis longtemps dans les réunions hippiques écossaises, visant à extorquer de l'argent aux bookmakers ».[6] Au sud de la frontière, les Newcastle Boys sillonnaient les hippodromes du Nord-Est, extorquant de l'argent contre la « protection » des bookmakers, tandis qu'un autre gang, les Mexborough Boys du Yorkshire du Sud, se concentrait sur le *megging* – une expression désignant le tour de trois cartes, également appelé « trouver la dame ».[7] Pourtant, ce sont les « Brums » qui furent les plus dangereux, les plus craints ; pendant une courte période, ils furent même réunis en une force redoutable sous la direction générale de Billy Kimber.[8]

Dépeint dans la série *Peaky Blinders* comme un petit homme londonien élégant, il était en réalité un Brummy** costaud à la formidable réputation de combattant de rue. Né en 1882, il avait été un Peaky Blinder, mais avait suivi, aux alentours de ses vingt ans, d'autres personnes qui s'étaient éloignées du tapage de rue pour se consacrer au vol à la tire. Sous la direction de Kimber, le pot-pourri de petits gangs qui constituaient les Birmingham Boys s'est rassemblé en une entité un peu plus cohérente connue sous le nom de Birmingham Gang ou gang de Brummagem. Au début du

* Banlieue est.

** Nom familièrement donné aux habitants de Birmingham.

XXe siècle, ce gang dirigeait d'une main de fer les hippodromes des Midlands et du nord de l'Angleterre, jusqu'à la frontière avec les Newcastle Boys. Mais Kimber avait de plus grandes ambitions. Il voulait organiser et contrôler les rackets très rentables sur les hippodromes plus nombreux du sud de l'Angleterre, ce qui l'amena à abandonner sa famille et à s'installer à Londres en 1910. Il réalisa son ambition et, bien que les courses soient limitées pendant la Première Guerre mondiale, réaffirma sa domination en 1920. Mais son succès fut de courte durée, car cette reprise par le Birmingham Gang alimenta le ressentiment et la jalousie des gangs londoniens, et la violence éclata rapidement.

Ville mondiale et centre de l'Empire britannique, Londres connut un important développement dans les années 1920. Propulsée par l'expansion du réseau ferroviaire et du métro, elle déborda de ses limites, recouvrant rapidement la campagne environnante d'un développement suburbain à grande échelle. Loin des maisons confortables, des cadres agréables et des vies prospères des banlieusards, les pauvres des vieux quartiers centraux de Londres enduraient des logements insalubres et des conditions d'hygiène déplorables, luttant pour s'en sortir avec des emplois mal payés et intermittents. De même que la Grande-Bretagne était une nation divisée par les classes sociales, Londres l'était aussi, et peut-être même plus.

La richesse de la City et du West End* côtoyait certains des quartiers les plus défavorisés du pays. C'est de ces quartiers pauvres que sont issus les gangs qui se retrouvèrent mêlés à la guerre des champs de courses de 1921. Comme Birmingham, certaines parties de la capitale avaient été infestées par des gangs de rue à la fin du XIXe siècle. Connus sous le nom de « hooligans », ils avaient beaucoup de points communs avec les Peaky Blinders : ils étaient territoriaux, décidés à prouver leurs prouesses au combat,

* Banlieue ouest.

et se battaient avec des ceintures et des couteaux aussi bien qu'à coups de poing et de pied.[9] Mais il existait aussi des différences cruciales. L'usage des revolvers et des pistolets était plus répandu à Londres, où des gangs de quartiers émergeaient également – et certains d'entre eux se transformèrent en groupements criminels plus organisés. Parmi eux, les Titanics, un gang de pickpockets de Hoxton, et les Elephant Boys du sud de Londres, qui devinrent un allié important de Kimber du fait de son amitié avec deux de leurs hommes de tête – les frères Wag et Wal McDonald. Dans une ville résolument divisée par la Tamise, Kimber s'assura intelligemment le soutien de l'autre côté de la ligne de démarcation grâce à George « Brummy » Sage, qui allait prendre la tête du Camden Town Gang.

À une époque où l'on méprisait le « non-Anglais », où les étrangers étaient considérés comme inférieurs et où l'immigration juive d'Europe de l'Est était restreinte par des lois visant les étrangers « indésirables », le racisme était omniprésent dans le Birmingham Gang et parmi ses alliés londoniens. Ils détestaient particulièrement les bookmakers juifs, qui étaient soumis encore plus que les autres au chantage pour leur « protection ». C'est le passage à tabac brutal de l'un d'entre eux qui fut le catalyseur du conflit. La victime était Alfie Solomon. Mis en scène dans *Peaky Blinders* sous le nom d'Alfie Solomons, dépeint comme issu d'un milieu juif orthodoxe, il appartenait en réalité à une famille anglo-juive laïque. Après sa mutilation en mars 1921, Solomon et d'autres bookmakers juifs se tournèrent vers un autre chef de gang pour obtenir de l'aide, chef qui sera plus tard représenté dans la série – Darby Sabini. Montré à l'écran comme un gangster italien élégamment vêtu, c'était en réalité un Anglo-Italien qui se considérait comme anglais. Il dirigeait une bande d'hommes originaires, comme lui, de la « Petite Italie » de Clerkenwell, à Londres, mais la bande comprenait également des personnes d'origine purement anglaise et des hommes anglo-juifs de l'East End. Dans les faits, le noyau du Sabini Gang était étroitement organisé sous la direction d'un leader clair, soutenu par un cercle intime comprenant deux des frères de Sabini, ainsi que des amis proches avec lesquels il avait grandi.

Le conflit sanglant entre le Sabini Gang et le Birmingham Gang et ses alliés londoniens fut marqué par de graves explosions de violence à l'hippodrome d'Alexandra Park, qui entraînèrent la mort d'un bookmaker juif, à la bataille d'Epsom Road, au cours de laquelle plusieurs bookmakers, juifs pour la plupart, furent sauvagement agressés, et aux courses de Bath, où des scènes de sauvagerie survinrent lorsque le Birmingham Gang se livra à des saccages. La nation observait avec horreur les affrontements entre les gangs, non seulement sur les champs de courses du Sud, mais aussi dans les rues du nord de Londres. Néanmoins, à l'automne 1921, par une tournure inattendue des événements, le Birmingham Gang et les Sabini déclarèrent une trêve et acceptèrent de se partager le racket des hippodromes sur une base régionale. Cependant, les alliés londoniens de Kimber furent exclus de l'accord. Déterminé à reprendre le pouvoir aux Sabini, Sage forma en 1922 le Camden Town Gang, soutenu par les Titanics de Hoxton et les Elephant Boys. Une nouvelle confrontation violente éclata dans le nord de Londres et sur les hippodromes de la capitale. Une fois de plus, les Sabini sortirent vainqueurs, et la paix régna pendant une courte période. Puis, en 1925, le Sabini Gang fut de nouveau violemment défié à l'intérieur de Londres alors qu'à Sheffield un homme était assassiné dans une guerre entre le gang Mooney et le gang Garvin. Les deux chefs étaient des hommes de course qui avaient appartenu à des gangs de rue et tous deux étaient implantés dans des quartiers pauvres proches du centre d'une ville réputée pour sa production d'acier. Cependant leur querelle acharnée ne portait pas sur le racket des hippodromes, mais sur le contrôle d'un site de jeu proche du centre-ville de Sheffield.

Cette guerre des gangs fut réprimée par des mesures policières énergiques et, par un autre rebondissement inattendu, et pour diverses raisons qui seront exposées plus loin, les gangs des hippodromes de Londres et de Birmingham disparurent rapidement. Ils avaient semé la pagaille, terrorisé les bookmakers et les amateurs de courses, infligé de terribles blessures, provoqué des gros titres effrayants et semblaient presque invincibles. Pourtant, certains de ces gangsters cherchèrent à obtenir une légitimité pour eux-mêmes et une respectabilité pour leurs familles ; d'autres continuèrent d'agir comme de petits criminels ; et une poignée d'entre eux devinrent des figures de proue de la pègre londonienne. La plupart ont été oubliés, et aucun n'a été glorifié dans la mythologie de la pègre – à l'exception de Darby Sabini. Il a été dépeint comme le gangster américain type des années vingt, un genre de don de la mafia et le « parrain de la Grande-Bretagne » dont les chefs de gangs londoniens ultérieurs se seraient inspirés. Il n'en est rien. Les autres gangsters des années 1920 n'étaient pas non plus des anti-héros audacieux et passionnants. C'étaient des racketteurs dangereux, méchants, agissant en groupe, qui pratiquaient le chantage, intimidaient et mutilaient. Pourtant, ils étaient aussi notables et caractéristiques des Années folles que les jeunes débauchés des Bright Young Things, les jeunes et insouciants *flappers* et jazzmen, les quelques riches chics, les banlieusards privilégiés et les nombreux infortunés, pauvres et sans emploi. Voici l'histoire de ces véritables gangsters. C'est l'histoire des gangs britanniques les plus notoires des années 1920 et de l'héritage des Peaky Blinders.

CHAPITRE 1

DES PEAKY BLINDERS AUX BIRMINGHAM BOYS

L’EMBUSCADE D’EPSOM ROAD

Le vendredi 3 juin 1921, le *London’s Evening News* publiait le titre accrocheur : « L’embuscade d’Epsom Road ». Dans un reportage alarmant, les lecteurs apprenaient comment, après les courses d’Epsom, une bataille avait semé la panique et comment, lors d’un raid spectaculaire, un groupe d’hommes en char-à-bancs (voiture hippomobile) avait été surpris dans la cour d’un pub par une centaine de policiers. Ces derniers avaient procédé à vingt-huit arrestations, dont celles de deux hommes munis de revolvers chargés. Un reportage saisissant, accrocheur, relatait en double-page une attaque survenue l’après-midi précédent près du pub Brick Kiln à Ewell Corner, au cours de laquelle un gang avait agressé un groupe d’hommes dans un véhicule, dont certains avaient été hospitalisés. Les agresseurs s’étaient ensuite échappés facilement, car les turfistes quittant la course d’Epsom les avaient fuis. Les gens, effrayés, avaient crié à leurs chauffeurs de faire demi-tour et beaucoup étaient retournés à Epsom ou avaient pris d'autres routes pour rentrer chez eux. Un résident apeuré vit ce qui s'était passé. En face du pub, une voiture privée était en marche et à côté d'elle, un homme avec une paire de jumelles surveillait la route. Quand il dit, « Ils arrivent, les gars », la voiture fut lancée à pleine vitesse sur la route. Ses pneus avant éclatèrent dans un grand fracas lorsqu'elle percuta un véhicule venant en sens inverse, dont les occupants furent attaqués par une bande de dix à quinze hommes armés de marteaux, de hachettes, de bouteilles, de briques et de bâtons de haie. Il y avait un char-à-bancs à proximité, dans lequel plusieurs membres de la bande sautèrent avant de prendre la fuite.[10]

Les journaux relatant quotidiennement la guérilla entre les forces britanniques et les combattants républicains irlandais dans le cadre de la guerre d'indépendance irlandaise, les peurs étaient décuplées, ainsi, quelques témoins pensèrent qu'une sorte d'action terroriste se préparait – un appel téléphonique avertit la police locale qu'une attaque du Sinn Féin était en cours.[11] Rassemblant un certain nombre d'officiers, un inspecteur de police se rendit immédiatement sur les lieux. Au bord de la route, il trouva trois hommes souffrant de blessures, ainsi que deux voitures gravement endommagées. Il transmit les détails du char-à-bancs des agresseurs à tous les postes de la police métropolitaine de la zone.[12] Un jeune policier remarqua une voiture correspondant à la description à l'hôtel George and Dragon sur Kingston Hill. Après avoir transmis cette information, plus de vingt policiers en uniforme et en civil se précipitèrent vers l'hôtel, à bicyclette et dans des véhicules réquisitionnés. Des renforts suivirent rapidement dans des voitures de police, et au total, les forces de police comptèrent une centaine de personnes.[13] Ils encerclèrent le pub et la cour où les hommes du char-à-bancs buvaient. Un officier retira les bougies du véhicule pour l'empêcher de rouler, tandis que d'autres s'approchaient de la pelouse. Le sergent Dawson fut le premier à affronter les hommes. Brandissant son revolver, il annonça : « Je tirerai sur le premier homme qui tentera de s'échapper. » Après les arrestations, les policiers constatèrent que le sol du char-à-bancs était maculé de sang et couvert de verre brisé ; ils trouvèrent un pistolet Mauser chargé, des marteaux, de grosses pierres, un hachoir et un marteau dont le manche était manquant, comme s'il avait été brisé dans la bagarre.[14]

Le lendemain, vingt-huit hommes étaient accusés d'avoir infligé des lésions corporelles graves à dix autres personnes. Mais ils n'étaient pas membres du Sinn Féin et n'avaient rien à voir avec la guerre d'indépendance irlandaise. Comme le révéla le *Evening News*, ils étaient bien connus des hippodromes, bien qu'ils ne fussent pas bookmakers.[15] Ces observations étaient bien fondées : la plupart d'entre eux appartenaient au Birmingham Gang, qui luttait contre le Sabini Gang de Londres pour le contrôle des rackets sur les hippodromes du sud de l'Angleterre. Cependant, les victimes n'étaient pas des Londoniens, mais des bookmakers de Leeds. Auparavant considérés comme des alliés du Birmingham Gang, ils avaient récemment fait allégeance aux Sabini et devaient donc, aux yeux du Birmingham Gang, être punis. L'embuscade d'Epsom Road se voulait un événement majeur dans cette lutte pour la suprématie. Impliquant un grand nombre d'attaquants, elle était bien planifiée et constituait un avertissement sanglant pour les bookmakers quant à ce qui arriverait s'ils désertaient le Birmingham Gang. Et comme les victimes étaient pour la plupart juives, c'était également l'occasion de faire preuve d'un antisémitisme venimeux.

Pourtant, l'embuscade d'Epsom Road ne fonctionna pas comme le Birmingham Gang l'avait prévu. Elle fit en sorte que les bookmakers de Londres, juifs et non-juifs, se tournèrent plus encore vers le Sabini Gang pour leur protection. L'attentat fut largement condamné par la presse, mobilisa la police contre le gang et conduisit à l'emprisonnement de dix-sept des membres les plus menaçants du Birmingham Gang. Les détails troublants de leur attaque et les peines qui leur furent infligées seront relatés plus loin, mais il est important de souligner ici que la plupart d'entre eux avaient été des Peaky Blinders et que se pencher sur leurs jeunes années nous permet de mieux comprendre comment l'héritage des Peaky Blinders fut à la fois le Birmingham Gang et la première grande guerre des gangs de Grande-Bretagne.

LA BANDE DE BANKS

Parmi les hommes arrêtés et condamnés se trouvait Edward Banks, anciennement Edward Pankhurst, l'homme qui avait organisé le voyage à Epsom.[16] Né en 1878 et aîné d'une grande famille de frères et sœurs, Banks était petit (1,60 mètre). Malgré cela, il était toujours prêt à se bagarrer, et avait été condamné, en 1904, à sept reprises, pour bagarre et agression. L'une de ces arrestations, en particulier, met en évidence sa nature instable. En décembre 1903, après qu'un policier l'ait réprimandé pour avoir utilisé un langage grossier, Banks s'était précipité dans sa maison et, depuis la fenêtre du grenier, avait lancé une bouteille d'eau gazeuse qui avait touché l'officier à la poitrine.[17] À cette époque-là, il avait également été reconnu coupable de vol mineur et de violation d'entrepôt, tandis qu'il avait eu la chance de se voir accorder le bénéfice du doute pour une accusation de vagabondage. En vertu de la loi sur le vagabondage de 1824, la police était autorisée à arrêter les personnes soupçonnées de fréquenter des lieux publics dans l'intention de commettre une infraction passible d'arrestation. Cet article s'appliquait également à ceux qui flânaient avec l'intention de commettre une infraction et était régulièrement appliqué aux pickpockets présumés. À cet instant, Banks faisait partie des Birmingham Boys et, comme eux, se déplaçait dans les Midlands pour voler. En 1904, lui et un complice sont reconnus coupables d'être entrés par effraction dans un magasin de Nottingham et d'avoir volé des montres en or et en argent, des bagues en or et d'autres articles d'une valeur de 100 £. Il fut envoyé en prison pour douze mois.[18] Le tribunal avait appris que Banks était le chef d'une bande de voleurs de Birmingham et que c'était un très mauvais personnage.[19]

Il l'était, indubitablement, et une fois libéré, il se retrouva mêlé à la tristement célèbre vendetta de Garrison Lane.

Comme détaillé dans *Peaky Blinders : The Real Story*, il s'agissait d'une guerre de gangs de rues particulièrement violente, considérée comme « la fin des Peaky Blinders ».[20] Cette guerre, qui se déroula entre 1908 et 1912 entre des voisins de Bordesley et Deritend, près du centre-ville, opposa les frères Sheldon (qui ont inspiré la famille Shelby dans la série *Peaky Blinders*) à un homme dur appelé Billy Beach et ses amis.[21] Banks était avec les Sheldon. En janvier 1909, des hommes brandissant des revolvers pénétrèrent de force dans sa maison pour le chercher. Ils ne le trouvèrent pas.[22] L'année suivante, en août 1910, Banks fut arrêté pour possession d'une arme à feu chargée, en état d'ébriété. Pour sa défense, il déclara que trois soirs auparavant, ses ennemis s'étaient à nouveau introduits chez lui, défonçant la porte à coups de pied et brisant les fenêtres. Par la suite, il aurait acheté le revolver pour éviter que cela ne se reproduise. Banks nia avoir menacé de tirer sur Beach, mais après avoir été condamné à un mois de travaux forcés, il promit : « Je lui ferai payer douze mois quand je sortirai, ou je le ferai pendre ».[23]

En fait, Banks ne fit pas pendre Beach, et au cours de la décennie suivante, il sembla transformer sa vie. Il ne fut arrêté pour aucune infraction grave et sa situation économique s'améliora nettement. Ancien colporteur qui s'assurait auparavant une vie précaire en parcourant les rues pour vendre des légumes depuis une charrette à bras, il avait vécu dans des maisons mitoyennes sordides ; néanmoins, en 1921, Banks tenait une épicerie de légumes au 67 Digbeth, juste en dessous des marchés de Bull Ring, et lui et sa femme vivaient sur place. À proximité, il avait un autre magasin vendant du poisson et des lapins.[24] Au total, il employait quatorze personnes, et après son arrestation, il put payer sa propre caution pour la somme énorme de 1 000 £ et garantir sept cautions d'un montant total de 3 000 £.[25] Son succès était des plus extraordinaires et, compte tenu de sa criminalité antérieure et ultérieure, il est probable qu'il fût obtenu grâce à des activités illégales.

Il paraissait évident que Banks était également à la tête d'un groupe au sein du Birmingham Gang. Bien que le célèbre Billy Kimber en ait été le principal chef, cette bande n'avait rien d'un syndicat du crime organisé moderne, et n'était pas non plus aussi soudée que la bande de Sabini. Il s'agissait d'un assortiment bagarreur de petites bandes de voyous. En raison de cet éclatement, du fait que le Birmingham Gang n'était basé ni dans un seul quartier ni autour d'une seule famille, et parce qu'il opérait en dehors de la ville et n'a donné naissance à aucun gang de successeurs, ce dernier n'est pas entré dans le folklore, et les souvenirs du gang ont pratiquement disparu après la Seconde Guerre mondiale. Cependant, à la fin des années 1980, une lettre anonyme me fut envoyée, affirmant que l'une des personnes arrêtées après l'embuscade d'Epsom Road était Billy Hayden, qui venait de Sherlock Street, l'un des « membres de la bande de Banks… [qui] utilisa un hachoir lorsqu'il prit part à la grande bataille ».[26]

Hayden fut arrêté sur les lieux à Epsom. Bien qu'il ne fasse qu'un peu plus de 1,60 mètre, Hayden pouvait se distinguer dans une bagarre. En 1909, il fut impliqué dans une mêlée de rue avec un père et son fils avec qui il s'était disputé dans un pub. Après avoir vu Hayden frapper l'homme le plus âgé au sol à deux reprises, un témoin courut chercher un agent de police. Lorsqu'ils revinrent, Hayden avait été poignardé par le fils en haut de la pommette gauche, une blessure qu'un médecin décrivit plus tard comme très dangereuse.[27] Un an plus tard, Hayden était l'un des nombreux hommes arrêtés pour avoir joué au jeu de la pièce, un passe-temps favori des Peaky Blinders, un dimanche après-midi.[28] Il reçut également deux condamnations pour larcin ; cependant, il n'était pas un criminel d'habitude et était un personnage très différent de la plupart des autres hommes arrêtés. En 1911, il était boucher, âgé de vingt-quatre ans ; sa femme, Annie, était ouvrière d'usine, et ils avaient une fille et un fils en bas âge.

Travailleur, Hayden servit également son pays avec loyauté. Après sept ans dans la réserve spéciale, il en partit en 1912, mais se porta volontaire pour rejoindre le 10e bataillon du régiment du Royal Warwickshire en septembre 1914, peu après le début de la Première Guerre mondiale. Il fut accepté avant que le standard de hauteur ne soit revu à la hausse et fut mobilisé en France en juillet 1915. Vers la fin de la guerre, sa femme fut informée qu'il avait été tué au combat, mais il s'agissait d'une erreur, et elle apprit peu après qu'il était prisonnier de guerre. Caporal suppléant, Hayden avait déjà connu beaucoup d'action lors des batailles d'Albert, de la route de Menin et de Passchendaele, entre autres. Puis, du 21 au 23 mars 1918, son bataillon fut impliqué dans la percée de Saint-Quentin, où il fut capturé, après quoi il dut travailler au déminage des mines allemandes.[29] Après sa démobilisation, Hayden eut probablement du mal à s'en sortir en tant que colporteur, c'est pourquoi, pendant la grève du charbon de 1921, il se rendit dans le Black Country pour extraire du charbon de surface – du charbon de qualité inférieure, car moins enfoui. C'était une longue marche depuis chez lui, pour un travail dur, sale et mal payé. Peut-être que l'opportunité de gagner de l'argent facile sur les hippodromes était trop tentante pour lui et le conduisit à rejoindre la bande de Banks.

Hayden venait d'une rue proche de celle où vivait Banks, tout comme plusieurs autres hommes condamnés pour l'embuscade d'Epsom Road, qui faisaient probablement aussi partie de sa bande.

Parmi eux se trouvait William Bayliss, de Barford Street – l'une des premières rues de Birmingham à avoir un gang de « Sloggers », les précurseurs des Peaky Blinders.[30] Il avait été condamné pour avoir vécu des revenus de la prostitution et était également antisémite, une tendance qui infectait le Birmingham Gang.[31] En 1892, Bayliss avait dix-neuf ans quand il fut impliqué, ainsi que deux autres voyous, dans ce qui fut condamné sous le nom d'une petite *Judenhetze*, c'est-à-dire une persécution de Juifs.[32] Sans aucune raison, les hommes avaient développé une haine intense pour un Juif allemand et avaient « menacé de presque le tuer » lorsqu'ils le rencontrèrent par hasard. Ils le frappèrent alors à coups de pied dans l'estomac et Bayliss le frappa avec sa ceinture à boucle. Par la suite, la victime fut menacée d'être gravement blessée si elle témoignait. L'homme était si effrayé qu'il refusa d'identifier ses bourreaux jusqu'à ce que les magistrats lui assurèrent « que la loi de Birmingham était suffisamment forte pour protéger les étrangers et que si une tentative était faite pour poursuivre l'agression, la police devrait en être informée ».[33]

Cinq ans plus tard, Bayliss faisait partie d'une bande de brutes ivres qui se tenaient au coin d'une rue, se disputant et utilisant un langage grossier. Lorsqu'un policier leur ordonna de partir, celui-ci fut violemment agressé. Une foule se rassembla pour assister à la scène, mais la seule personne qui aida fut une dame qui utilisa le sifflet du policier pour appeler à l'aide. Bayliss la frappa d'un coup de pied dans le bras et fut condamné à six semaines de travaux forcés pour chacune des agressions.[34] Nullement dégoûté de la violence, en juillet 1914, il frappa un policier avec le dossier d'une chaise. Il fut condamné à quatre mois d'emprisonnement avec travaux forcés. N'ayant plus qu'un emploi intermittent, Bayliss fut considéré par la police comme « dépendant de la boisson et, lorsqu'il [était] sous son influence, vu comme très violent. Il [était] constamment en compagnie de voleurs de bas étage et de prostituées ».[35]

Trois autres hommes arrêtés à Epsom semblent avoir fait partie de la bande de Banks, car ils venaient également de rues proches de son domicile et de son commerce. Il s'agit de Thomas Conway, Thomas Eivers et Alfred Jackson. En 1919, Conway fut condamné à une amende de vingt shillings pour avoir tenu une table de jeu de Crow and Anchor, un jeu de dés, aux courses de Gosforth Park dans le Nord-Est. Il s'agissait d'un jeu d'argent illégal, bien aimé des autres membres du Birmingham Gang, car les faibles chances de gagner jouaient en leur faveur.[36] Quant à Eivers, il fut condamné pour dégradation volontaire et agression ; c'était un voleur et un habitué des réunions de courses.[37] Aucun des deux hommes n'avait de travail régulier.[38] Ni Alfred Jackson, un autre associé des petits voleurs. En mars 1914, à l'âge de vingt-trois ans, et peu après avoir été arrêté pour fréquentation à Burnley, Jackson avait été reconnu coupable de cambriolage de maisons et de vol de bijoux à Liverpool. Comme il n'avait pas d'antécédents sérieux et qu'il semblait s'être mêlé à un groupe d'hommes plus mauvais que lui, il ne fut emprisonné que six mois.[39] Il était, en effet, tombé parmi de mauvais hommes, et allait devenir aussi mauvais qu'eux. Prétendument charretier, il faisait partie, en juin 1919, des pickpockets de Birmingham arrêtés à Newcastle. Se faisant appeler Alfred John Thomas, il vola 3 £ à un homme qui montait dans un bus pour les courses de Gosforth. Les gangs de pickpockets opéraient avec un « gêneur », qui prenait position à l'entrée d'un bus pour l'hippodrome, et un « chatouilleur », qui faisait les poches de « l'agneau » coincé entre eux. D'autres membres du gang servaient de « couverture » à leurs compagnons.[40] Cette fois, c'était Jackson qui était le chatouilleur. Il fut condamné à trois mois de prison, ayant déjà été condamné pour vol et blessures.[41]

LES SLOGGERS* ET LES PEAKY BLINDERS

L'excursion à Epsom organisée par Banks incluait des hommes d'autres bandes au sein du Birmingham Gang, dont celle des trois frères Tuckey. Contrairement aux pickpockets et aux escrocs liés à Banks, ils n'étaient pas originaires du quartier des marchés, mais venaient d'Aston, au nord du centre-ville. Ils n'étaient pas non plus des criminels de carrière. Deux d'entre eux étaient maçons et un autre était tréfileur et il semble qu'ils n'allaient pas régulièrement aux courses. Lorsqu'ils le faisaient, ce n'était pas en tant que voleurs, mais en tant que maîtres-chanteurs, intimidant les bookmakers pour qu'ils leur donnent de l'argent. Hommes durs, ils illustrent le fait que le Birmingham Gang était l'héritage des Peaky Blinders, étant donné que deux d'entre eux avaient fait partie d'un gang de rue notoire. Le frère aîné, Thomas Tuckey, cinquante-trois ans, avait été un Slogger, comme Bayliss. Élevé dans des logements mitoyens mal construits et insalubres, Tuckey avait, à dix-neuf ans, en 1887, jeté un verre à l'arrière de la tête d'un détective appelé pour une bagarre dans un pub. Il fut condamné à trois mois de travaux forcés. Le gîte, le couvert et les travaux forcés, comme le fait de marcher sur un tapis de course pendant d'interminables heures chaque jour, ne réussirent pas à le réformer. Deux ans plus tard, Tuckey et un ami étaient traités de Sloggers à leur arrestation pour l'agression d'un policier qui mettait un homme en garde à vue. En compagnie de membres bien connus du gang des Sloggers, ils avaient battu l'officier « sauvagement à la tête et au corps, détruisant son chapeau et infligeant une blessure

* À l'origine, il s'agissait d'un terme utilisé dans le monde de la boxe dans les années 1820, mais son usage s'est rapidement répandu en dehors du ring. Les Sloggers (que l'on pourrait traduire par « tabasseurs ») étaient des vauriens qui traînaient à longueur de temps dans les rues pauvres de Birmingham pour voler les passants, les agresser, se battre brutalement entre eux ou organiser des paris illégaux.

qui saignait abondamment ». Cette fois, Tuckey fut emprisonné pour neuf mois de travaux forcés.[42]

Il venait de la localité d'Aston Cross, qui était connue pour sa bande de Sloggers, et il est évident que Tuckey en était une figure de proue. Son frère cadet, Henry « Harry » Tuckey, l'était également. À l'âge de dix-huit ans, en septembre 1894, Harry Tuckey et un ami étaient accusés d'avoir violemment agressé un troisième homme. Tous les trois avaient assisté à une bagarre entre bandes rivales de Sloggers au bord du canal. Après cela, ils avaient marché le long du chemin de halage lorsque Tuckey avait frappé la victime, qui reçut ensuite des coups de pied. Il fut condamné à une simple amende de dix shillings avec les frais.[43] Homme violent, Tuckey était aussi un petit voleur, comme beaucoup de Peaky Blinders. En particulier, lui et son jeune frère, Edward, avaient un penchant pour le vol de bicyclettes. En 1908, ils en dérobèrent deux à Bristol et chacun fut condamné à trois ans de travaux forcés. Six ans plus tard, en octobre 1914, ils furent reconnus coupables d'être entrés par effraction dans une maison, après quoi ils s'étaient enfuis à vélo. En prononçant de longues peines de travaux forcés pour les deux frères, le juge fit remarquer que « les prisonniers n'étaient pas seulement des frères de nom, mais, à en juger par leurs antécédents, étaient aussi des frères de crime ».[44] Ils l'étaient en effet, et les méfaits de Harry Tuckey perdurèrent après sa libération. En février 1918, alors qu'il entretenait une relation avec la femme d'un militaire, il attaqua son mari, lui donnant un coup de pied dans la bouche, lui faisant perdre quatre dents et lui causant une blessure nécessitant trois points de suture.[45]

Mesurant respectivement 1,75 mètre et 1,72 mètre, Thomas et Harry Tuckey étaient grands pour des Sloggers et des Peaky Blinders. La plupart d'entre eux étaient plus petits, comme Edward Tuckey, qui mesurait 1,65 mètre, et qui rejoignit ses frères à Epsom. Selon ses arrière-petits-enfants, Lesley et Robert Staight :

« Malgré les preuves qu'il était un très mauvais garçon, il était considéré comme un homme bon par la famille. Il n'y a pas d'histoire ou d'anecdotes de violence domestique. Bien sûr, il buvait beaucoup et nous savons qu'il sortait souvent avec ses frères et son "clan". Il sortait parfois son marteau à briques et disparaissait pour "affaires". Ses outils semblaient être stockés dans le hangar à charbon pendant de longues périodes (peut-être lorsqu'il était en prison), mais on se souvient de lui comme d'un travailleur acharné dans son emploi de maçon. »

La femme de Tuckey, Florence, était « une dame charmante, toujours prête à rire et à fredonner. Une figure matriarcale forte, connue pour envoyer régulièrement Teddy au lit s'il était ivre, afin qu'il cuve son vin ». Leur unique enfant, Violet, était « véritablement gâtée. Cours de piano, ballet… et elle et Florence possédaient de très beaux vêtements. Florence avait des étoles de fourrure. »[46] Le chantage à temps partiel des bookmakers paya manifestement bien pour Edward Tuckey, mais il est probable que lui et ses frères furent poussés à rejoindre la bande de Banks dans l'embuscade d'Epsom Road, moins pour la possibilité de gagner de l'argent à cette occasion, que dans la perspective de se disputer avec les Londoniens. Il semblerait que ce fut également la motivation d'autres anciens Sloggers et Peaky Blinders, tels que Jack Allard.

Né en 1870, Allard était originaire de Sparkbrook, à un peu plus de trois kilomètres au sud-est du Bull Ring*. Du haut de ses 1,80 mètre, il était, lui aussi, grand pour son milieu : avec des cicatrices de combat entre les yeux et sur le front, c'était un homme effrayant. Comme tous les Peaky Blinders, il détestait la police, et à l'âge de vingt-trois ans, avait frappé un agent sur le nez et lui avait donné un coup de pied.[47] Deux ans plus tard, il fut désigné comme le meneur d'un trio de cambrioleurs et condamné à vingt et un mois de prison.[48] Mais c'est en tant qu'homme de combat qu'Allard

* Quartier commerçant de Birmingham.

devint célèbre. Un jeudi de février 1907, il buvait dans un pub avec des maçons au chômage. Généreux, il paya plusieurs tournées de boissons. Puis les maçons exigèrent qu'il leur donne une demi-couronne. Il refusa et, dans la bagarre qui s'ensuivit, se déchaîna, un gros bâton à la main. En quittant le pub, il frappa deux autres hommes avant d'être arrêté. Les magistrats furent indulgents : pour ivresse et agression, ils lui infligèrent une amende de dix shillings avec les frais ou un mois de travaux forcés.[49]

D'abord plombier, à partir de 1900 environ, Allard était devenu un associé des hommes de course de basse classe et l'un des Birmingham Boys. Au cours des onze années suivantes, il fut condamné pour avoir fréquenté les courses de Lincoln et, sous un pseudonyme, celles de Brighton et de Bath.[50] Il semble qu'une dispute liée aux courses ait conduit à son crime suivant : l'homicide involontaire de Charles Cutler, assistant d'un bookmaker d'hippodrome. Les deux hommes vivaient proches l'un de l'autre : Allard sur la Ladypool Road, à Sparkbrook, et Cutler juste à côté de cette artère commerçante. Il y avait déjà eu quelques ennuis entre eux, au cours desquels Cutler avait été entaillé et s'était fait mordre l'oreille ; l'après-midi de l'attaque fatale du 29 février 1912, Cutler dit à sa mère qu'il avait rencontré Allard, qui avait juré de « lui crever l'œil avec son parapluie s'il se trouvait près de lui ». Plus tard dans la soirée, Cutler raccompagna sa petite amie chez elle, non loin de là, et peu après, Mme Cutler entendit le bruit des sifflets de la police. En sortant dans la rue, elle trouva son fils allongé dans le caniveau. Il saignait et était mourant. Parmi la foule, elle vit Allard tenu par un policier. Elle l'entendit dire des mots tels que : « Je l'ai attendu toute la journée ; je l'ai fait, et je voulais le faire », et « Je vais faire sauter la cervelle du policier ». Son récit fut corroboré par l'agent qui avait procédé à l'arrestation, et qui ajouta qu'Allard avait juré : « Si j'avais mon revolver, je lui aurais fait sauter la cervelle et je me serais occupé de lui. »

Un témoin expliqua qu'il avait croisé Cutler et Allard dans la rue et qu'il avait alors entendu un bruit sourd et un gémissement suivi des mots « Prends ça, sale chien ». En se retournant, il avait vu Cutler étendu dans le caniveau. Allard se tenait au-dessus de lui, un parapluie à la main, comme s'il était sur le point de frapper ou avait frappé. Lorsque l'agent de police arriva, Allard jura que c'était « une affaire de revanche, et j'ai – bien pris la mienne ». (L'utilisation du tiret dans les rapports des journaux indique un blasphème.) Cutler fut envoyé en urgence, inconscient, à l'hôpital général. Il saignait abondamment du nez et avait une blessure profonde à l'angle interne de l'œil droit. À l'intérieur, la blessure s'étendait à une fracture de l'os formant la paroi interne de l'orbite de l'œil. Il y avait une autre fracture de la base du crâne, et un morceau d'os d'un demi-pouce (environ 1,25 cm) en était détaché. Grièvement blessé, Cutler mourut d'une lacération du cerveau consécutive à la pénétration d'un instrument dans le crâne à travers la paroi de l'orbite. C'était une blessure terrible, et un médecin rapporta qu'elle aurait pu être causée par la pointe d'un parapluie, bien que cela aurait nécessité l'exercice d'une force considérable.

L'après-midi du meurtre, un autre témoin se trouvait dans un pub du centre de Birmingham et buvait avec Cutler, qui avait sorti un poing américain. Lorsqu'on lui demanda « C'est le gentleman avec lequel tu vas te faire Allard ? », Cutler avait répondu : « Pourquoi crois-tu que je l'aie ? ».[51] Un poing américain ensanglanté fut retrouvé à côté de Cutler inconscient, ce qui fournit à Allard une partie de sa défense lorsqu'il fut accusé d'homicide. Il affirma que Cutler l'avait menacé à plusieurs reprises. Ils s'étaient rencontrés un peu plus tôt le jour de leur affrontement, et Cutler avait soi-disant juré qu'il lui ferait « passer un mauvais quart d'heure » à la première occasion. Allard déclara que cette nuit-là, après avoir beaucoup bu, il rentrait chez lui lorsque les deux hommes s'étaient retrouvés face à face. Cutler avait reculé sa main et portait un poing américain. Il avait dit : « Sale chien. Prends ça », et avait voulu frapper Allard. Essayant de parer le coup, Allard déclara qu'il avait brandi son parapluie et que Cutler s'était précipité dessus de sorte que la pointe avait pénétré dans son œil.

Le jury accepta cette explication improbable, déclarant Allard coupable non pas de meurtre, pour lequel il aurait été pendu, mais d'homicide involontaire et, malgré toutes les preuves, recommanda au juge de faire preuve de clémence. C'est ce qu'il fit, en imposant une peine de sept ans d'emprisonnement seulement.[52] Après sa libération, Allard travailla à la Austin Motor Company à partir d'octobre 1917, où il était un bon chronométreur, et où son tempérament général était reconnu comme agréable. Par la suite, comme il était au chômage, il acheta un cheval et une charrette pour vendre des légumes à la criée dans les rues. Pourtant, comme le souligne la police de Birmingham, il resta « un associé des voleurs de l'hippodrome, avec eux à la majorité des rencontres de courses ».[53]

Prétendument peintre, John Lee était un autre membre meurtrier du Birmingham Gang et était également grand pour l'époque, mesurant un peu plus de 1,75 mètre. Il était originaire de Bordesley, qui jouxtait Sparkbrook où vivait Allard ; il avait également fait partie d'un gang de Peaky Blinders, et en 1899, à l'âge de dix-neuf ans, avait été condamné à douze mois de prison pour homicide involontaire. L'un de ses complices était Arthur Griffiths, avec qui, deux ans plus tard, il agressa un charretier.[54] Après avoir été condamné pour une autre attaque en janvier 1902, Lee dut se brouiller avec Griffiths, car il fut ensuite reconnu coupable d'avoir blessé avec malveillance son ancien ami. Malgré une peine de dix-huit mois de travaux forcés, Lee avait désormais pris l'habitude d'un comportement violent et, en septembre 1903, il fut accusé d'avoir tenté d'assassiner Charles Connor, qui allait bientôt être impliqué dans la vendetta de Garrison Lane mentionnée plus haut.[55]

Il y avait de l'animosité entre les amis des deux hommes, et au Sailor's Return à Bordesley, pendant le jour férié du dernier lundi d'août, Lee attaqua un homme avec un hachoir. Plus tard dans la soirée, armé d'un revolver, il rencontra Connor à Garrison Lane et lui tira dans le bras et la jambe. Au tribunal, lorsqu'une témoin nommée Julia Kane fut appelée, la rage de Lee « ne connaissait aucune limite. Il utilisa le langage le plus grossier et le plus violent et, à la surprise générale, il sortit de sa poche un gros caillou et, en jurant, le lança vicieusement sur la femme. » Heureusement, il la manqua, tout avec une deuxième pierre. Enjambant le banc des accusés de toutes parts, huit policiers tentèrent d'arrêter Lee. Fou de rage, il se battit sauvagement jusqu'à ce qu'il soit maîtrisé et qu'il implore la pitié. Les mains menottées dans le dos, il fut forcé de s'asseoir, mais continua à insulter les témoins en les menaçant violemment, ainsi que la police. Il cria que même s'il prenait vingt ans, il ne les oublierait pas, et que s'il avait un flingue, il mourrait immédiatement devant eux. Lee vouait une haine particulière à Kane, qu'il se jura de tuer sur-le-champ s'il parvenait à l'atteindre.[56]

Reconnu coupable de blessures et de tentative de meurtre, il fut condamné à cinq ans de servitude pénale. Après sa libération, il vécut avec une jeune femme appelée Ada Bailey, dont il abusait. Alors qu'il n'avait que vingt-sept ans, en février 1908, Lee fut accusé de l'avoir blessée illégalement. Des témoins déclarèrent qu'elle se trouvait dans une boucherie lorsqu'il se précipita sur elle et la poignarda entre les côtes et dans la cuisse. Malgré cela, lorsque Bailey sortit de l'hôpital, elle retourna vivre avec Lee, qui continua de la maltraiter. Ainsi, même après son arrestation, elle lui apportait de la nourriture dans sa cellule. Visiblement effrayée par lui, Bailey nia d'abord qu'il l'avait poignardée, racontant l'histoire improbable qu'elle était tombée sur un pic. Elle revint ensuite sur cette version. Lee refusa d'accepter sa culpabilité, affirmant que Bailey l'avait accusé par jalousie parce qu'il ne voulait plus vivre avec elle, car elle était alcoolique. Ses appels furent ignorés et il fut emprisonné pendant cinq années supplémentaires.[57]

Lee était irrécupérable, retournant au crime après sa libération. Comme d'autres membres des Birmingham Boys, il voyagea beaucoup et en juillet 1917, fut reconnu coupable de cambriolage et de vol de bijoux d'une valeur de 350 £ dans le Surrey. Comme il avait un long passé criminel, il fut envoyé en prison pour cinq ans.[58] Il fut libéré peu avant l'embuscade d'Epsom Road. Joseph Witton, un autre homme habitué à la violence qui vivait dans la même rue que Lee, le fut aussi. Né en 1886, Witton avait des cicatrices sur la tempe droite, le front et sous l'œil gauche. Il se distinguait par les tatouages de Buffalo Bill et d'un boxeur sur son visage.

Witton fut condamné quatorze fois entre sa première infraction en 1900, alors qu'il avait quatorze ans, et 1908. Ses délits allaient du vol de trois boîtes de conserve de fromage de tête et d'une boîte de sardines au vol d'un sac à main ; de l'utilisation d'un langage indécent à l'ivresse, et du vagabondage à l'agression.

Homme vicieux et dangereux, en mars 1909, Witton fut condamné pour deux chefs d'accusation de vol avec violence.[59] Le mois d'octobre précédent, il avait fait partie des trois hommes qui avaient attaqué un fabricant dans une rue proche de la gare de Snow Hill. La victime « avait été rendue inconsciente par des coups de pied sur la tête, et pratiquement tout le contenu de ses poches avait été volé ». De l'avis du juge, il s'agissait de l'un des pires cas de ce genre qu'il ait rencontrés. Cinq mois plus tard, en février 1909, Witton était l'un des sept ou huit hommes « ayant commis une attaque meurtrière contre un marchand de pierres précieuses dans une maison d'un quartier bas de la ville ».[60] Il semble que le racisme ait également joué un rôle dans l'agression, car la victime était Ismail Razagoff, désigné comme musulman. En visite à Birmingham pour affaires, il s'était rendu avec une femme dans une maison de Thorp Street, une localité connue depuis longtemps pour ses gangs de rue. Lorsque Razagoff avait essayé de partir, la femme et une bande d'hommes s'étaient jetés sur lui et l'avaient dévalisé. Pour cette attaque et la précédente, Witton fut condamné à quatre ans d'emprisonnement et à quinze coups de fouet.[61]

Les coups de chat à neuf queues furent brutaux. Il s'agissait d'un fouet de corde composé de neuf lanières nouées, utilisé pour fouetter les prisonniers et dont les coups ne pouvaient être infligés que pour des vols avec violence. En tant que châtiment, il avait fait l'objet d'une grande publicité en 1887, lorsque le juge Day avait condamné les membres du gang High Rip de Liverpool à la flagellation ; mais il n'avait pas été utilisé à Birmingham depuis de nombreuses années. La décision fut saluée dans l'éditorial d'un journal local. Il y était dit que « malheureusement, certains membres de la classe criminelle sont si peu éloignés des barbares qu'ils sont imperméables à toute autre forme de punition » et que, pour eux, la flagellation était un moyen de dissuasion. Ce n'était pas le cas. À Liverpool, les vols avec violence augmentèrent après les condamnations de Day, tandis qu'à Birmingham, Witton continua à commettre des crimes plus violents.[62]

Après une période de quatre ans, il fut condamné à dix-huit mois de travaux forcés pour avoir volé un sac à main en mars 1914.[63] Auparavant soldat à temps partiel, après sa libération, il rejoignit le régiment du Worcestershire en juin 1915. Il servit en France et à Gallipoli et fut blessé, mais son tempérament militaire fut qualifié d'« indifférent ». En août 1916, alors qu'il était en permission, il fut cité comme soldat dans une bagarre après l'attaque d'un policier.[64] Deux ans plus tard, il déserta et fut arrêté pour vol dans un magasin. En guise d'excuse, il révéla qu'il avait sauvé la vie d'un camarade à Gallipoli, mais fut tout de même condamné à douze mois de travaux forcés.[65] Libéré de prison en juillet 1919, Witton était incapable de se détourner de la criminalité. Quelques jours plus tard, il fut arrêté pour vagabondage dans un terminus de tramway à Birmingham. Lui et son complice furent décrits comme les associés de voleurs et de pickpockets et comme faisant partie d'un gang bien connu. Lors de son arrestation, Witton déclara au détective : « Je suis un idiot. Je ne suis sorti de prison que depuis six jours, et je sais ce que cela signifie pour moi. » C'était un fou, mais un fou dangereux. Après avoir purgé douze mois de travaux forcés, Witton fut renvoyé en prison en septembre 1920 pour vol, à Worcester.[66] Il déclara alors être un commissionnaire. En raison de leur connaissance des courses de chevaux, certains hommes gagnaient leur vie comme agents, en plaçant des paris pour d'autres et en prenant une commission. Cependant, le terme de commissionnaire était également un fourre-tout bien aimé de, et utilisé par les pickpockets, les voyous et les fraudeurs des hippodromes comme Witton, pour masquer leur criminalité et leur donner un semblant de légitimité.

UN GANG DANS TOUTE LA VILLE

Bien que venant de différents quartiers de Birmingham, les hommes de course comme Witton, Allard et les Tuckey se seraient rencontrés en voyageant à travers le pays vers différents hippodromes et en buvant dans les mêmes pubs. Comme le rappelle M. Gilliver, qui connaissait des membres du Birmingham Gang, « les bandes de Birmingham avaient l'habitude de traîner juste là en ville, près du marché aux poissons et du marché aux chiffons, c'est là qu'ils avaient l'habitude de traîner quand il n'y avait pas de courses ».[67] Une telle « habitude de traîner » expliquerait l'implication dans l'embuscade d'Epsom Road d'Ernest Hughes, qui n'avait pas de domicile fixe et qui avait également été condamné à une amende pour avoir tenu une table du jeu de la couronne et de l'ancre, dans son cas aux courses de Warwick, en 1919.[68] Cela explique également l'intégration de William Henry « Harry » Stringer, le seul homme arrêté originaire du quartier de

Ladywood, à l'ouest du centre-ville, un autre déserteur et voyou. Après avoir été soldat à temps partiel dans la milice, il avait rejoint le régiment du Worcestershire en 1907, à l'âge de dix-huit ans. Il est intéressant de noter que sur ses papiers d'attestation, il ne fut pas en mesure d'indiquer le lieu de résidence de son père ou de sa mère, et plus tard, il fut également noté comme étant sans domicile fixe. Ses états de service à l'armée étaient peu reluisants et, en quelques semaines, il fut accusé d'être absent sans permission. Quelques mois plus tard, il fut placé en détention pour avoir tenu des propos insubordonnés, après quoi il déserta. Condamné par un tribunal civil à six mois d'emprisonnement pour vol, Stringer fut libéré de l'armée en janvier 1909.[69]

Comme d'autres personnes arrêtées, il fréquentait assidûment les voleurs et les hommes de course, et en 1912, il avait accumulé neuf condamnations pour obstruction et autres délits mineurs, et trois pour vol, dont un à Douvres et un autre à Cheltenham. Cette année-là, il fut emprisonné pendant douze mois pour avoir mis en circulation des pièces de monnaie dévalorisées (en essayant de payer quelque chose avec des pièces contrefaites). Après sa libération, il récidiva et fut qualifié de voleur dangereux.[70] En janvier 1916, Stringer rejoignit à nouveau le régiment du Worcestershire, mais, comme précédemment, il déserta. Peu après, il fut condamné à Liverpool ainsi qu'à Birmingham.[71] Puis, en janvier 1920, en déclarant qu'il était employé d'un bookmaker, il fut condamné à douze mois de travaux forcés pour avoir vagabondé dans les files d'attente des tramways à Birmingham.[72] Qualifié au tribunal d'« incorrigible voyou », il fut libéré de l'armée avec la mention « mauvais ».[73]

William O'Brien était du même acabit. Né en 1892, il était originaire de Small Heath, non loin de l'endroit où vivaient Lee et Witton. Mesurant un peu plus de 1,80 mètre, O'Brien s'engagea dans l'armée de réserve en 1910, et quatre ans plus tard, fut appelé à servir dans le régiment du Lincolnshire. En octobre 1914, quelques jours après avoir atteint le front occidental, il fut blessé à la main droite lors d'un bombardement. Il fut libéré en novembre 1915 pour travailler dans les munitions et son caractère est qualifié de « très bon ».[74] Il n'en resta pas là. En juillet 1918, William fut arrêté pour vagabondage dans le centre-ville de Manchester. Disant qu'il était un retraité de l'armée, il fut condamné à avoir une bonne conduite pendant douze mois.[75] Quelques jours plus tard, cependant, O'Brien fut appréhendé à Blackpool comme faisant partie d'une bande de pickpockets notoires de Birmingham qui avaient causé beaucoup d'ennuis à la police. Après avoir été arrêté, il demanda aux deux détectives qui l'accompagnaient de « [leur] donner une chance ». Il continua : « laissez-moi partir cette fois, et je vous donnerai tout l'argent que j'ai et je quitterai la ville ». Son plaidoyer tomba dans l'oreille d'un sourd et il fut condamné à trois mois de travaux forcés.[76] À sa libération, il retourna à Birmingham et au vol à la tire, et fin décembre 1918, il fut emprisonné pour vagabondage dans le centre-ville. Un détective déclara au tribunal qu'O'Brien n'avait suivi aucun emploi au cours des trois mois précédents et qu'il avait plutôt travaillé dans les files d'attente des tramways avec d'autres hommes.[77]

Deux des hommes arrêtés et condamnés n'entraient pas dans la catégorie des pickpockets ambulants comme O'Brien ou des anciens Sloggers et Peaky Blinders comme Bayliss. Il s'agit de William Goulding et d'Arthur Vincent. Âgé de quarante-cinq ans, Goulding était un veuf d'Aston et n'avait pas d'antécédents judiciaires. Après son arrestation, sa fille déclara qu'il avait travaillé comme ouvrier à la construction d'une grande usine, mais qu'il avait dû partir à Pâques 1921 pour des raisons de santé. Depuis lors, il n'avait plus de travail. La police de Birmingham ne savait rien de préjudiciable à son sujet et il semblait être bien respecté dans le quartier où il vivait. Goulding était manifestement l'intrus et quelqu'un qui avait du mal à trouver de l'argent ; il fut peut-être entraîné dans l'embuscade d'Epsom Road par un lien avec les Tuckey, qui étaient également d'Aston.

Quant à Arthur Vincent, comme Hayden, c'était un ancien militaire qui avait fait son devoir et qui avait grandi dans la pauvreté. Seul condamné de Hockley, en 1901, alors âgé de douze ans, Vincent vivait avec sa mère, Elizabeth, sa sœur aînée et son jeune frère. Elizabeth avait quarante-quatre ans et, bien que mariée, elle était enregistrée comme chef de famille – ce qui indique que son mari les avait abandonnés, elle et ses enfants. Travailleuse acharnée, elle les avait empêchés d'aller à l'hospice en travaillant comme femme de ménage, nettoyant les maisons des personnes les plus aisées. Son salaire pour les longues heures et le travail laborieux accompli était misérablement bas, et le revenu du ménage était complété par celui de sa fille, qui travaillait dans une usine, et par le loyer d'un pensionnaire.

Six ans plus tard, Vincent travaillait pour un marchand de métaux lorsqu'il s'engagea dans l'armée. Il fut appelé de la réserve en août 1914 pour rejoindre les Coldstream Guards. Immédiatement mobilisé en France au sein du corps expéditionnaire britannique, Vincent participa à la retraite de Mons et fut gravement blessé lors de la bataille de l'Aisne en septembre 1914.[78] Réformé, il reçut une pension de l'armée, la British War Medal et la Victory Medal.[79] En outre, il avait le droit de porter l'insigne de guerre en argent, délivré aux militaires qui avaient été honorablement libérés du service militaire pour cause de blessure ou de maladie. Son caractère militaire fut qualifié de très bon. Vincent tint ensuite une fruiterie et se lança dans le transport avec une camionnette. La police de Birmingham indique qu'il était dans « une situation financière saine, mais il a commencé à s'associer avec des voleurs bien connus et d'autres personnes et a assisté à des réunions de course en jouant au jeu de la couronne et de l'ancre. Il a fini par perdre son entreprise. » Marié et père de quatre enfants de moins de neuf ans, Vincent n'avait été condamné que pour des paris de rue et était considéré comme « plus ou moins un outil du parti » dans l'embuscade d'Epsom Road.[80]

Comme on peut le constater à partir des différents personnages examinés ci-dessus, le voyage en char-à-bancs de Banks pour cette attaque avait attiré des durs à cuire de toute la classe ouvrière pauvre de Birmingham et de différentes bandes du Birmingham Gang, y compris plusieurs des vingt-huit hommes qui furent arrêtés, mais non condamnés pour l'embuscade d'Epsom Road. Un rassemblement aussi important était inhabituel et était motivé par la nécessité de faire une démonstration de force contre le Sabini Gang. Derrière ce rassemblement de voyous, comme le souligne la police de Birmingham, se trouvait un syndicat qui fournissait l'argent pour cette bagarre et d'autres. S'enrichissant grâce à leurs gains illégaux, il est fort probable que Kimber et ses plus proches associés constituaient ce syndicat. Au lendemain de la Première Guerre mondiale, grâce à ses prouesses au combat et à ses qualités de chef, il avait transformé le conglomérat mouvant des Birmingham Boys en un groupement un peu plus ordonné, capable d'imposer le paiement d'un tribut par les bookmakers à une échelle beaucoup plus large.[81] Il n'était pas le genre d'homme à renoncer à cette position puissante et aux richesses qu'elle apportait. Autrefois Peaky Blinder et pickpocket, Kimber était maintenant le premier chef de gang d'Angleterre à l'échelle nationale, et sa détermination à résister au défi des Sabini fut le catalyseur de la guerre des champs de courses de 1921.

CHAPITRE 2
LE GANG DE BIRMINGHAM QUITTE SON SECTEUR

LE BIRMINGHAM GANG PREND DES LIBERTÉS

Le 23 mars 1921, l'*Evening News* avait pour titre : « Les parasites des courses sont repoussés par un homme armé ». Des scènes palpitantes s'étaient déroulées sur la piste de trot de Greenford l'après-midi précédent, lorsqu'un homme avait été attaqué par « vingt parasites des courses de Birmingham ». Un inspecteur de police se trouvait dans la tribune des parieurs lorsqu'il entendit des cris et vit Charles Sabini faisant face à une foule d'hommes. On criait « Tirez sur le… ! » Certains membres de la foule tenaient des bâtons et d'autres des bouteilles de bière vides. Il y eut un coup de feu et de la fumée s'éleva au-dessus de la tête de Sabini. Il avait un revolver à la main. L'inspecteur courut vers lui et lui ordonna de lâcher l'arme, mais la foule essayait de le bousculer et Sabini la pointait de droite à gauche, de gauche à droite, en disant : « Je vais tirer ». Il fit alors demi-tour et courut ; un sergent de police se jeta sur lui, l'immobilisant. Mais la foule se précipita sur eux. Des hommes frappèrent

Sabini avec des bouteilles, l'un d'eux tenait un bâton d'environ un mètre de long. Il le tenait à deux mains au-dessus de sa tête en criant : « Je vais le tuer ! ».

Il fallut se battre pour arracher l'arme à Sabini, mais un gendarme y parvint finalement. Pendant la mêlée, il entendit le cliquetis du chien du revolver. En raison de l'attitude menaçante de la foule, la police emmena Sabini au poste local, où il déclara : « On m'a donné le revolver aujourd'hui car il me semblait que quelqu'un voulait m'assassiner. Je ne sais pas qui. Une vingtaine de ces nuisibles de l'hippodrome de Birmingham se sont emparés de moi. Je n'ai tiré sur personne ; je l'ai fait pour les effrayer. » Lorsque le revolver fut examiné, on trouva une cartouche vide et quatre cartouches pleines. Trois d'entre elles avaient été frappées par le chien, qui avait mal fonctionné.[82]

Charles Sabini était en fait Octavious Sabini, bien qu'il ait rarement été connu sous ces deux noms et était plus connu sous le nom de Darby Sabini ou Fred Handley et parfois Ottavio Sabini. L'attaque dont il a été victime a marqué le début de la guerre des champs de courses au printemps et à l'été 1921. Elle a également annoncé la montée en puissance du Sabini Gang et la fin de la domination éphémère du Birmingham Gang sur le racket des hippodromes dans le sud de l'Angleterre. Ce contrôle était né des ambitions d'un ancien Peaky Blinder, William « Billy » Kimber. Originaire du quartier Summer Lane de Birmingham, bien connu pour ses gangs, il s'était adonné au « peaky blinderisme » pendant toute son adolescence en tant que petit délinquant violent qui agressait la police et jouait illégalement. Mesurant un peu plus de 1,70 mètre, il était robuste et physiquement fort. Il acquit rapidement la réputation d'être un redoutable combattant de rue. Mais contrairement à la plupart des Peaky Blinders, il ne resta pas un voyou de la rue. Au contraire, lui et ses frères, Joe et Harry, formèrent le noyau d'un gang de pickpockets itinérants, un parmi de nombreux autres au sein des Birmingham Boys. Possédant des compétences évidentes en matière de leadership, Kimber se lia, par ses vols, à des hommes tout aussi durs de la capitale : les frères McDonald des Elephant Boys dans le sud de Londres, et George « Brummy » Sage, du nord de Londres, dont nous parlerons plus tard en détail.

Conscient de l'abondance de la criminalité sur les champs de courses autour de la capitale, Kimber s'y installa vers 1910, abandonnant sa femme de Birmingham, Maude, la laissant vivre et mourir dans la pauvreté.[83] Rapidement, Kimber et Sage devinrent célèbres en tant qu'hommes de course et habitués des événements de boxe.[84] Avant la Première Guerre mondiale, comme l'a souligné le célèbre arbitre Moss Deyong, « les aspects les plus sordides de la boxe et des courses étaient une seule et même chose. La même foule de racketteurs et de truands qui fréquentaient et, à une certaine époque, terrorisaient les champs de courses faisaient pendant un moment partie intégrante de la scène de la boxe. Lorsqu'ils n'opéraient pas sur les hippodromes, ils étaient présents aux spectacles de boxe ».[85]

Kimber était un personnage clé parmi ces hommes, comme l'admit le célèbre bookmaker Thomas Henry Dey. Une fois, aux courses de Newbury, Dey refusa de prendre un pari de 10 £ de la part de « Joe », l'un des « Boys ». Aucun paiement n'avait été proposé, et au lieu de cela, Dey avait reçu l'ordre de « mettre ça sur le compte d' "Issy" pour qui [il travaillait] ». « Joe » poursuivit : « Je vais aller chercher l'argent et vous le rapporter dans une minute ». Dey insista sur le fait qu'il n'y avait pas de pari, même après que « Joe » fut revenu avec l'argent. Avec un flot d'injures, le gangster jeta les 10 £ au bookmaker, qui les laissa tomber par terre. Tout au long de la course, le gangster se tint non loin, se faisant remarquer et s'exclamant à tue-tête qu'il avait un pari. En fait, le cheval perdit et « Joe » exigea le remboursement de « ses » 10 £, car il n'avait pas parié. Ignoré par Dey, « il tempêta, se déchaîna et [le] menaça de toutes sortes de sanctions, menaçant d'arracher l'argent de [sa] main ». Après la course, Dey monta dans son train, suivi de « Joe », qui lui expliqua en détail ce qu'il allait faire lorsqu'ils arriveraient à Londres. Rien ne se produisit, mais, inquiet de devoir faire face à une vengeance, Dey décida, lors de la rencontre hippique suivante, d'aller chercher Billy Kimber et de lui raconter ce qui s'était passé. Comme Dey le relate : « Ce gentleman eut une entrevue avec Joe, et lui fit comprendre que je ne devais pas être molesté ».[86]

Il est probable que Dey ait alors employé Kimber comme garde du corps pour le protéger des gangs de « Boys » jusqu'à ce que les courses soient pour la plupart limitées pendant la Première Guerre mondiale. Kimber s'engagea, mais déserta rapidement et se rendit en Irlande, où les courses avaient continué ; il fut arrêté pour vol à la tire dans une gare de Dublin le jour des courses de Leopardstown. Dey envoya son greffier en chef au tribunal, expliquant que Kimber était employé pour collecter de grosses sommes d'argent qui lui étaient dues. Il avait toujours agi honorablement et « les courses étant calmes en Angleterre, certaines des personnes ayant des dettes envers M. Dey étaient venues en Irlande, et Kimber avait traversé la frontière depuis Liverpool pour rencontrer ces personnes ». L'employé de Dey ajouta que le bookmaker avait « pleine connaissance de la carrière passée de Kimber, qui avait été un homme honnête pendant les sept dernières années » – ce qu'il n'avait pas été, bien sûr. Dey était prêt à garder Kimber comme employé et à verser la somme substantielle de 50 £ pour la caution.[87]

L'autorité de Kimber auprès de ruffians comme « Joe » et le respect des bookmakers comme Dey reposaient sur sa réputation d'être un homme très dur. Le père de Tommy Garnham, John, dirigeait un petit gang du quartier de Chapel Market à Islington et était un ami proche de Kimber. En grandissant, Tommy entendit de nombreuses histoires sur Kimber.

« C'était le patron. Et quand il descendait [à Warren Street], tout le monde verrouillait sa porte. Bien sûr, il allait rien faire, mais on restait à l'écart. Mon père disait toujours qu'il était venu une fois à une course, je ne sais pas si c'était Cheltenham ou une autre... York, je ne me souviens plus, et que lui et "le magicien » étaient dans le train qui montait et tenaient des jeux d'argent, tu vois, et dans le train il y avait deux de ces bâtards, de grands gars. Ils ont fait une partie de cartes et ont pris tout leur argent. Ils étaient dans le compartiment avec eux. Ils sont montés dans la nuit et les gars ont dit : "On veut récupérer notre argent". Le magicien a dit : "vous ne récupèrerez pas votre argent" ; alors ils ont dit : "on se voit à l'hippodrome". C'est là qu'ils allaient tous et quand ils sont arrivés, ils sont allés directement voir Bill : "Regarde les deux là-bas. Je leur ai pris leur argent hier soir et ils veulent le récupérer". "D'accord". Pouf, pouf. Et ils ont été emmenés dehors, tous les deux, ouais. Bill Kimber s'est débrouillé tout seul.

Son coup de poing préféré, c'était dans le plexus solaire. Mon père disait qu'il n'aimait pas les outils et mon père n'a jamais utilisé d'outils. C'était [Kimber], pas un marchand d'outils. Un coup de poing dans le plexus solaire. Et mon père a dit que trois ou quatre gars, il était là, s'étaient chiés dessus. Ils s'étaient complètement chiés dessus. Il les a frappés si fort, c'était à rendre dingue. Se chier dessus. Il en a porté quelques-uns hors des pistes de course mon père. »

Garnham disait de Kimber : « C'était un bâtard dangereux. Un homme dangereux. Je l'ai vu être horrible avec les gens. C'était un homme dangereux. Quand il faisait du mal à quelqu'un, ça faisait vraiment mal. Mais c'était un homme respecté. Très respecté. »[88] Kimber était indéniablement un homme très dangereux et, contrairement à la croyance selon laquelle il n'utilisait pas d'armes, Sage et lui s'étaient équipés pour agresser sans ménagement un autre coureur dans un pub de Whitechapel en 1913. Tous deux furent arrêtés pour avoir entaillé et blessé leur victime, qui se trouvait dans un état grave en arrivant à l'hôpital, révélant des coups de couteau au cou et au visage.

Lors de son arrestation, Kimber devint violent et sur le chemin du commissariat, fit tomber une boucle de harnais d'équitation en laiton.[89] Lui et Sage furent rapidement libérés, car la fille du tenancier déclara qu'elle pouvait prouver que le coup de couteau avait été porté par le « Kid de Derminster ».[90] C'était une histoire invraisemblable, et il est plus probable qu'on l'ait intimidée pour qu'elle invente ce récit afin de disculper Kimber et Sage.

Les oncles de Brian McDonald étaient la famille dirigeante des Elephant Boys et ils admiraient Kimber. Dans son livre important et pertinent sur les gangs de Londres, McDonald fait l'éloge du « Brummy », le décrivant comme ayant « une réputation de cerveau et de muscles, cette combinaison désirable qui produisit de nombreux chefs de gang ». McDonald pense que peu après l'arrivée de Kimber à Londres en 1910, un compromis fut trouvé entre les organisateurs de courses et les voyous. En effet, si les « Boys » se régulaient eux-mêmes, ils seraient autorisés à exercer leurs activités sans contrôle. Kimber était reconnu comme leur chef en raison de sa ruse et de sa force, et parce qu'il avait le soutien du gang le plus puissant de Birmingham. Mais surtout, il avait le soutien de nombreux gangsters londoniens.[91]

Il est impossible de vérifier cet arrangement, car même s'il avait existé, il n'y aurait pas eu de traces écrites. Mais le travail de McDonald est bien documenté et il est intéressant de noter qu'entre 1910 et 1914, il y eut peu de rapports sur les voyous des hippodromes et aucun tollé concernant la truanderie sur le gazon, comme cela avait été le cas en 1898. La croyance en l'autorité de Kimber avant la Première Guerre mondiale est renforcée par les souvenirs uniques d'Arthur Harding sur la pègre de l'East End. Il se souvient que la plupart des coureurs étaient originaires du sud de Londres, certains d'Islington. Billy Kimber était leur boss et, en 1910, il contrôlait « toutes les rencontres hippiques du Sud – Newbury, Epsom et tous les hippodromes de l'est de Londres – Alexandra Park, Earls Park, Kempton Park ».[92]

Quels que soient les rackets auxquels Kimber et Sage se livraient, ils prirent fin peu après le début de la Première Guerre mondiale. Les chemins de fer étant essentiels au déplacement des troupes, le transport vers les hippodromes était perturbé et il était de plus en plus considéré comme antipatriotique de pratiquer un sport. La fréquentation chuta et, en mai 1915, toutes les courses étaient abandonnées, sauf à Newmarket, le berceau des courses. Bien que quelques réunions aient été autorisées par la suite, les « Boys » avaient perdu leur gagne-pain.[93] Comme Kimber, certains s'engagèrent, et comme lui, beaucoup désertèrent.[94] Avec la fin de la guerre en 1918, toutes les restrictions furent levées. Le public était à la recherche de divertissement et beaucoup le trouvaient dans les courses de chevaux. La saison des courses de plat commença à Lincoln au mois de mars suivant et l'affluence était massive. Le capitaine Eric Rickman était là et, après avoir fait son premier pari, il n'avait pas pu s'éloigner à cause de la pression de la foule. « Alors j'ai dû rester là le reste de l'après-midi, poussé par le flot de la foule de quelques mètres par-ci par-là, réussissant tout juste à me faire porter vers mon bookmaker lorsque je voulais faire un pari ou un tirage au sort sur les deux gagnants que je soutenais ».[95] La fréquentation explosa partout, à tel point que cet « intérêt anormal pour les courses » est l'une des caractéristiques les plus remarquables de l'immédiat après-guerre.[96]

Comme l'a observé Rickman, les amateurs de courses « dépensaient librement leur fortune de guerre et des milliers de militaires démobilisés, ayant reçu leurs gratifications sous forme de sommes forfaitaires et n'ayant pas d'emploi immédiat, commencèrent immédiatement à dilapider cet argent ». Sans surprise, les bookmakers s'en donnaient à cœur joie. Beaucoup d'entre eux prenaient tellement d'argent liquide qu'au lieu de le mettre dans leur sac, ils employaient des « caissiers ». Debout près de leur comptoir, ils tenaient « un énorme paquet de billets de banque et de tickets de trésorerie, autant, peut-être, pour la publicité que par commodité ». Mais là où tant d'argent était dépensé si généreusement, l'hippodrome était aussi un aimant pour les indésirables et, rapidement, « les vols à l'étalage, les vols à la tire, le chantage et même les vols avec violence se développèrent à un point sans précédent dans l'Angleterre moderne ».[97]

Dans les Midlands et le Nord, le Birmingham Gang réaffirma son contrôle sur les principaux rackets dans les hippodromes – jusqu'aux limites de leurs alliés, les Newcastle Boys. De plus petits gangs de voyous venus d'ailleurs étaient autorisés à opérer en tant que truqueurs de cartes et autres, probablement sous réserve de payer un tribut. Mais la domination du Birmingham Gang ne faisait aucun doute, comme l'a souligné Tom Divall, un ancien inspecteur en chef de Scotland Yard employé pour maintenir l'ordre dans divers hippodromes. Lors de la première réunion à Doncaster après la guerre, il avait pris en charge le gradin à dix shillings. Une foule énorme assistait à la rencontre et les files d'attente pour la course la plus importante du jour s'étendaient presque depuis l'allée jusqu'à la ville. Au milieu de l'après-midi, il y eut ce que Divall appela par euphémisme un « malentendu à propos d'un pari ». Il s'agissait plus vraisemblablement d'un cas de resquillage.

« Beaucoup d'hommes ont perdu leur sang-froid, des mots plus hauts que d'autres et des menaces affreuses ont circulé entre certains mineurs et les coureurs des bookmakers. Le personnel des courses et la police ont perdu tout contrôle de la foule. Je craignais qu'une terrible mêlée n'ait lieu, quand est arrivé Billy Kimber, un hôte à part entière parmi ses camarades, il a rapidement réglé le problème entre les bookmakers et leurs parieurs mécontents. Ce qui se serait passé si Kimber n'avait pas apporté son aide opportune, je ne peux l'imaginer ; je n'aime pas non plus faire de conjectures, car il y avait des milliers d'hommes et la plupart d'entre eux de la classe la plus fruste. Billy s'est ensuite approché de moi et m'a dit calmement que ce qu'il avait fait était pour m'éviter tout problème et tout souci. »[98]

Les preuves suggèrent fortement que Divall avait un « arrangement » avec Kimber.

Dans le Sud, les choses étaient différentes. Il n'y avait pas de gang dominant et des voyous violents venus de Londres et d'ailleurs déferlaient sur les hippodromes. En septembre 1919, les journaux ont ainsi relaté « un corps à corps désespéré » entre trois détectives et une quinzaine de malfrats revenant des courses d'Alexandra Park. Après avoir brisé plusieurs bâtons pour en faire des armes, les bandits avaient donné des coups de pied et des coups violents aux policiers, et l'un d'eux avait crié : « Qui a un flingue ? Qu'ils en prennent une ! » Finalement, six hommes furent arrêtés. Ils furent identifiés comme étant les membres d'un gang de Sheffield considéré comme l'un des plus dangereux rassemblement de voyous des pistes de course du pays.[99] Mais seul un d'entre eux venait en fait de Sheffield ; les autres étaient de Londres. Trois furent emprisonnés pour lésions corporelles graves.[100]

En juillet de l'année suivante, le *Daily Mail* avait pour titre : « Scènes scandaleuses aux courses de Salisbury ». Des « nuisibles » étaient venus de tout le royaume « pour piller, où, qui et comme ils le pouvaient ». Certains des plus grands et des pires gangs venaient des Midlands et du Lancashire, et les pickpockets et les chahuteurs infestaient la partie ouverte du circuit, qui n'était pas fermée et où les spectateurs pouvaient donc se tenir. Plus tard dans la journée, des groupes de voyous obligèrent les chauffeurs de voitures de location à les conduire à la gare. Ceux qui refusèrent furent malmenés.[101] Ces événements choquants ont poussé le *Times* à appeler à une action immédiate contre les « voyous de l'hippodrome ».

Le journal tempêtait, déclarant que depuis la guerre, le tapage et les vols étaient de plus en plus fréquents dans pratiquement toutes les rencontres de courses du pays. Il n'y avait jamais eu autant de voyous qui gagnaient leur vie en s'attaquant aux amateurs de courses, et ils étaient sans aucun doute avantagés par le fait qu'ils utilisaient un nouveau moyen de transport – les luxueuses voitures à moteur. Ainsi, ils évitaient la police londonienne qui les guettait dans les trains, tandis que la police locale était incapable de faire face à la situation, car elle ne connaissait pas les voyous et ne disposait pas des ressources nécessaires pour surveiller correctement les hippodromes. À la différence des tricheurs et autres escrocs, ces bandes organisées maltraitaient aussi bien les parieurs que les bookmakers et volaient ouvertement avec violence dans les gradins, se couvrant mutuellement pour permettre aux auteurs des agressions les plus désespérées de s'échapper.[102]

La police était d'accord avec cette évaluation. En août 1920, cinq hommes furent arrêtés à Hurst Park pour avoir obtenu de l'argent par des menaces ou en faisant les poches. L'inspecteur-détective Grosse de Scotland Yard expliqua qu'ils étaient membres d'une bande organisée qui fréquentait les abords des hippodromes et des chemins de fer. Ils furent tous reconnus coupables et condamnés à diverses peines de travaux forcés.[103] Brian McDonald a depuis démontré qu'ils étaient membres des King's Cross Boys sous la coupe d'Alf White et de la bande de Bethnal Green, dirigée par Jack « Dodger » Mullins.[104] Le même mois, une autre bande de brutes des champs de courses de Londres fut condamnée pour avoir terrorisé des bookmakers à Brighton. Montrant bien la versatilité des gangs, deux de ces brutes allaient plus tard se lier au Birmingham Gang, tandis que le troisième, James « Jim » Ford, deviendrait une figure majeure du Sabini Gang.[105] Brian McDonald pense que les gérants des hippodromes de la région de Londres s'inquiétaient du fait que ni eux ni la police ne pouvaient contrer le gangstérisme généralisé qui s'était développé, et qui donnait des courses une perspective alarmante. Par conséquent, une fois de plus, ils se tournèrent vers Billy Kimber pour rétablir l'ordre.[106] Ce dernier y parvint et cette prise de contrôle par le Birmingham Gang fut remarquable. Ali Harris, un bookmaker de l'East End de Londres, se souvient qu'ils « étaient venus ici parce qu'il y avait de l'argent dans le Sud ». Il raconte : « [Les autres gangs] ne quittaient pas vraiment leur secteur. La seule fois où j'ai entendu parler de gang quittant leur secteur, c'était quand les Birmingham Boys sont venus à Londres... parce qu'ils étaient probablement les plus forts ».[107] Fait important, Kimber était alors à nouveau soutenu par les frères McDonald et les Elephant Boys, ainsi que par « Brummy » Sage. Ce partenariat excluait les autres bandes, y compris un petit gang dirigé par Joe Sabini.[108] Son succès fut facilité par une brouille entre le gang de King's Cross d'Alf White et la Bethnal Green Mob, qui avait alors perdu son chef, Dodger Mullins, condamné pour blessure. Son emprisonnement en juin 1920 fut un facteur crucial qui contribua à la prise de pouvoir de Kimber.[109]

Bien que se décrivant plus tard comme un bookmaker de Bordesley, Kimber n'était en réalité rien de tout cela.[110] Comme l'explique le bookmaker Sam Dell, à chaque rencontre, Kimber contrôlait les cinq ou six emplacements les plus en vue, ceux où affluait le plus d'argent et donc les plus rentables. Il y plaçait soit ses propres hommes, soit des bookmakers de bonne foi, pour un rendement de « dix shillings à la livre » – soit 50 % des gains.[111] Un rapport de police divulgue un autre racket lucratif : l'achat de portions de zones ouvertes dans les hippodromes. Ces terrains étaient sous-loués à des bookmakers « à des prix exorbitants qui relevaient presque du chantage ». En outre, un droit de péage quotidien était prélevé sur la quasi-totalité des bookmakers présents sur le circuit, qui payaient « pour sauver leur peau ».[112] Le tarif se situait entre 5 et 20 £ par jour.[113]

Dell se souvient bien que pour avoir leurs emplacements, les bookmakers devaient se présenter aux rencontres tôt le matin pour faire valoir leurs droits et qu'« il fallait être prêt à bakchicher ou être prêt à se battre ». Mais ce n'était pas la fin des escroqueries, car « pour être un bon gangster, il fallait que l'argent rentre afin de payer ses mercenaires. Il fallait avoir beaucoup d'argent pour garder une équipe soudée. Si l'équipe n'était plus soudée, c'était la fin du gang ».[114] Kimber gagna beaucoup d'argent et garda son équipe soudée, soutenue par l'une des figures clés du Birmingham Gang, Andrew Towey. Également connu sous le nom de Cochrane, Towey était un personnage mystérieux, mais aussi un autre voleur condamné dans les Midlands, qui avait déménagé dans le Sud pour se rapprocher des hippodromes les plus fréquentés. Dell a déclaré que c'était « un homme de grand respect... un joueur hors pair. À l'époque, il misait un « singe » (argot anglais qui signifie 500 £) sur un cheval et il s'asseyait là sur un tabouret, je le vois encore, les gars venaient lui donner des informations sur les prix et il les envoyait faire un pari. C'était celui que tout le monde admirait à Birmingham, lui et bien sûr Billy Kimber ».[115] Charles Maskey, un homme de course bien connu de Hoxton à Londres, bénéficia un jour des conseils de Towey alors que lui et son ami, Dick, assistaient à une rencontre de course nocturne à Kempton Park :

« On avait environ huit shillings entre nous, on a misé sur le cheval et on a eu six livres, alors Towey a dit : "Comment ça va, mon petit Dickie ?" Il a répondu : "On a eu un peu plus du double". Towey a dit : "Parie sur celui-là". La grande course c'était la troisième, donc on avait une cote de cinquante contre trois et demi pour celle-là (3,50 £ pour gagner 50 £). Eh bien merde, il a gagné. Oh Andrew, un garçon adorable. Andrew "Parie-sur-celui-là", Andrew Towey. »[116]

C'est Towey qui eut ou développa l'idée de vendre des cartes à points et à tirets pour chaque course. Il s'agissait d'une opération simple par laquelle chaque cheval de la carte était poinçonné de symboles spécifiques destinés à alerter les bookmakers sur son aspect et ses chances dans la course. En fait, ce « service » ne disait rien de plus au bookmaker que ce qu'il savait déjà et n'était qu'un moyen d'obtenir de l'argent. Jim Cooper fut bookmaker à partir de 1926 et, comme il l'expliqua, on trouvait « un point ici, qui représentait le favori, et une croix là, qui signifiait un pourboire ».[117] Ensuite, il y avait la vente de mouchoirs en papier portant le nom des jockeys et le paiement pour l'appel des numéros des chevaux dans une course particulière. Les coureurs étaient annoncés trois jours à l'avance et imprimés sur une carte de course, mais entre ce moment et la course elle-même, certains chevaux étaient retirés. Environ une demi-heure avant le départ, l'un des membres du personnel du parcours affichait sur un tableau les numéros des chevaux qui allaient effectivement courir. Ceux-ci étaient inscrits sur une carte de course par des rabatteurs ou des « coureurs » payés par les gangs, qui s'agitaient autour des bookmakers, essayant d'en prendre une dizaine à la fois, en criant les numéros des chevaux.[118]

Les bookmakers étaient également « encouragés » à « cracher » pour leurs « outils de travail » : des morceaux de craie pour marquer les prix des chevaux sur leurs tableaux noirs, des seaux d'eau et des éponges pour les laver, et des tabourets sur lesquels se tenir. Dell souligne que « c'était la bande de Birmingham qui s'occupait des tabourets à Cheltenham et dans d'autres endroits similaires. Ils devaient transporter les tabourets d'un hippodrome à l'autre et le faisaient à l'aide d'une grande camionnette. Et quand ils arrivaient, ils déchargeaient leurs tabourets pliables, dont ils frappaient les pieds, et ainsi les installaient tous. » Des prix excessifs pouvaient être facturés, car si un bookmaker n'avait pas de tabouret sur lequel se tenir pour crier à la foule, il était désavantagé. Les bookmakers payaient généralement une demi-couronne pour chaque « équipement » ; avec 200 à 300 d'entre eux présents à de nombreuses rencontres, cela représentait beaucoup d'argent.[119]

Il y avait un autre racket d'argent et il était confié à John Garnham et sa petite équipe de Chapel Market. Son fils, Tommy, nous apprend que son père était « à l'affût » des pick-pockets qui n'avaient pas demandé à Kimber la permission de travailler aux courses et qui n'avaient pas payé de tribut. L'un des hommes de Garnham était Henry Thorne, qui connaissait bien Kimber et était plus connu sous le nom du « magicien ». Il faisait des rapports concernant les gangs de pickpockets dans les environs : « Il était comme le magicien d'Oz, il partait et allait espionner quelques gangsters quelque part ». Puis il y avait Pio, « qui a toujours soutenu [John Garnham] », et Scouser, qui était « un peu le remplaçant de [John]. En cas de problème, il était toujours là ». Si des pickpockets « non autorisés » étaient repérés, John Garnham cherchait leur patron, « le putain de responsable ». Il lui donnait une bonne raclée devant les autres, leur disant : « C'est votre putain de patron, regardez ce que je lui ai fait. » Ce dernier battu, les autres partaient, mais si Garnham pensait qu'il ne pourrait pas gérer l'homme fort du gang de pickpockets, alors il appelait Kimber, car personne ne lui cherchait des noises.[120]

Étant donné le chaos qui régnait dans les hippodromes du Sud en 1919 et au début de 1920, il est probable que Kimber ait, en effet, apporté un peu d'ordre. Mais les exigences du Birmingham Gang et de ses alliés étaient mal perçues. Né en 1901, Lou Prince était un bookmaker d'hippodrome né de père juif, et, bien qu'il considérât Towey comme un gentleman et respectât Kimber, il méprisait les brutes qui prenaient des libertés.

« Ces vauriens de Birmingham descendaient vers le sud et terrorisaient les bookmakers d'ici. Il était courant pour eux de virer les affaires du bookmaker de leur juste place et d'imposer leurs propres préférences à cet endroit. Cela durait depuis des années, chantage et autres, ils exigeaient de l'argent et monopolisaient tout ce qui était rentable. »[121]

L'ancien inspecteur en chef Divall révèle que certaines de ces libertés avaient été prises par « trois petites canailles, toujours plus ou moins imbibées d'alcool ». Ces « cinglés » (« loonies ») passaient dans les gradins bon marché et « terrifiaient et faisaient chanter un petit nombre de bookmakers de l'East End. Si ces derniers ne payaient pas, ils étaient cruellement agressés et gravement blessés. »[122] Les bookmakers étaient juifs, et ceux qui les terrorisaient étaient les Elephant Boys. Ils furent arrêtés en avril 1921 à Kempton Park, où, marteaux en évidence dans leurs manteaux, ils avaient réclamé de l'argent aux bookmakers. L'un d'eux était George Moss, l'homme le plus fou du sud de Londres lorsqu'il était en état d'ébriété – d'où son surnom de Mad Mossy. Il fut emprisonné pour douze mois de travaux forcés.[123]

Mais ce ne furent pas les « loonies » qui provoquèrent la guerre des champs de courses de 1921. Ce fut un des hommes de main du Birmingham Gang qui attaqua vicieusement Alfie Solomon, un bookmaker juif de Covent Garden. Contrairement à Kimber et à la plupart des gangsters, Solomon avait servi loyalement pendant la Première Guerre mondiale, puis avait suivi deux de ses frères dans les courses.[124] Le 12 mars, dix jours avant l'attaque contre Sabini à Greenford, Solomon était bookmaker à Sandown Park. L'arbitre de boxe Deyong fut témoin de la scène. Solomon annonçait une cote de 11 contre 4 sur un cheval appelé Morganatic Marriage. Pendant qu'il le faisait, un truand passa et lança : « je vais parier à 33 contre 12 » – ce qui signifie qu'il voulait miser 12 £ pour gagner 33 £ si le cheval gagnait. Solomon savait que le gangster était quelqu'un qui pariait « sur le coup », ramassant l'argent s'il gagnait et refusant de payer s'il perdait ; il répondit donc : « Pas de pari ». Mais le cheval gagna et, après la course, le gangster vint chercher son argent. Solomon refusa catégoriquement de payer, disant qu'il n'avait pas parié. Soudain, le gangster balança ses jumelles de course, lourdes et solides, dans le visage de Solomon. Alors qu'il tombait à terre, son « agresseur s'empressa de piétiner son visage non protégé » et s'enfuit immédiatement dans la foule. Solomon fut ramassé, le visage ensanglanté et plusieurs dents en moins. Selon Deyong, « à partir de ce moment-là, la guerre des gangs entre le Nord et le Sud commença pour de bon ».[125]

Un autre bookmaker juif fut attaqué peu après. Âgé de cinquante-trois ans et originaire de Whitechapel, Philip Jacobs mourut quelques mois plus tard. Lors de l'enquête, sa veuve déclara qu'il était revenu de la rencontre de Sandown Park avec la tête bandée, lui disant qu'il avait été frappé à la tête avec un marteau. Cette blessure fut relatée par Samuel Hirschowitz, qui se trouvait alors avec Jacobs et un homme appelé Abraham Joel. Un certain Armstrong avait frappé Joel et les deux hommes avaient commencé à se battre. Alors que Hirschowitz tentait de les séparer, il avait également été frappé par Armstrong, qui l'avait jeté à terre et l'avait « frappé de toutes ses forces ». Il y avait beaucoup de gens autour, mais ils avaient tous trop peur pour intervenir – tous, sauf Jacobs. Alors qu'il intervenait, il avait été cogné à la tête, puis frappé par un hachoir. Grièvement blessé, il avait reçu l'aide médicale des ambulanciers. Après que tous les témoignages avaient été entendus, la veuve de Jacobs déclara : « Tout le monde connaît Armstrong. C'est un homme violent et désespéré. Mon mari m'a confié qu'après avoir été agressé, Armstrong lui avait dit : "Je suis vraiment désolé, Phil. Je ne savais pas que c'était toi". » [126]

Le lendemain de l'enquête, Thomas Samuel John Armstrong fut accusé du meurtre délibéré de Jacobs. Il fut arrêté à Birmingham, racontant à un détective :

« Je sais que je me suis battu avec deux hommes dans le petit gradin de Sandown Park ce jour-là, et je sais que j'ai frappé l'un d'eux et l'ai mis à terre. Je ne l'ai pas frappé avec un marteau, parce que si je l'avais fait, je l'aurais tué.

[...] J'avais bu toute la journée, et je ne sais pas ce que j'ai fait. J'étais dans un club toute la nuit précédente. Je me suis fait descendre à Brighton après la dernière course, et ils ont failli me tuer. J'ai été cogné, laissé inconscient et j'ai passé deux ou trois jours à l'hôpital de Brighton. »[127]

Lors de l'audience de renvoi, Armstrong fut accusé d'homicide involontaire en frappant Jacobs et en provoquant ou accélérant sa mort. Un autre témoin connu dans les différentes procédures judiciaires était Morris Forman, un bookmaker de Brixton. Il déclara d'abord qu'il n'avait rien vu dans les mains d'Armstrong lors de la bagarre, mais il contredit ensuite cette affirmation, affirmant qu'Armstrong avait frappé Jacobs à la tête avec une paire de jumelles. Lorsqu'on lui demanda s'il avait changé son témoignage, il répondit qu'on l'avait menacé de mort s'il disait la vérité, après quoi il avait demandé la protection de la police. Malgré cette nouvelle preuve, Armstrong nia avoir frappé Jacobs et fut déclaré non coupable.[128] Compte tenu des informations de Forman concernant les jumelles de courses, il est très probable qu'Armstrong était aussi le gangster qui avait battu Solomon.

Bien qu'il déclarât être un bookmaker, Armstrong était un criminel d'habitude. Cependant, contrairement aux autres membres de son âge du Birmingham Gang, rien n'indique qu'il avait auparavant été un Slogger ou un Peaky Blinder. Né en 1875 et originaire d'Aston, il fut condamné à l'âge de quinze ans à quatre mois de prison pour être entré par effraction dans la maison de son oncle. Il ne vivait plus chez ses parents et avait déjà eu des ennuis auparavant pour des petits vols et pour avoir dormi dehors.[129] Deux ans plus tard, il s'engagea dans la milice. Il mesurait un peu moins de 1,68 mètre, avait le teint pâle, les cheveux bruns et les yeux bleus.[130] Armstrong épousa Alice Fisher en 1895, mais en 1911, il semble qu'il l'ait abandonnée ainsi que leurs trois enfants, car ils vivaient sans lui dans un logement surpeuplé avec la mère d'Alice, ses deux sœurs et son frère. En octobre 1915, Armstrong s'engagea dans l'artillerie de la Royal Garrison, mais déserta deux ans plus tard. Quelques mois après cela, il fut arrêté pour vagabondage à Bolton. Par la suite, Armstrong devint l'un des hommes les plus inquiétants du Birmingham Gang ; une adresse à son nom est connue à Highgate, Birmingham.[131]

LES SABINI SORTENT LES MATRAQUES

Le plus jeune frère d'Alfie Solomon, Simeon Solomon, s'était lancé comme bookmaker en 1919, mais à cause de l'antisémitisme, tenait les paris au nom de Simmy Lewis : « si j'avais parié comme Simmy Solomon, je n'aurais pas touché un centime ». Après que son frère aîné ait été battu par le Birmingham Gang, la tendance était au « nous contre eux, le Nord contre le Sud. Ils sont descendus ici. Nous ne sommes pas montés au Nord. C'est eux qui sont descendus ici. »[132] Le fait que les bookmakers juifs aient été pris pour cible a été souligné par Alan Harris, qui pariait aux courses de Brighton : « des gens de Birmingham avaient eu une dispute avec des Juifs, et ils sont arrivés, la bande de Birmingham, et ont lacéré tout le monde, tout le monde courait et ils les charcutaient ».[133] Mais c'est l'attaque contre Solomon qui provoqua une violente réaction. Dell insiste sur le fait que « les juifs étaient très jeu. Autrefois, à l'époque de la pauvreté, chaque combattant était juif. Presque tous les champions étaient juifs. Pourquoi ? Parce qu'ils étaient pauvres. Je pourrais tous les passer en revue. Johnny Brown, Kid Lewis, Kiddy Berg, tous. »[134] Un autre bookmaker, Prince, confirme, indiquant qu'une équipe juive a alors émergé et qu'« ils tiraient leur puissance de la force et du jeu. Ils ne se laissaient pas dicter leur conduite. » Cette équipe comprenait Alfie Solomon, transformé en gangster par sa mutilation, et des vauriens, liés à Edward Emanuel parce qu'il était « une puissance financière » et « le patron avant Darby Sabini ».[135]

Emanuel était en effet puissant, Arthur Harding a affirmé qu'il dirigeait l'ensemble de la pègre juive : « C'était l'Al Capone juif – tout était du grain à moudre pour lui – il s'était lancé dans le baratinage et, par là, dans les courses. Il organisait des combats de boxe et tout le reste. » Le groupe de terreurs d'Emanuel comprenait Jackie Burman, un homme appelé « Do-Do », Bobby Nark et Bobby Levy.[136] Ils étaient originaires de l'East End juif, tout comme Ralph L. Finn. En grandissant, les jeunes du quartier qui jouaient aux cartes et aux dés rejoignaient les gangs des hippodromes. Ils se rassemblaient sur le parvis de la gare d'Aldgate East, à l'angle de Golden Street. Le plus redouté d'entre eux était la bande d'Aldgate, « une bande de voyous qui tranchaient au rasoir, protégeaient les bookmakers – moyennant finances – et escroquaient ceux qui ne voulaient pas être protégés ». Le parieur chanceux qui sortait des courses découvrait à ses dépens que ses gains n'étaient pas destinés à être conservés. Ils étaient seulement prêtés. Le gang des courses prendrait son argent. Ou le tailladerait. Ou les deux.[137] Les membres de la bande d'Aldgate étaient aussi des pickpockets, comme le rappelle Dell.

« Ils étaient dirigés par un certain Dychell. Un vrai méchant, c'était le chef. Et ils avaient l'habitude d'opérer principalement les jours fériés et les jours de fête. Ils étaient une vingtaine de bras… et ce qu'ils faisaient, ils soulevaient un gars en l'air, quelqu'un prenait son argent. Et je les ai vus s'approcher de votre bar et quand vous voyez leurs mains, le lundi férié, vous voyez leurs mains sortir pour leur donner, vous savez, leur mise (argent de protection.) »[138]

Même si le groupe d'Aldgate et d'autres fugitifs juifs étaient des « terreurs », ils n'étaient pas assez forts pour affronter le Birmingham Gang. Comme l'admet un journal de la ville, « ses membres étaient totalement sans scrupules. Ils visitaient les hippodromes des Midlands et du Sud, faisaient chanter les bookmakers et tous les membres du public qui avaient le malheur de tomber entre leurs griffes, et se rendaient généralement si terrifiants que les bookmakers, pour se défendre, engageaient pour leur protection un certain nombre d'hommes de caractère similaire des quartiers de King's Cross et de Saffron Hill. »[139] Ces hommes de Saffron Hill étaient les Sabini, « l'offensive italienne », pour reprendre les termes de Prince, appelés par Emanuel parce qu'il était leur « ami ». Comme Divall l'a noté, la persécution des bookmakers juifs de l'East End était devenue insupportable et « les Sabini ont pris leur défense ».[140] Un gang mixte vit donc rapidement le jour, les « terreurs » juives rejoignant le gang dirigé par Darby Sabini.[141] Ce dernier justifiait sa participation par le fait que le Birmingham Gang, composé de gens très durs et brutaux, « faisait chanter ces yiddishs depuis des années ».

« Les Juifs avaient tous les meilleurs emplacements. Pour s'arrêter sur ces terrains, on devait les payer. S'ils ne donnaient pas d'argent à ces personnes, soit ils ne pouvaient pas parier, soit ils étaient attaqués. Ils avaient l'habitude de demander 10 £. Si vous ne leur donniez pas les 10 £, vous étiez très probablement mis à terre et vous ne pariiez plus. »[142]

Mais les motivations de Sabini n'étaient pas aussi bienveillantes qu'il le prétendait, car il y voyait l'occasion d'arracher au Birmingham Gang le contrôle des rackets sur les hippodromes du Sud.

Né en 1888, d'une mère anglaise et d'un père originaire des villages autour de Parme, dans le nord de l'Italie, Sabini avait été garde du corps dans des *spielers*, des clubs de jeux illégaux pour les hommes d'affaires juifs. Le principal exploitant de ces clubs était Emanuel, et il est probable que c'est grâce à ce lien que les deux hommes se sont rencontrés.[143] Harding mentionne qu'il entendit parler du Sabini Gang pour la première fois vers 1910-1911, et il affirme qu'en l'espace de quelques années, ce gang était une force bien établie à Clerkenwell.[144] Dans son étude majeure sur les milieux criminels londoniens, Heather Shore a suggéré que, comme les autres gangs londoniens des années 1920, le Sabini Gang était probablement hérité non seulement des gangs de rue territoriaux qui caractérisaient depuis longtemps des quartiers comme Clerkenwell, mais aussi d'une forme de défense contre les incursions d'autres jeunes des environs. Ses membres étant liés par un passé commun et leur loyauté envers le quartier, le Sabini Gang était consolidé par les relations personnelles de ses membres et par le sang, car comme l'a constaté Shore, « la "structure" la plus durable qui liait le Sabini Gang était la famille et la parenté ».[145] Dans une large mesure, le noyau du gang était ainsi lié. Il comprenait les deux plus jeunes frères de Darby, Joe et Harry, surnommé « Harryboy », son ami d'enfance, Angelo Gianicoli, plus connu sous le nom de Georgie Langham, et deux des frères Cortesi. Mais on y trouvait aussi des juifs féroces menés par Alfie Solomon, et des personnes d'origine exclusivement anglaise comme Alf White et Jim Ford.

Dans son livre *Gangs of London : 100 Years of Mob Warfare*, Brian McDonald inclut une photographie rare et importante de sa collection familiale. Prise en 1919, elle montre des gangsters de premier plan, « lorsque les Brummagem, les McDonald, les Cortesi et les Sabini étaient encore amis ». On y voit Darby, Harry et Joe Sabini ; Harry et George Cortesi ; Wal, Jim, Tom, Bert et Wag McDonald ; et Billy Kimber. Bien habillés en costume et cravate, certains portent des canotiers en paille, des casquettes plates ou des chapeaux melon, et tous ont une fleur à la boutonnière de leur veste. Il est évident qu'ils se rendent à une « fête », très probablement pour assister à une course, et qu'ils sont en bons termes.[146] Cette relation amicale fut rompue lorsque Kimber et ses amis découvrirent que Sabini avait été contacté par les bookmakers juifs, ce qui conduisit à son agression du 22 mars à Greenford.

Accusé d'avoir tiré sur des inconnus avec un revolver, Sabini révéla qu'il avait été employé par George Harris, l'un des plus grands bookmakers de Londres. La libération sur caution fut accordée pour la forte somme de 200 £ par Sabini lui-même et une garantie de 200 £. Sa capacité à payer, et l'appui de Harris, suggèrent que Sabini avait également le soutien de gros bookmakers londoniens qui s'étaient lassés des extorsions du Birmingham Gang.[147] Lors de l'audience finale de son affaire, un officier de police rapporta que lorsque Sabini fut arrêté, il était très agité et craignait pour sa vie, tandis qu'un inspecteur de police déclara que son tempérament auparavant était plutôt bon. L'accusation de tir sur des personnes inconnues avec un revolver fut rejetée et Sabini fut condamné à une amende de 10 £ pour possession d'une arme sans certificat. Les magistrats se montrèrent plus soucieux de prouver que les hommes qui avaient attaqué Sabini n'étaient pas de Greenford et furent heureux d'apprendre qu'ils étaient de Birmingham et appartenaient à un gang violent et dangereux, prêt à tout, même à tirer pour tuer. [148]

L'indulgence manifestée à l'égard de Sabini et le rapport de police favorable ont conduit Brian McDonald à penser que « de l'argent était passé entre les mains » – une allégation étayée par les souvenirs d'Arthur Harding selon lesquels Emanuel « avait la police bien en main » et pouvait tirer les criminels d'affaire.[149]

Il était peu probable que Sabini se soit présenté à Greenford sans soutien et, de fait, deux hommes de sa bande furent arrêtés pour trouble à l'ordre public et vagabondage dans l'intention de commettre un délit. Il s'agissait de Sandy Rice, de son vrai nom Alex Tomaso, et de Fred Gilbert. Il fut allégué qu'ils avaient mené une attaque contre la police et incité d'autres personnes à les rejoindre. Pendant les troubles, après que Sabini eut tiré, un policier avait vu Rice et Gilbert se frayer un chemin dans la foule. Rice déclara qu'il essayait d'atteindre Sabini pour l'aider, mais que certains des attaquants l'avaient repéré et avaient crié : « En voilà un ». Il ajoute : « J'ai alors dû m'aider moi-même et j'ai couru pour ma défense. » Voyant Gilbert, les gangsters de Birmingham s'écrièrent : « Voilà un de leurs potes ! ». Ils le jetèrent à terre et lui donnèrent des coups de pied. Il nia avoir attaqué les policiers, soutenant qu'ils étaient amis ce jour-là. Le récit de Gilbert fut corroboré par Harry Joel, un bookmaker : « Je ne sais pas comment il a échappé à la mort. Nous avons tous deux été attaqués par la bande. » Gilbert et Rice furent libérés.[150]

Trois jours après la bagarre de Greenford, Robert Charles Harvey et « un certain nombre d'autres habitués des hippodromes » étaient battus à coups de matraque à la gare de London Bridge. La police ferroviaire intervint et les agresseurs montèrent dans le train pour les courses de Plumpton. Harvey fut emmené à l'hôpital avec des blessures au crâne et des contusions sur le corps. Il déclara à la police qu'il n'avait aucune idée de qui l'avait agressé, et que s'il l'avait su, il n'aurait pas engagé de poursuites. C'était un refrain qui allait devenir courant. Cependant, la police pensait qu'Harvey avait resquillé lors de la rencontre de Greenford Trotting et était associé au Birmingham Gang.[151] Face à cette escalade de violence, les gangs se rapprochèrent pour tenter de régler leurs différends. Accompagné des McDonald et de Sage, Kimber se rendit le 27 mars au domicile de Sabini.[152] La rencontre est mise en scène dans *Britain's Godfather*, la biographie de Sabini par Edward T. Hart, qui, ignorant son origine anglaise, le dépeint de manière imaginative comme un parrain mafieux.

« Darby a accueilli Billy Kimber chez lui poliment, mais sans aucune démonstration chaleureuse. Il l'a fait asseoir à une table dressée selon la tradition italienne... un pain fraîchement cuit, de gros morceaux de fromage et une carafe d'anisette, un vin aromatisé à la liqueur. Comme concession à la nature anglaise de Kimber, il y avait aussi six bouteilles de bière. »[153]

Heather Shore a décrit le livre de Hart comme étant un « récit *pulp fiction* de la vie de Darby Sabini », et sa représentation de la rencontre avec Kimber semble fantasmée et influencée par l'image qu'on se fait des gangsters américains.[154] Selon Hart, la rencontre tourna au vinaigre à cause des termes d'une trêve et Kimber s'empara de l'arme cachée dans son costume bleu poudre. Mais Sabini fut plus rapide et sortit sa propre arme, grosse et plate, avant de tirer sur Kimber, dont « la main n'avait même pas atteint la crosse de son arme ». La force de la balle projeta Kimber en arrière, faisant basculer la chaise et le jetant au sol. Il gémit et resta immobile, mais comme si Sabini était un tireur hors pair, Hart affirme que « même s'il avait tiré par réflexe, Darby avait pris soin de viser une partie non mortelle du corps humain, la cuisse ». Hart n'était pas présent à la réunion et n'a jamais rencontré ni Sabini ni Kimber ; de plus, il écrit que cet incident se produisit au domicile de Sabini dans la Petite Italie à Clerkenwell, après l'embuscade d'Epsom Road.[155] Aucune de ces deux affirmations n'est correcte. Les deux gangsters se sont rencontrés avant cet événement et après que Sabini avait été sauvé par la police à Greenford ; en outre, à ce moment-là il ne vivait plus à la Petite Italie, mais à Collier Street, près de King's Cross. Et si Kimber fut abattu, ce ne fut pas par Sabini.

Dans ses mémoires, l'ex-détective superintendant en chef Greeno aime également à utiliser un langage coloré :

« Sid F., commandant en second des garçons de Birmingham, s'est rendu au trois-pièces de Darby à King's Cross pour "serrer la main et se réconcilier". C'est ce qu'il a dit. Darby n'était pas chez lui, mais sa femme, qui était allée chercher deux douzaines de Guinness au Prince de Galles, organisait une fête. Sid est arrivé à minuit et à deux heures du matin, on l'a retrouvé dans la rue avec une balle dans le côté droit et une coupure à l'œil. Qui a fait ça ? Je n'ai jamais dénoncé personne et je ne vais pas commencer maintenant. »[156]

Sid F. était Kimber, non pas le commandant en second, mais le chef général du Birmingham Gang.[157] Devant le tribunal, il raconta que tard dans la soirée du 27 mars, il s'était rendu avec Darby Sabini à son domicile de Collier Street, où d'autres personnes se présentèrent. Il y avait beaucoup à boire et Alfie Solomon faisait partie de la fête. Ils avaient chanté quelques chansons et la soirée s'était terminée vers deux heures du matin. Au moment où Kimber partait, quelqu'un le frappa à l'œil, d'autres l'agressèrent et « un tiers [lui] tira dessus, mais [il ne vit] qu'une ombre ».[158] La seule personne à avoir témoigné se souvenait différemment des événements. Ce témoin déclara que Solomon était arrivé plus tard et avait été repéré par Kimber et ses copains lorsqu'ils étaient entrés dans le couloir. L'un d'entre eux s'était alors retourné et avait demandé : « Qu'est-ce que tu veux, espèce de juif ! ».[159] Des coups de feu furent tirés et Kimber fut ensuite retrouvé inconscient sur la chaussée. Il avait été blessé au côté et fut transporté à l'hôpital.[160]

Se rendant à la police, Solomon fut accusé de blessures illégales. Il reconnut avoir tiré sur Kimber, mais insista sur le fait qu'il s'agissait d'un accident après que le chef du « gang des terreurs de Birmingham » avait crié : « Que fais-tu ici, espèce de juif ? Sors d'ici ou je te tire dessus. » Il avait arraché un revolver de la main de Kimber, le faisant tomber au sol ; dans la lutte, le coup était parti. Effrayé, Solomon s'était enfui. Tout au long des audiences, Kimber continua d'affirmer qu'il ne savait pas qui lui avait tiré dessus, déclarant que si Solomon « disait qu'il [lui] avait tiré dessus, alors c'était un lâche. Seuls les lâches portent des revolvers. Je préférerais me faire sauter la cervelle plutôt que d'en utiliser un sur quelqu'un. »[161] Kimber refusant de dire quoi que ce soit et agissant comme un témoin hostile, le juge du procès à Old Bailey demanda au jury de rendre un verdict de non-culpabilité.[162]

Bien qu'il ait comparu au procès de Solomon, Kimber fut hors course pendant les deux mois qui suivirent, le temps de se remettre de sa blessure. Compte tenu de sa haine des juifs, en particulier de Solomon, et de la nécessité de riposter pour montrer qu'il était toujours une force sur laquelle il fallait compter, il est probable que Kimber ait ruminé sa vengeance. Tommy Garnham a entendu une histoire plus vraie que nature sur la façon dont il aurait agi.

« Quand Bill [Kimber] s'est fait tirer dessus, ils ont encerclé l'hôpital, les gangsters, tu sais. Papa était là-bas. Ils ont encerclé l'hôpital. La police était dehors, tu vois. Au cas où ils voudraient revenir le chercher, à l'hôpital. Bref, il est sorti, ils lui ont posé des questions, mais il ne voulait pas savoir qui l'avait fait.

Quand il a été un peu mieux, dans le coin à Grant Street [Islington] il s'est habillé avec de vieux vêtements, comme un clochard, c'est l'histoire que mon père m'a racontée. Il est descendu dans Clerkenwell en fouillant dans les poubelles et il l'a vu [Solomon] sortir de… ce n'était pas le Griffin, c'était un endroit quelque part derrière. Alors, il connaissait l'endroit. Et il a attendu une semaine juste pour l'avoir par lui-même. Et il l'a eu et il a dit : "Tout ce que je veux c'est le mettre dans un fauteuil roulant. Je ne veux pas le tuer, mais je veux me le faire parce que ce c***ard m'a tiré dans le dos". Et il l'a fait, Kimber. Il l'a battu violemment. Vraiment fort. Et j'ai demandé : "Pourquoi il ne l'a pas tué, papa ?" ; et il a dit qu'il ne voulait pas le tuer, il voulait faire de lui un légume. Qu'il se souvienne de ce que ça fait de lui tirer dans le dos. »[163]

Rien ne prouve que Kimber se soit vengé de Solomon de cette manière, mais l'invention de cette histoire elle-même renforce la position de Kimber en tant que « chef d'une bande de desperados », une position qui inspirait clairement une fervente loyauté autant que la crainte. Et il agressera de nouveau brutalement Solomon à l'avenir.[164]

Quelques jours après le meurtre de Kimber, la police reçut une information, comme l'a relaté Greeno, selon laquelle « la bande de Sabini et les Brummies prévoyaient une confrontation à Alexandra Park le 4 avril. La police se déploya sur tout le circuit et dans toutes les gares en chemin, mais à une heure, une bande encercla un couple de revendeurs de paris de Birmingham et fondit sur eux à coups de bouteille. Puis ils ont “mit le pied à l’étrier”. »[165] Le Sabini Gang fut dégagé des gradins, mais le Birmingham Gang et ses alliés étaient également présents en grand nombre. Deyong a évoqué l’atmosphère tendue :

« Des coups de feu ont été tirés ce jour-là, des barres de fer et des bâtons de plomb se sont écrasés sur des têtes sans défense et souvent innocentes, et les poings américains et les rasoirs ont déchiré et tranché à des fins mortelles. »[166] Lou Prince était bookmaker lorsque la violence a éclaté.

« Les choses ont évolué rapidement et le parc d’Alexandra aurait pu être une véritable débauche. La bande de Birmingham a traversé le Tattersall’s en file indienne, forte d’une vingtaine de personnes, dont deux portant des flingues. Ils ont traversé Tattersall’s à la recherche d’un adversaire, mais n’en ont trouvé aucun, puis ils sont allés sur le petit gradin. Je n’oublierai jamais ces scènes, car lorsqu'ils ont commencé à chercher, les gradins étaient bondés et, au fur et à mesure qu’ils avançaient, tout le monde plongeait pour s’écarter du chemin et, croyez-moi, les trois quarts de l’assistance l’ont fait et il en a été de même pour le petit gradin. »[167]

L’un des membres de la pègre de Birmingham portant un flingue était Anthony « Curly » Martin. Âgé de quarante-deux ans, il fut accusé d’avoir tenté d’assassiner un Londonien du nom de James Best, l’un des deux chauffeurs de taxi qui avaient conduit le Sabini Gang à la réunion et qui avaient été attaqués en conséquence.[168] Un témoin de la police a décrit la scène : « J’ai vu plusieurs hommes poursuivre un autre homme et j’ai vu l’homme frappé à la tête par-derrière et mis à terre. Alors qu’il était allongé sur le sol, j’ai vu le prisonnier [Martin] sortir un revolver et le pointer sur l’homme au sol. Il a alors tiré et s’est enfui. »[169] Ce récit ne peut cependant pas être totalement fiable, car si un revolver fut effectivement retrouvé après l’arrestation de Martin, il était rouillé et n’avait pas été utilisé récemment. Par conséquent, si Best avait été visé, le tir l'avait manqué, car il fut emmené à l'hôpital pour deux blessures causées plutôt par un instrument contondant. Au tribunal, il déclara qu'il ne savait pas qui l'avait frappé et qu'il ne connaissait pas non plus Martin, dont la bonne réputation fut affirmée par deux bookmakers et la police de Birmingham.[170] Ils révélèrent qu'il était un parieur professionnel de chevaux et qu'il ne connaissait pas le Birmingham Gang.[171]

Pourtant, Martin vivait à Bridge Street West, près de l'endroit où Kimber avait grandi et où ses parents vivaient encore. Compte tenu de cela, et du fait qu'il était également un homme de course, il est très peu probable que Martin n'ait pas connu de membres du Birmingham Gang. Décrit comme un homme à la carrure épaisse et rasé de près, son fils, Joe, se souvient de lui comme d'un « gars intelligent ». Il se souvient qu'« il avait toujours un chapeau melon, vous voyez, il prenait toujours la brosse et la mettait sur la vapeur de la bouilloire pour la faire chauffer avant de mettre son chapeau. Et la daronne s'occupait toujours de lui, lui polissait les bottes. »[172] Comme les Sabini, Anthony Martin était le fils d'un mariage mixte, sa mère étant anglaise et son père italien de Gênes.[173] Il s'enregistra comme marchand de poisson en 1911, mais comme son fils le rappelle, « Mon père n'était pas un bookmaker, il était ce qu'on appelle un garde du corps, plutôt. » Il possédait bel et bien un revolver, bien que : « vous pourriez parier votre vie qu'il n'était pas chargé, j'en suis sûr, vraiment. S'il l'avait été, ça aurait vraiment été un éclair effrayant. »

Martin était un garde du corps indépendant, même s'il protégeait souvent un bookmaker en particulier, et il avait l'habitude de se mêler à d'autres hommes de course au pub Howard's près de la gare Snow Hill de Birmingham. Comme eux, il était rarement à la maison et sa femme devait élever leur famille avec ses revenus incertains et irréguliers : « Elle s'est battue, je peux vous le dire. Elle a dû se battre parce qu'elle n'avait pas d'argent, mais ma mère a réussi à survivre et à fonder une grande famille. Ce n'était pas un salaire régulier, mais d'une manière ou d'une autre, il a dû gagner quelque chose. » Martin mourut en 1938, à l'âge de cinquante-huit ans. Son fils Joe, né en 1914, devint par la suite bookmaker, tout comme son frère aîné Alfie.[174]

Après l'altercation à Alexandra Park, le 20 avril, un courant de violence latente entre les gangs menaça de dégénérer en guerre à grande échelle à Londres. Une bagarre éclata entre deux groupes devant la station de métro Mornington Crescent, près de l'endroit où vivait Brummy Sage. On pense qu'ils appartenaient à des gangs des courses, l'un venant de Birmingham et l'autre du quartier de King's Cross – où vivait Darby Sabini. Un coup de feu fut tiré et plusieurs hommes tentèrent de s'enfuir dans un taxi à l'intervention de la police. L'un des agents sauta sur le marchepied du taxi et dirigea le chauffeur vers un poste de police. Trois hommes furent arrêtés, l'un d'eux ayant une matraque fabriquée à partir de l'étui d'une grenade allemande attachée à un bâton court. Deux d'entre eux furent libérés, dont un certain Jim Ford, qui était désormais une des principales brutes du Sabini Gang. Le troisième ne reçut qu'une amende de 20 shillings.[175] Plus tard dans le mois, la police de Birmingham fut informée que quelqu'un s'était vu offrir un job pour faire exploser une boîte de nuit appartenant à l'un des membres du Sabini Gang.[176] Selon le chef de la police de la ville, « un certain nombre d'habitués des champs de courses se rendaient à Londres, dans le but d'effectuer un raid, et ils étaient sur le point de se procurer des bombes Mills à Uxbridge ».[177] L'attentat à la bombe n'eut pas lieu, mais Edward Banks fut désigné comme le principal participant au complot. Quelques semaines plus tard, il jouait un rôle similaire dans l'embuscade d'Epsom Road – un événement qui sera bientôt connu sous le nom de « bataille d'Epsom Road ».

CHAPITRE 3
LA GUERRE ENTRE LE BIRMINGHAM GANG ET LE SABINI GANG

LA BATAILLE D'EPSOM ROAD

Tout au long du printemps et de l'été 1921, les hippodromes du sud de l'Angleterre furent déchirés par une guerre des gangs sanglante. Cette querelle n'avait rien à voir avec les bagarres des gangs de rue du passé – les voyous de Birmingham, les hooligans de Londres et les *scuttlers*[*] de Manchester et de Salford. La guerre des hippodromes entre le Birmingham Gang et le Sabini Gang se déploya à une échelle beaucoup plus grande et plus large, opposant deux gangs de criminels de villes différentes dans une lutte pour le contrôle de rackets très rentables. Phénomène nouveau, il provoqua des gros titres alarmants : « Les hippodromes sont infestés de bandes de voyous », « Des gangs de chanteurs sur les

[*] Un *scuttler* est un membre d'un gang local de jeunes gens de la classe ouvrière des environs de Manchester et Salford.

hippodromes », « Blessure mortelle d'un bookmaker », « Émeute sur les hippodromes », « Fusillade et bagarre à coups de poing », « Bookmaker acquitté pour meurtre », « Fracas sur les hippodromes », et bien d'autres encore.[178] Les récits troublants de violence suscitèrent des spéculations quant à l'identité des gangs, et il fut rapidement révélé qu'un groupe londonien composé exclusivement d'étrangers, menait une vendetta contre un regroupement des Midlands.[179]

Mais la confusion régnait quant à la composition réelle des deux gangs. Le *Times* pensait que le gang de Londres était composé d'Italiens, tandis que celui de Birmingham était « principalement composé de juifs étrangers ». Le journal se félicitait que ces brutes soient des « étrangers misérables » qui ne savaient pas se battre proprement, utilisant à leur manière « des couteaux, des matraques – faussement nommées – et apparemment des pistolets ».[180] Un correspondant mieux informé du *Sporting Times* condamnait les deux gangs et espérait qu'ils se décimeraient mutuellement dans leur vendetta. Mais, déduisant que le gang des Midlands était anglais, il affirmait qu'en comparaison avec le gang de Londres, il était « plus humain qu'un rassemblement d'étrangers ».[181] Les propos antisémites et le dédain pour les étrangers allaient entacher les reportages sur la guerre des champs de courses de 1921 et sur les gangs des courses par la suite. Pourtant, le Birmingham Gang n'était pas composé de « juifs étrangers ». Il s'agissait d'un groupe majoritairement anglais qui ne se battait pas équitablement à la manière « anglaise ». De leurs mains de gangsters, ils maniaient des marteaux, des hachettes, des revolvers et des sacs de sable, et c'étaient les bookmakers juifs qu'ils frappaient avec le plus d'ardeur.

Il est probable que le Birmingham Gang fût soutenu au moins tacitement par certains bookmakers locaux, comme le suggère une déclaration faite à un journal de Birmingham en juin 1921 par un turfiste bien connu. Imprégnée de préjugés anti-juifs, cette déclaration jouait sur le sentiment d'appartenance à la culture anglaise.

« Nous nous opposons fermement à l'allégation selon laquelle les hommes de Birmingham sont des maîtres-chanteurs et des tricheurs. Nous ne prétendons pas être des "petits anges blancs", mais nous prétendons être de bons sportifs et ne pas être meilleurs ou pires que les autres hommes assistant aux rencontres hippiques. Ce que l'on suppose, c'est qu'un groupe de juifs relativement nouveau a tenté de s'ériger en maîtres de la situation, en particulier dans le sud de l'Angleterre, et qu'ils ont employé des hooligans pour rendre l'atmosphère malsaine et dangereuse pour les coureurs de Birmingham. C'est la cause première des problèmes, et les garçons de Birmingham accueilleraient favorablement toute action de la part des autorités qui permettrait de la supprimer. Tout le monde est libre de venir à Birmingham ou dans les Midlands. Pourquoi les coureurs de Birmingham qui vont ailleurs devraient-ils être victimes de violence, provoquée, comme nous le prétendons, par des rivaux jaloux ? »[182]

Après les incidents d'Alexandra Park, et Kimber étant blessé, le Sabini Gang devint rapidement la force dominante sur son « terrain ». Par crainte de ce qui pourrait leur arriver, la plupart des bookmakers de Birmingham se tinrent à l'écart des hippodromes du Sud. Hilda Burnett a grandi dans les années 1920 près des marchés de Birmingham, dans le même quartier que la bande de Banks. Le frère de sa mère était l'un d'entre eux et on lui disait que « le gang de Londres ne voulait pas que les bookmakers de Birmingham travaillent sur leur territoire. Les bookmakers de Birmingham pensaient différemment et ont décidé de faire quelque chose. Ils se sont donc tous réunis et sont partis dans le Sud. Ils se sont tous retrouvés à l'hippodrome d'Epsom et on a donné à cet épisode le nom de "Vendetta d'Epsom". »[183] En réponse à la prise de contrôle réussie par les Sabini, le Birmingham Gang décida de descendre dans le Sud et de faire une énorme démonstration de force au derby d'Epsom, la première semaine de juin. Il s'agissait du plus grand événement de course de l'année, attirant des dizaines de milliers de personnes, et une victoire dans le Surrey, si proche de Londres, aurait mis fin au gang des Sabini. Cette décision conduisit à la bataille d'Epsom Road le 2 juin 1921. Seulement, ce n'était pas une bataille, c'était un passage à tabac unilatéral de dix hommes sans lien avec le Sabini Gang.

Le récit de cette « bagarre » dans les tabloïds fut très différent. Publiée une génération après l'affront, l'histoire commençait par un appel à Reuben Bigland, un riche homme d'affaires de Birmingham surnommé « Telephone Jack » parce qu'il avait mis en place un service téléphonique fournissant les résultats des courses aux bookmakers.[184] L'appel provenait d'un certain Horatio Bottomley, le financier et rédacteur en chef du très populaire magazine *John Bull*, et politicien populiste. Il commençait par une diatribe à propos du tort scandaleux que l'on faisait aux braves garçons britanniques qui avaient servi leur pays dans les tranchées. Les bookmakers londoniens étaient rentrés au pays pour découvrir que leurs emplacements légitimes avaient été volés « sous leur nez par des tire-au-flanc étrangers ». Les bookmakers lésés comptaient sur Bottomley, en tant que patriote et protecteur du sport, pour protéger leurs intérêts contre les deux plus grands gangs de la capitale, les Sabini et les Solomon. Voyant l'occasion d'établir une « suprématie absolue de Brummagem » sur les hippodromes d'Angleterre, Bigland avait convoqué à une réunion les gangs de Birmingham, y compris les deux plus grands, les soi-disant Mancini et Vendetta Boys. Le compte rendu indique qu'une trêve temporaire fut conclue et que des dispositions furent prises pour sortir d'Epsom afin de « faire leur fête » aux gangsters londoniens.

« Très tôt le jour du derby, en 1921, un groupe de 39 voyous et truands armés de rasoirs, de ciseaux, de poings américains, de marteaux, de haches, de clés à molette et même de quelques revolvers se rassemblèrent devant la brasserie Malt Shovel de Milk Street, à Birmingham. Ils attendaient, en petits groupes, le char-à-bancs qui devait les emmener à Epsom Downs. Certains prenaient une gorgée de scotch (les bouteilles ayant récemment été portées au prix unique de 12 shillings 6 pence) sorti de la poche de leur imperméable. Un ou deux s'entraînaient à "travailler le cuir", c'est-à-dire à frapper un homme à terre au pied d'un lampadaire. À un moment donné, la voiture bleu foncé, conduite par un de leurs propres hommes, tourna au coin de la rue et arriva en sifflant à travers la brume nacrée de l'aube. Ils montèrent à l'intérieur et partirent en chantant *K-K-K-Katie* et *O Sole Mio*. Dans l'ensemble, c'était, comme l'un d'entre eux, le philosophe Brummy Sage, le fit remarquer à un autre, son ami gitan connu sous le nom de Roi de Digbeth, "le début d'une belle journée de course le plus prometteur que l'on puisse souhaiter étant donné les circs" (circonstances). »

Ce récit fictif explique ensuite comment les membres de la bande de Birmingham assistèrent au derby dans « une pudique bienséance qui étonna la police et tous ceux qui les connaissaient », mais quittèrent tôt Epsom. Arrivés à un coin approprié de la route d'Ewell, ils bloquèrent la voie avec leur char-à-bancs et prirent position sur la bordure. Le premier taxi à apparaître transportait un bookmaker solitaire de Leeds. En essayant de défendre son gain de la journée, il perdit trois doigts « à cause du hachoir d'un garçon de Brum ». Puis vint la véritable cible : cinq taxis de bookmakers londoniens protégés par leurs propres gardes et des membres des gangs de Sabini et Solomon. Ils furent surpris et leurs véhicules renversés. Les bookmakers s'enfuirent pour sauver leur vie, et bien que les gardes du corps et les gangsters se fussent battus avec les

Birmingham Boys, ils furent mis en déroute avec de lourdes pertes, pour un total de plus de 400 points de suture à eux tous.[185]

Malgré quelques liens avec des lieux et des événements réels, la majeure partie de ce compte rendu est incorrecte. Brummy Sage était londonien et ne se rendit pas à la course depuis Birmingham. Le roi gitan de Digbeth n'existait pas. Il n'y avait pas de gang Mancini ni de gang appelé les Vendetta Boys à Birmingham. Les Sabini n'étaient pas ceux qui furent attaqués. Les bookmakers de Londres qui s'étaient d'abord tournés vers le Sabini Gang pour se protéger étaient peut-être juifs, mais des bookmakers non juifs les soutenaient également contre le Birmingham Gang. Enfin, alors que le député Horatio Bottomley était largement connu pour ses discours patriotiques pendant la Première Guerre mondiale et qu'il était un parieur ami de Reuben Bigland, rien ne permet de relier Bigland au Birmingham Gang, ni à ses chefs comme Billy Kimber, Andrew Towey et Edward Banks. Pourtant, un aspect de ce récit résonne avec la réalité – les préjugés contre les « étrangers » qui avaient soi-disant manqué à leur devoir pendant la Grande Guerre. En fait, c'est Kimber et d'autres membres du Birmingham Gang qui étaient des tire-au-flanc, tandis qu'Alfie Solomon et le frère de Sabini, Joe, avaient servi leur pays avec patriotisme.

Quelle est donc la réalité ? Le Birmingham Gang se rendit bel et bien à Epsom, apparemment pour proclamer le droit des bookmakers des Midlands à travailler sur les hippodromes du Sud, mais en réalité pour réaffirmer violemment leur contrôle sur le racket. Les membres du voyage en char-à-bancs organisé par Banks étaient l'un des nombreux groupes impliqués, et sa bande se retrouva effectivement au pub Malt Shovel de Milk Street. C'était le rendez-vous favori de certains membres du Birmingham Gang. Comme le rappelle Steve Nicholls, le fils de l'un d'entre eux : « Un chara (char-à-bancs) d'vait les prendre. Mais ils pouvaient tous se bagarrer. Je veux dire, ils devaient tous être bien équipés, parce que, regardez ce qu'ils affrontaient. Je veux dire que la pègre de Londres était toujours équipée. Je veux dire, Londres est un endroit plus grand qu'ici, alors vous devez bien savoir comment ils ont dû finir. »[186]

À cette occasion, le groupe de Banks se réunit non pas le jour du derby, mais avant, le mardi 30 mai. Ils restèrent à Londres et participèrent à des courses pendant les trois jours suivants, avant de partir tôt le jeudi 2 juin, le lendemain du derby, afin de mener leur attaque.

Lorsque leur char-à-bancs atteignit Ewell Corner près du pub Brick Kiln vers 16 h 30, ils ordonnèrent à leur chauffeur de se garer et assurèrent sa surveillance avec un revolver.[187] D'autres membres du Birmingham Gang étaient déjà là, cinq d'entre eux étant arrivés dans un taxi venu de Birmingham la veille.[188] Puis une camionnette Crossley apparut. Un ancien véhicule de transport du personnel du Royal Flying Corps, avec sept hommes à l'arrière et trois à l'avant. C'étaient des bookmakers de Leeds. En s'approchant, le véhicule fut frappé par une pluie de briques et quelqu'un à l'intérieur cria : « C'est le gang de Brummagem », avant que la camionnette ne percutât le taxi. Les personnes qui se trouvaient à l'intérieur furent attaquées par ce qu'elles pensaient être soixante à soixante-dix hommes, bien qu'il est probable qu'ils ne fussent pas aussi nombreux et que les chiffres fussent naturellement exagérés dans l'esprit de victimes d'une expérience si tétanisante, au cours de laquelle les assaillants brandissaient des hachoirs, des marteaux, des barres de fer et des briques. L'un d'eux tenait même un revolver et on entendait des « Tuez-les ! ».[189] Parmi les blessés, Samuel Barnet fut assommé et blessé à la tête, aux bras et aux jambes. Un autre, Solomon Levinson, fut frappé deux fois à la tête, sans savoir si c'était avec un marteau ou une hachette.[190] Isaac Lewis perdit également connaissance après avoir été battu, tandis que son frère Michael fut frappé à l'œil et sur le corps, alors qu'il entendait des hommes crier « Tuez les Italiens ».

Un cinquième homme, Lazarus Green, reçut des coups de marteau juste au-dessus de l'œil et de l'oreille droite, et son bras fut fracturé. Fuyant péniblement le long de la route, couvert de sang, il fut suivi par un homme avec un marteau qu'il supplia : « Vous vous êtes gourés. On est des gars de Leeds. » L'agresseur rétorqua : « Bon sang, j'espère que non. Bon, allez dans le champ et allongez-vous derrière les arbres, ou bien ils vous tueront. »[191] Ces déclarations suggèrent qu'attaquer les bookmakers de Leeds résultait d'une erreur, car ils étaient les alliés du Birmingham Gang. Une telle interprétation fut validée par la majorité des auteurs écrivant sur les gangs, en particulier Hart, qui insista sur le fait que Sabini s'était délibérément arrangé pour que les hommes de Leeds prennent les taxis de son gang comme une ruse pour tromper les Brummies.[192] Mais ce n'était pas une erreur. Les victimes étaient pour la plupart des bookmakers juifs et ils furent matraqués parce qu'ils avaient abandonné Kimber pour la protection du Sabini Gang.[193]

Aucun des hommes battus n'était un gangster, mais parmi eux se trouvait un Londonien appelé Charles « Deafy » Schwartz, également connu sous le nom de Woolf Schwartz. Bien que travaillant pour l'un des bookmakers de Leeds, il vivait à Whitechapel.[194] Autre déserteur de l'armée, il admettait avoir été emprisonné six fois et l'on craignait que cela n'entache son témoignage au tribunal. Ce ne fut pas le cas. Il fut le seul parmi les victimes à pouvoir identifier certains des agresseurs – douze au total.[195] Il déclara qu'après que des hommes avaient grimpé dans le Crossley, il avait été frappé dans le dos. Se retournant rapidement, il avait tendu les mains et attrapé un couperet brandi par un homme connu sous le nom de « Big Jock », qui criait « Allez-y, tuez les bâtards ». Schwartz réussit à sauter de la camionnette et à s'enfuir pour se cacher dans le pub. Pouvant alors observer tout ce qui se passait, il reconnut un certain nombre d'hommes, tous originaires de Birmingham.

Après l'attaque, un grand nombre d'entre eux montèrent dans le char-à-bancs, et deux taxis arrivèrent pour emmener les autres. Schwartz se trouvait à Alexandra Park lorsque la fusillade avait eu lieu et il savait « depuis un certain temps, d'après les conversations [qu'il avaient eues] avec des membres de la fraternité juive, que le Birmingham Gang agresserait, selon toute probabilité, n'importe lequel d'entre [eux] à une occasion favorable. » Schwartz continue : « Je pense que cette agression particulière fut organisée de manière à ce que le premier groupe d'hommes de course italiens ou juifs qui se présenterait soit agressé. »[196]

Quelques heures après l'attentat, vingt-huit hommes furent arrêtés à l'hôtel George and Dragon. La plupart avaient été impliqués dans la scène et avaient quitté les lieux en char-à-bancs. Un jour plus tard, les prisonniers menottés furent emmenés du poste de police de Kingston au tribunal d'Epsom. Ils arboraient un air insouciant, beaucoup d'entre eux fumant des cigarettes alors qu'ils étaient menés sous l'escorte de quarante policiers, dont beaucoup étaient armés.[197] Traduits en justice à Guildford le 19 juillet, ils furent accusés d'avoir conspiré pour infliger des lésions corporelles graves à dix hommes de Leeds et d'avoir conspiré avec des inconnus pour commettre des blessures illégales et malveillantes. Tous, sauf un, furent également accusés d'être en possession d'armes et de munitions. James Berrett, inspecteur divisionnaire à Brixton, était responsable du maintien de l'ordre sur l'ensemble du parcours d'Epsom, et était donc activement impliqué dans les procédures judiciaires qui suivirent la « bataille ». Berrett rapporte qu'en coulisses, « diverses menaces [lui étaient] constamment adressées, mais elles n'avaient aucun effet ». Son récit relate également que les prisonniers étaient de petits vicieux, qui faisaient des remarques à la moindre occasion. À la fin de chaque journée de procédure, ils étaient ramenés en bus à la prison et « en passant par Epsom, les prisonniers juraient sur tous ceux qu'ils voyaient ».[198]

À la fin du procès, plusieurs hommes furent libérés ou déclarés non coupables. Berrett souligne que certains d'entre eux eurent « beaucoup de chance, car ils avaient de très mauvais antécédents criminels ; s'ils avaient été déclarés “coupables”, ils auraient sans aucun doute été condamnés à des peines sévères ».[199] Il y avait une forte présence policière dans le tribunal lors de la lecture des verdicts afin d'éviter une manifestation de la foule des coureurs dans la tribune. Les dix-sept hommes déclarés coupables sont ceux dont les débuts ont été précédemment évoqués. Chacun fut condamné à une peine de travaux forcés. Arthur Vincent fut condamné à neuf mois, car il n'avait pas de condamnations antérieures et avait de bons antécédents militaires. Thomas Conway, qui avait également une bonne réputation, fut condamné à une peine similaire, ainsi que William Goulding, qui n'avait jamais été condamné, Ernest Hughes et Thomas Tuckey.[200] Le commissaire adjoint de la police de New Scotland Yard fut déçu. Il approuvait le fait que « les peines varient en fonction du passif des prisonniers, certains d'entre eux ayant de très mauvais antécédents, mais nous devons admettre qu'une peine de neuf mois, même pour des hommes aux antécédents irréprochables, qui ont été reconnus coupables de cette attaque meurtrière, nous semble lamentablement insuffisante ».[201]

William Hayden fut condamné à dix mois et William Bayliss et William O'Brien furent chacun condamnés à douze mois. Thomas Eivers fut condamné à quatorze mois, ainsi qu'Alfred Jackson, sous le nom d'Alfred John Thomas. Il aurait crié au juge : « C'est une erreur judiciaire ! ». Edward Banks et Edward Tuckey furent chacun emprisonnés pendant quinze mois. Étant donné le rôle de premier plan joué par Banks dans l'attentat et l'échec du projet d'attentat à la bombe contre une boîte de nuit de Sabini, il dut s'estimer heureux de ne pas être condamné à une peine plus sévère. Henry Tuckey, Harry Stringer et John Allard furent condamnés à dix-huit mois chacun. Enfin, des peines de trois ans chacune furent prononcées à l'encontre de Joseph Witton et de John Lee, qui lancèrent un « merci » et quittèrent le banc des accusés en riant aux éclats.[202] Berrett lui-même réalisa qu'il n'existait aucune preuve directe contre un prisonnier en particulier, tandis que le commissaire adjoint de la police métropolitaine reconnut que les dix-sept condamnations avaient été prononcées sur « des preuves qui n'étaient pas des plus solides ». Cependant, bien qu'il ait souhaité que chaque prisonnier soit emprisonné pour une durée minimale de trois ans, il se déclara globalement satisfait du résultat : « Nous espérons sincèrement qu'il s'agira d'un puissant moyen de dissuasion pour le Birmingham Gang qui, sans aucun doute, depuis quelques mois, commet des outrages sur les bookmakers et les hippodromes de Londres en général. »[203]

Trois autres gangsters de Birmingham furent arrêtés séparément à la rencontre d'Epsom pour avoir exigé de l'argent de bookmakers en les menaçant. Il s'agissait d'Ernest Mack, un dealer âgé de cinquante-six ans, de William Darby, un transporteur de trente-neuf ans, et de Charles Franklin, un ouvrier métallurgiste de quarante et un ans. Un témoin de la police les vit traverser les files de bookmakers, s'arrêter devant chacun d'eux et se frayer un chemin parmi la foule pour les atteindre. Invariablement, lorsque Darby tendait la main, Franklin ordonnait : « Donnez-nous une livre, allez. » Comme ils étaient manifestement terrifiés, la plupart des bookmakers leur donnaient de l'argent, mais si l'un d'entre eux refusait, l'attitude des hommes devenait agressive, Darby avertissant : « Allez, nous sommes quatre paires de bras. » (L'un d'eux ne fut pas arrêté.) Un bookmaker mécontent cria même aux hommes : « Pourquoi ne vous battez-vous pas pour votre vie comme nous le faisons ? Si vous n'avez pas le courage de le faire, très bien, mais ne venez pas nous faire du chantage. » Menace fut également faite de renverser le comptoir d'un bookmaker.

Les hommes avaient gagné beaucoup d'argent grâce à leur intimidation, puisqu'ils avaient intimidé quinze bookmakers, après quoi ils entrèrent dans un entrepôt et rejoignirent la bande de Birmingham, qui comptait une centaine de personnes.[204] Comme nous l'avons déjà mentionné, ces estimations de la taille des gangs doivent être considérées avec prudence, même lorsqu'elles proviennent de sources policières, mais ce qui est certain, c'est qu'elles reflètent la présence d'un grand nombre d'hommes.

Darby n'avait pas d'antécédents judiciaires et fut condamné à une amende de 25 £, mais Mack et Franklin étaient des criminels invétérés et chacun d'eux fut condamné à trois mois de prison. Mack était encore un autre membre du Birmingham Gang à avoir été Slogger et Peaky Blinder. En 1883, à l'âge de douze ans, il faisait partie d'un groupe de jeunes qui avaient agressé si violemment un homme de la région que son bras avait été cassé à deux endroits. Appartenant à une bande de jeunes voyous qui faisaient la terreur d'Aston, il fut condamné à deux mois de prison avec travaux forcés.[205] Il purgea ensuite une peine pour deux agressions contre des agents de police, ainsi que pour vol, effraction et jeux de hasard. Puis, en 1907, il fut déclaré non coupable de mise en circulation de pièces de monnaie dévaluées. Il eut beaucoup de chance, car son complice, Samuel Sheldon, fut emprisonné pendant cinq ans.[206] Sheldon était l'un des trois frères qui étaient les forces motrices de la tristement célèbre vendetta de Garrison Lane. Il est intéressant de noter que le complice de Mack à Epsom, Charles Franklin, avait fait partie de la bande adverse et avait été condamné à dix ans pour avoir tenté d'assassiner Sheldon en 1912.[207]

Cependant, le Birmingham Gang ne fit pas tout à sa manière à Epsom. Andrew Towey, une personnalité clé du gang, fut frappé à la tête avec un maillet et une bouteille, probablement par les Sabini.[208] Après qu'il eut reçu les premiers soins, la police lui demanda d'identifier ses agresseurs. Il répondit « qu'il les connaissait et qu'il les assassinerait quand il serait rétabli, mais qu'il refusait catégoriquement de donner à l'inspecteur les noms de ses agresseurs » et ajouta que « si les hommes étaient arrêtés, il refuserait de les identifier ou de les poursuivre ».[209]

Towey vivait à Kingston, où les cinq inconnus arrivés en taxi avaient séjourné la nuit précédant l'attentat d'Epsom.[210] Étant donné qu'eux et d'autres membres du Birmingham Gang ne furent jamais capturés, il n'est pas surprenant que l'on ait craint que la plupart des meneurs se soient échappés.[211] Ces soupçons étaient fondés. Donald Mark, le chef des Newcastle Boys, était également présent.[212] Tout comme Charles « Wag » McDonald des Elephant Boys. Peu après, il s'enfuit au Canada, puis aux États-Unis, pour échapper à l'arrestation. Il devint ensuite le garde du corps de Jack Dragna, le chef de la mafia de Los Angeles, et créa un service de protection des stars de cinéma. Ses exploits sont racontés de manière émouvante dans le livre de Brian McDonald, *Elephant Boys*.[213] Mais les principaux meneurs qui réussirent à s'échapper étaient du Birmingham Gang.

Au cours de la période précédant le procès, le CID (département des enquêtes criminelles) de Birmingham reçut des informations d'une source très fiable selon lesquelles un certain Arthur Denny, originaire de Smethwick, une ville voisine de Birmingham, était assis à côté du chauffeur de taxi avant que celui-ci ne fonce sur le véhicule des hommes de Leeds. Il réussit à retourner à Birmingham le soir de l'attaque. William Cunnington, de Ladywood, fut également désigné comme l'un des organisateurs de la rixe. Cependant, on pense que, bien que Cunnington ait pris une part très active dans les préparatifs, il agissait peut-être comme l'un des intermédiaires pour l'organisation criminelle, qui, selon la police, était derrière les échauffourées du Birmingham Gang.[214] Cependant, il y avait trop peu de preuves pour prendre des mesures contre lui ou Denny. Néanmoins, la gendarmerie du Staffordshire révéla que les deux hommes étaient presque inséparables et qu'ils assistaient ensemble aux réunions de courses depuis longtemps, tenant un registre des paris au nom d'Arthur Williams Junior.

Denny lui-même se distinguait par son apparence élégante, ayant « trois ou quatre costumes en sa possession, dont un bleu à rayures, un clair à carreaux et un brun, portant presque toujours un chapeau mou en velours clair, un costume avec nœud papillon, paraissant très respectable ».[215] On ne sait pas grand-chose d'autre sur lui, bien qu'en janvier 1921, il fût convoqué pour avoir abandonné sa femme. Mariée six ans auparavant, elle explique que son « mari était employé chez un bookmaker, mais qu'elle n'a jamais pu savoir combien il gagnait par cette profession. Cependant, il se vantait d'avoir l'habitude de payer 5 shillings 6 pence pour ses repas lorsqu'il sortait au restaurant. » Elsie Denny présenta une facture pour le prouver. Prise comme preuve de ses moyens, Denny fut condamné à lui verser 2 £ par semaine. Quelques mois plus tard, il fut emprisonné pendant deux mois pour ne pas avoir respecté cet ordre.[216]

Quant à Cunnington, il vivait dans une maison adossée à une autre dans Nelson Street, Ladywood, un quartier pauvre de la ville, et on se souvenait de lui comme d'un « sacré personnage ».[217] Il était généralement connu sous le nom de Cunny, non seulement en raison de l'abréviation de son nom de famille, mais aussi parce qu'il était considéré comme un homme rusé*. Né en 1890, il était le plus jeune d'une fratrie de cinq fils.[218] Ses parents s'étaient séparés lorsqu'il était enfant, et en 1901, son père logeait avec une autre famille, tandis que sa mère et ses quatre fils plus jeunes étaient hébergés par un homme seul. Son fils aîné avait vingt-deux ans, était marié et vivait à proximité. C'était un criminel invétéré, et en 1908, il fut emprisonné dix fois pour vol, sa première condamnation remontant à l'âge de quinze ans.[219]

* *Cunning* en anglais signifie « rusé ».

Un autre de ses frères était également un voleur, tout comme le frère de sa mère, et en 1913, tous deux furent reconnus coupables de fabrication de fausses pièces.[220] Rien ne prouve que William Cunnington ait suivi ses frères aînés dans le vol et il ne fut accusé que d'un seul délit. En mai 1918, il fit obstruction à la police alors qu'elle cherchait des déserteurs dans un bar d'hôtel du centre de Birmingham. En sortant, Cunnington s'approcha des officiers en disant : « Ça c'est génial, vous n'allez pas le supporter. » Semblant très excité, il pointa du doigt ses papiers de démobilisation et une foule se rassembla, permettant aux déserteurs de s'enfuir. Cunnington avait servi dans l'armée pendant sept ans, et admettant qu'il avait été « quelque peu insolent » avec les policiers, il reçut une amende de vingt shillings.[221]

Un bookmaker de Brixton identifia un autre homme de Birmingham comme ayant été présent à la bataille d'Epsom Road. Après les courses, le bookmaker se trouvait dans une voiture avec cinq personnes, dont un enfant. Ils dépassèrent un véhicule allant dans la direction opposée et dans lequel ils remarquèrent la présence d'un homme blessé. Peu après, ils entendirent quelqu'un crier : « Faites demi-tour ou vous serez tués. » Les membres du groupe du bookmaker firent demi-tour, mais, après quelques mètres, sept ou huit hommes coururent vers eux. Bien qu'ils se soient approchés, ils ne parvinrent pas à les rattraper, mais un coup de revolver retentit. Mo (Moses) Kimberley fut reconnu comme l'un de ces hommes.[222] Il avait un long passé criminel. Au cours des dix années qui avaient suivi 1907, il avait été condamné pour vol, vagabondage et agression, non seulement à Birmingham, mais aussi à Londres et à Waterford, en Irlande, où certains pickpockets s'étaient installés parce que les courses de chevaux s'y étaient poursuivies pendant la Première Guerre mondiale.[223] Puis, en 1917, il fut condamné à quatorze mois de travaux forcés pour un vol commis à Athlone avec d'autres hommes de Birmingham qui avaient de très mauvais antécédents.[224] Dans la déclaration du bookmaker, Kimberley est décrit comme étant de forte corpulence, rasé de près et habillé élégamment d'un costume et d'une casquette marron foncé. En général, cependant, il portait un chapeau melon – ou un chapeau boule, un type de chapeau melon qui était le couvre-chef des premiers Peaky Blinders au début des années 1890. Étant donné les maigres preuves contre lui, Kimberley ne fut pas inculpé. Cependant, comme Banks, il avait sa propre bande au sein du Birmingham Gang, et tout comme Cunnington. Alliés lors de la bataille de la route d'Epsom, ils se brouillèrent par la suite, après que le Birmingham Gang se fût séparé et fût impliqué dans l'un des scandales, dont nous parlerons plus tard, qui poussa le ministre de l'Intérieur à déclarer la guerre aux gangs des courses en 1925.

SCÈNES DE SAUVAGERIE À BATH

Berrett affirme que la condamnation pour la bataille d'Epsom Road mit fin à la guerre entre les gangs des courses, qui avait été grandement exagérée, mais qui avait sans aucun doute empêché de nombreuses personnes de fréquenter les hippodromes.[225] Les bookmakers qui furent victimes de chantage et ceux qui furent lacérés au rasoir et tabassés par les gangs auraient sans doute été d'accord pour dire que cette violence était exagérée. En outre, il est clair que Berrett se trompe en pensant que la guerre des hippodromes était alors terminée. Le 5 juillet 1921, des troubles eurent lieu aux courses de Salisbury, malgré les précautions supplémentaires qui avaient été prises à la suite des troubles généralisés de l'année précédente.[226] Après la course, comme le raconte Brian McDonald, ses oncles, Wal et Bert, menèrent les Elephant Boys à une attaque contre une bande des Sabini dirigée par Jim Ford, qui fut arrêté par la police après qu'elle soit intervenue pour arrêter le combat. Cela entraîna davantage de violence et finalement huit autres hommes furent arrêtés. Aucun de ceux-là n'était un Elephant Boy.[227] Au tribunal, les prisonniers furent présentés comme « de jeunes hommes de Londres, sans grande stature, mais solidement bâtis et habillés de façon tape-à-l'œil ». Cinq d'entre eux furent emprisonnés pour de courtes périodes. La plupart étaient originaires de l'East End, certains étaient juifs et quelques-uns se présentaient comme bookmakers. Cependant, Thomas Mack, un agent de commissions, était originaire de Clerkenwell, au cœur des Sabini.[228] Étant donné les étranges relations du monde des gangs, il est possible qu'il fût un parent d'Ernest Mack du Birmingham Gang.

La querelle des hippodromes, comme on l'appelle désormais le plus souvent, attira une large publicité. Rickman mentionne ainsi un journaliste qui attira particulièrement l'ire des gangs, racontant ce qui lui arriva lors de la rencontre de Newmarket à la mi-juillet :

« J. M. Dick, qui était alors le correspondant itinérant du *London Evening News* pour les courses et qui n'était plus un jeune homme, fut attaqué dans les rues de Newmarket par une foule qui le bombarda à bout portant de sacs en papier remplis de farine et d'ocre jaune et l'agressa de diverses manières. Ses vêtements furent détruits et il fut gravement blessé et secoué. Dick écrivait courageusement depuis un certain temps sur le manque de protection du public des courses, et il était allé plus loin que la plupart de ses confrères en demandant la suppression de ceux qui s'efforçaient de vendre de "bons tuyaux", sur ou à proximité de l'hippodrome. Il m'a toujours semblé que c'est cet aspect particulier de sa campagne qui suscita l'attaque contre lui. »[229]

La police pensait que Dick avait été agressé par le Sabini Gang. Son supplice mit en tout cas en évidence l'arrogance des gangs des hippodromes, qui estimaient pouvoir s'en prendre à un journaliste sans crainte de recours à la justice.

De toute évidence, le Birmingham Gang avait été affaibli par l'emprisonnement d'un grand nombre de ses combattants après la bataille d'Epsom Road, mais, une fois que Kimber se fut remis de sa blessure par balle, il se battit avec acharnement, provoquant des « scènes de sauvagerie » lors de la rencontre de Bath, le 17 août.[230] Le lendemain, le journal local relatait les scènes sensationnelles de l'attaque de bookmakers londoniens par des hommes de Birmingham munis de sacs de sable et de marteaux. Il s'agissait de la démonstration de violence ouverte la plus prononcée qui ait jamais eu lieu dans la ville et elle résultait d'un plan de campagne bien organisé.[231]

Au cours de la matinée, on dit que près de cinq cents membres du Birmingham Gang se postèrent près de la gare de Great Western Railway, « où ils scrutaient les vastes foules d'hommes sortant des trains depuis Londres. Ils espéraient ainsi repérer le gang rival, qui était composé en grande partie d'étrangers de l'East End. »[232]

La première attaque eut lieu juste après dix heures du matin lorsqu'une petite foule chahuta un homme à coups de marteau et de bâton. Peu après, George Hall, un bookmaker, et son employé, Frank Heath, furent attaqués. Tous deux étaient originaires de Brighton et Hall fut soigné pour des blessures au cuir chevelu, un doigt cassé et des coupures à la main gauche. Heath, un homme grand et robuste, décrivit comment lui et Hall marchaient sur la colline en direction de l'hippodrome quand, soudainement, il reçut un violent coup sur la tête par-derrière. Renversé au sol, il fut frappé à nouveau et reçut des coups de pied. Bien qu'étourdi et effrayé, il réussit à se relever de cet assaut inattendu. Il cria à l'aide et courut aussi vite que possible en contrebas, dépassant un agent de police en faction qui ne le remarqua pas. Mais Heath trouva un « bon Samaritain » en la personne d'un conducteur de camion qui, voyant qu'il était gravement blessé et qu'il saignait, l'emmena à l'hôpital.

Une agression plus grave fut commise contre Alfie Solomon, qui faisait des paris ce jour-là, et son commis, Charles Bild. Peu après son arrivée à Bath, Bild sortait d'un magasin lorsqu'« un homme costaud s'approcha et saisit le revers de son manteau, avant de lui asséner un violent coup de marteau sur la tête ». D'autres le frappèrent avec des bâtons et, enfin, encore un autre enfonça un sac de sable dans son visage et le frappa à terre. Terrifié par le nombre important d'agresseurs, il réussit à se relever et à se frayer un chemin à travers eux jusqu'à un hôtel. L'une des femmes de chambre déchira un drap et banda sa tête, qui saignait abondamment. Bild put nommer deux des personnes qui l'avaient agressé, car il les connaissait bien. Ils appartenaient à « un gang des brutes de Birmingham qui ont pour habitude de faire du chantage et de nuire aux bookmakers de Londres et à leurs assistants », et qui appartenaient au même groupe qui s'était attaqué aux bookmakers juifs d'Ewell. Quant à Solomon, il se souvenait de très peu de choses, si ce n'est qu'il avait été sonné par une arme lourde et dure. Gisant en sang, il fut frappé avec d'autres armes et reçut de violents coups de pied. Après que les agresseurs se furent enfuis, Solomon fut emmené à l'hôpital par la police. Personne ne sera arrêté pour l'attaque dont il fut victime, mais trois hommes seront plus tard accusés d'avoir frappé vicieusement Bild. L'un d'entre eux était Kimber.

Un groupe important d'hommes à l'air brutal attaqua également trois ou quatre autres bookmakers juifs. L'un d'eux s'extirpa de la foule et se réfugia dans une boutique. Très secoué et effrayé, il déclara que ceux qui les avaient agressés, lui et ses amis, étaient « une bande de brutes de Birmingham ». Environ une heure plus tard, des troubles éclatèrent dans le gradin bon marché de l'hippodrome lui-même. Une ruée soudaine s'opéra vers un homme qui était agressé par la foule.[233] En légitime défense, il sortit un petit revolver à six chambres de sa poche. Celui-ci fut expulsé hors de sa main, et ramassé par l'un des assaillants, qui fut désarmé par un agent de police. L'homme seul fut ensuite renversé au sol et frappé à la tête avec un marteau. Le policier attrapa l'agresseur, mais fut contraint par quatre ou cinq hommes parmi une foule entre 100 et 150 personnes de le relâcher.[234] Enfin, la police réussit à emmener la victime pour qu'elle soit soignée pour une grave blessure au crâne infligée par une lourde matraque ou un marteau. D'apparence « juive », l'homme parlait avec un accent cockney*. Son revolver était chargé et il avait également un rasoir et un gourdin.

Au cours de cette agitation, un autre homme demanda piteusement à la police de le soulever par-dessus la balustrade, en disant : « Je vais être tué ». La police le hissa, et « une fois passée la balustrade, il courut, comme s'il était poursuivi par des démons, vers la sortie du terrain de courses ». Pendant ce temps, 200 ou 300 hommes tentaient de charger l'entrée des pistes, mais furent arrêtés par la police. D'autres hooligans se trouvaient dans trois char-à-bancs en route pour les courses. Ils forcèrent leurs chauffeurs à s'arrêter et, sortant en masse, s'attaquèrent à certains de ceux qui se rendaient à pied à la rencontre.[235] Un Italien de Londres fut ainsi une autre victime, gravement blessé après avoir été frappé à la tête par un marteau ; dès que les courses furent terminées, plusieurs Italiens demandèrent la protection de la police.

Tom Divall, « le gardien respecté de la piste », était présent lorsque les bookmakers juifs de l'East End furent attaqués. Plusieurs d'entre eux lui demandèrent de l'aide et il parvint à les mettre temporairement à l'abri. Puis il se précipita vers Billy Kimber et lui demanda, ainsi qu'à quelques-uns des chefs sous ses ordres, d'aller voir le secrétaire de courses pour lui expliquer la cause de ces terribles troubles. Kimber s'y rendit : « parlant de sa manière habituelle, apaisante et pleine de tact, il calma rapidement les tensions, et la bataille prit fin ».[236] Comme Kimber était en fait le principal instigateur des « scènes de sauvagerie », il était probablement le seul homme capable de maîtriser le Birmingham Gang – mais le temps qu'il le fasse, les bookmakers juifs avaient déjà été attaqués

* Accent et argot de la classe moyenne et ouvrière de l'est londonien.

ou avaient fui dans la panique. Le récit de Divall renforce également les soupçons selon lesquels il existait une relation étroite entre lui et Kimber.

Kimber s'était désormais vengé d'Alfie Solomon, cependant le « Cockney » au pistolet qui avait également été attaqué était son frère, Harry Solomon. Trois jours après les courses, l'air malade et la tête bandée, il comparaissait devant le tribunal, accusé d'avoir porté un revolver et des munitions sans permis et avec l'intention de mettre la vie d'autrui en danger.[237] Sa défense souligna qu'il n'était pas l'agresseur et qu'il aurait été tué si la police n'était pas intervenue. Les magistrats ignorèrent ces appels et condamnèrent Solomon à un mois de prison. Son avocat fut également préoccupé par le fait que deux des témoins à charge étaient originaires de Birmingham. Des tentatives furent faites pour les amener à divulguer l'identité des agresseurs de Solomon, mais ils nièrent toute connaissance des personnes ayant pris part à la dispute.[238]

L'un d'entre eux déclara qu'il avait été terrifié lorsque Solomon avait sorti son revolver et qu'après l'arrestation, il avait ramassé un gourdin et un rasoir tombés au sol. L'autre était « Cunny » Cunnington, un personnage clé de la bataille d'Epsom Road. Décrit comme un marchand d'éponges lustrantes, il informa le tribunal qu'il n'avait pas assisté à une rencontre de courses depuis des années avant de se rendre à Bath. Bien sûr, c'était un mensonge. Il fit ensuite un récit émouvant de la poursuite de Solomon, qui, « lorsque la foule le poursuivait, bondit par-dessus une palissade pour se libérer, mais trébucha sur le pardessus qu'il portait ». Il y avait également un témoin à charge de Brighton. Vendeur de listes de courses, il craignait que sa vie soit en danger parce qu'il témoignait contre Harry Solomon. Peu de temps auparavant, il avait été chassé de la gare de Waterloo par cinquante hommes, après quoi il s'était adressé à Scotland Yard pour obtenir une protection. Son père, âgé de soixante-cinq ans, avait également été pris pour cible et avait eu la mâchoire cassée aux courses de Goodwood. Sous la pression d'un interrogatoire serré, le témoin effrayé mentionna que l'un des agresseurs était Alfred White, une figure clé du Sabini Gang.[239]

Il était évident que Kimber était capable de faire appel à des hommes durs et terrifiants venus de tout Birmingham, et certains des Elephant Boys et Newcastle Boys s'étaient également présentés à Bath. Pourtant, cette démonstration de pouvoir se retourna contre lui. Alfie « Bottle » Bottrell, qui avait fait partie des Birmingham Boys, était désormais devenu bookmaker.[240] Petit, mais costaud, au début des années vingt, il avait l'habitude d'emmener son fils, Horace, aux courses avec lui.

Il affirme qu'après la bataille de Bath, très peu de bookmakers de Birmingham furent autorisés à descendre dans le Sud, car leurs emplacements étaient convoités par les bookmakers de Londres.[241] Tous les bookmakers de Birmingham qui descendaient malgré tout devaient faire face à la vengeance des Sabini, comme ce fut le cas à Hurst Park, le 19 août.

Deux jours seulement après la bataille de Bath, un nombre considérable de Boys se pointèrent et prirent pour cible une voiture appartenant à un bookmaker de Birmingham qui voyageait dans tout le pays. Le véhicule aurait pu être démoli, mais heureusement les dégâts furent minimes, car la police fut rapidement sur place. Des officiers à cheval dégagèrent ensuite les courses à toute vitesse.[242] Un homme fut arrêté pour port de hachette. Il s'agissait d'Aaron Jacobs, un employé de bookmaker de trente-six ans, mais en réalité un garde du corps. Accompagné d'autres hommes, il avait déclaré en passant les tourniquets : « Si l'un des ---- est ici aujourd'hui, on l'attrapera. » Terreur de l'East End, Jacobs avait une longue liste de condamnations remontant à 1901. Il fut reconnu coupable et condamné à trois mois de travaux forcés. Trois autres hommes qui portaient des armes s'échappèrent.[243] Quelques jours plus tard, on apprit que plusieurs bookmakers de Birmingham avaient reçu des cartes postales anonymes imprimées à l'encre noire et avertissant : « Attention, votre heure approche. Ce n'est pas du bluff. »[244] Leurs ennuis furent encore aggravés par la constitution d'une alliance solide entre les bookmakers de Londres, alliance qui légitimait le pouvoir du Sabini Gang.

UNE TRÊVE DANS LA GUERRE DES HIPPODROMES

Le 24 août 1921, un certain nombre de journaux rapportaient qu'« en raison de la récente et très grave délinquance sur les hippodromes, il avait été fondé une Association pour la protection des bookmakers et parieurs des champs de courses ».

Son objectif principal était simple : « Prendre toutes les mesures nécessaires pour prévenir les agressions à l'encontre des bookmakers et des parieurs sur tous les hippodromes, protéger les bookmakers des maîtres-chanteurs et des mauvais payeurs, et, d'une manière générale, promouvoir le bien-être et la sécurité de la profession de bookmaker, afin de permettre à ces derniers d'exercer leur métier de la même manière et avec la même sécurité que toute autre profession. » L'association devait être dirigée par un président, un vice-président et un comité de douze personnes, et tous les membres devaient être munis de badges distinctifs afin que les amateurs de courses sachent qu'ils n'étaient pas des bookmakers. Il était essentiel qu'elle emploie non seulement un secrétaire, mais aussi des intendants qui seraient présents à toutes les rencontres hippiques de Londres et des environs.[245]

Walter Beresford était le principal instigateur de la nouvelle association. Bookmaker d'hippodrome éminent et respecté, il se distinguait par le fait qu'il était le premier à commencer à parier lors d'une rencontre et que les autres bookmakers s'alignaient sur ses prix.[246] Pour autant, il avait acquis cette position admirable grâce à de l'argent gagné illégalement. Fils d'un gérant de pub prospère, en mai 1902, lui et d'autres personnes furent accusés d'utiliser le New Savoy Club dans le Strand pour accueillir des jeux et des paris illégaux, l'ampleur de ces transactions ayant été notée dans des registres. Ceux-ci indiquaient qu'en quinze jours de courses, 1 548 £ avaient été prélevées et qu'un bénéfice net de 223 £ avait été réalisé. En tant que propriétaire, Beresford fut condamné à une amende de 200 £ en vertu de la loi sur le jeu (*Gaming Act*) et de 50 £ en vertu de la loi sur les établissements de paris (*Betting House Act*).[247] La somme totale représentait plus de quatre ans de salaire pour un ouvrier non qualifié.

Le vice-président de Beresford dans la nouvelle association était Edward Emanuel, le puissant patron de la pègre juive de l'East End qui avait fait appel aux Sabini pour défendre les bookmakers juifs. Emanuel était sur le point de passer de la criminalité à la respectabilité ; l'attaque contre Solomon lui en avait donné l'occasion. Né en 1880 dans une famille anglo-juive, il avait la réputation d'être une terreur de l'East End et, en 1904, le tribunal l'avait désigné comme « un type dangereux ».[248] D'abord manutentionnaire, ses revenus devaient alors être inférieurs au seuil de pauvreté d'environ une livre par semaine ; mais en sept ans, il était devenu vendeur de fruits au détail et lui et sa femme vivaient dans une maison de cinq pièces à Bethnal Green. Son principal revenu, cependant, était gagné en tant que propriétaire de *spielers* et en janvier 1912, lui et deux autres hommes furent condamnés pour en avoir tenu un à Whitechapel.[249] Cinq ans plus tard, il se vit infliger une lourde amende de 300 £ à la suite d'une descente dans un autre *spieler* de Whitechapel, au cours de laquelle plus de cent hommes furent arrêtés. Non content d'être un tenancier de maison de jeu, Emanuel était un bookmaker illégal, car en plus des quatre-vingt-quatre paquets de cartes découverts dans le « tripot », se trouvaient également un grand nombre de bulletins de paris et de cartes de courses.[250]

Lors de la perquisition de ce club, il fut révélé que, derrière Emanuel, se trouvait un homme fortuné, mais il ne fut pas possible pour la police de l'inculper.[251] Il ne fait guère de doute que cette personne était Beresford, qu'Emanuel souhaitait imiter en devenant un homme d'affaires légitime. Le bookmaker Lou Prince a expliqué qu'Emanuel prévoyait de créer une imprimerie du nom de Portsea Press, afin de fournir aux bookmakers les listes de coureurs pour chaque course et d'autres documents imprimés.[252,] Mais, pour que son entreprise réussisse, il devait évincer Kimber des hippodromes du Sud. La première attaque brutale d'Alfie Solomon, à Sandown Park en mars 1921, lui en offrit l'occasion, en faisant appel à Darby Sabini, qu'il aurait rencontré grâce à leur intérêt commun pour les maisons de jeu.[253] Par le biais d'Emanuel et des courses, Sabini fut ensuite présenté à Beresford, qui prit son frère, Harry Sabini, comme assistant en 1921. La force de ces liens est confirmée par l'écrivain et escroc Netley Lucas. En 1926, il écrit : le Sabini Gang « est soutenu et appuyé par l'un des bookmakers les plus connus et les plus puissants du circuit. Membre de tous les clubs de course, homme qui débourse des milliers après chaque grande course et en conserve deux fois plus, il possède un bel appartement dans le West End, plusieurs voitures de luxe et une femme encore plus chère. »[254]

Le Sabini Gang fournirait la force nécessaire pour empêcher le Birmingham Gang d'intimider les bookmakers londoniens. Beresford gagnerait en statut et en popularité et, ce faisant, Emanuel aurait les mains libres pour vendre ses listes de courses. Et tout cela se ferait dans le respect des règles. Lors de sa réunion inaugurale à la fin du mois d'août 1921, la nouvelle Association pour les bookmakers accepta de mettre en place et de payer une force spéciale d'intendants qui se rendraient aux courses. Les dépenses seraient considérables, mais on s'attendait à ce qu'elles soient couvertes par les souscriptions.[255] En un mois, huit intendants furent désignés pour bénéficier d'un salaire élevé de 6 £ par semaine. Parmi eux se trouvaient Darby Sabini et Philip Emanuel, un neveu d'Edward Emanuel.[256] Parmi les autres, on trouvait Augustus « Gus » Cortesi et Alf White, qui, comme eux, faisaient partie du Sabini Gang.[257] La police observa que les intendants étaient « pour la plupart des habitués des champs de courses bien connus et aux tendances pugilistiques, et que leurs fonctions consistaient à s'occuper des bookmakers en général et veiller à ce qu'ils ne soient pas victimes de chantage de la part des brutes qui fréquentaient habituellement les champs de courses à cette fin ».[258] Ron Whytock, futur secrétaire de l'Association pour les bookmakers du Sud, souligna : « Par nécessité, il s'agissait de combattre le feu par le feu dans les premiers temps, et des hommes "forts" furent recrutés pour défendre les membres de la nouvelle association. »[259]

Il est important de noter que le Jockey Club affirma son entière sympathie envers les objectifs de l'association, reconnaissant « son importance pour le confort et la sécurité des adeptes du turf, que l'association représente ». En échange de ce soutien crucial, l'organisation des bookmakers s'engagea à collaborer avec la police et les dirigeants des hippodromes et à poursuivre les mauvais éléments qui commettaient des infractions. À la fin de l'année 1921, le nouvel organisme était reconnu par la direction de huit hippodromes du Sud, tandis que l'Association des hippodromes délivrait des laissez-passer gratuits à ses commissaires.[260] La police était tout aussi favorable. Auparavant, comme elle le mentionnait, elle avait « beaucoup de mal à gérer les bandes de brutes sur les hippodromes, et elle ne pouvait pas réellement faire comprendre aux bookmakers qu'ils bénéficieraient d'une protection adéquate ». Ce problème était désormais résolu par les intendants.[261] Et les Sabini bénéficièrent grandement de la légitimité qu'on leur accorda, rendant presque impossible pour eux d'être défiés sur les hippodromes du Sud par le Birmingham Gang et les Elephant Boys. Beresford et Emanuel avaient réussi un coup astucieux.

Maintenant qu'ils avaient pris l'ascendant, les Sabini pouvaient mettre à exécution leurs menaces d'exclure les bookmakers de Birmingham des hippodromes du Sud. En retour, le Birmingham Gang annonça qu'aucun bookmaker londonien ou ses employés ne seraient autorisés à assister aux courses de la semaine du Saint-Léger à Doncaster à partir du 6 septembre. Cependant, lors de ce qui était probablement une réunion pré-arrangée, Beresford décida d'y aller. Les Sabini l'escortèrent, lui et son personnel, jusqu'à la gare de King's Cross et, comme l'exprime Divall, « les Italiens, armés jusqu'aux dents, avertissaient l'ennemi que, s'il interférait de quelque manière que ce soit avec ce gentleman et ses subordonnés, ils massacreraient le premier homme qui poserait la main sur eux ». Après avoir fouillé le train, ils ne trouvèrent aucun rival, mais, alors qu'il arrivait à Doncaster, « le train fut accueilli par une bande furieuse d'ennemis ». Certains cherchaient Beresford et d'autres bookmakers londoniens, « tandis que d'autres se cachaient derrière les piliers de fer qui soutenaient le toit, derrière des taxis et dans d'autres endroits où ils pouvaient être facilement vus – tous attendant d'attaquer les Italiens[...] Eux aussi étaient armés de rasoirs et d'autres armes à l'aspect meurtrier. » Ne trouvant aucun de leurs ennemis, le Birmingham Gang ordonna à tous les bookmakers londoniens de retourner dans la capitale, accompagnant leurs ordres des plus terribles menaces. Seuls Beresford et ses employés furent autorisés à rester, et avec tout le gang de « Brum », ils se rendirent à la salle des rafraîchissements de la gare, où, comme Divall l'a dramatiquement exprimé, eut lieu « la plus horrible et la plus menaçante des conférences de l'histoire des courses ».

Il n'existe aucune trace de ce qui se passa, mais l'on prit des dispositions pour une réunion complémentaire. Cependant, quelques jours plus tard et avant qu'elle ne puisse avoir lieu, « les Italiens » se présentèrent en force à la rencontre de Yarmouth, qu'ils prétendaient être sur leur territoire. Divall a noté qu'ils surveillaient la gare et les principales routes menant à la ville, et qu'ils fouillaient les bars et autres lieux susceptibles d'abriter leurs ennemis. Armés de revolvers et d'autres armes, ils étaient « impatients de se venger de leurs adversaires et de rivaliser avec eux pour la supériorité sur le champ de courses ». Divall rapporte à cet instant son inquiétude, d'autant plus qu'il avait « fait l'expérience de quelques bons tours de la part de quelques-uns du lot de Birmingham, et [avait] trouvé que c'étaient de très bons gars ». S'il avait croisé l'un d'entre eux, il l'aurait écarté du chemin pour éviter toute violence. Tard dans la soirée, Divall rencontra quelques « Italiens » en face de la jetée et, à son grand soulagement, il fut informé qu'aucun des opposants ne s'était pointé.

La guerre des hippodromes entre le Birmingham Gang et le Sabini Gang allait bientôt se terminer.

Après les « discussions » à Doncaster, la réunion complémentaire eut lieu chez Beresford. Seize personnes des deux camps arrivèrent, toutes armées de revolvers et de rasoirs. Selon Divall, Beresford réussit par la suite à inciter les deux bandes à faire la paix entre elles et à devenir amies.[262] Il était excessivement optimiste. Elles ne devinrent pas amies, mais, par nécessité, parvinrent à un accord. Beresford lui-même fit un récit moins dramatique, mais plus élogieux de la réunion, soulignant à la fois sa supériorité et son approche victorieuse.

« Je me suis rendu à Doncaster pour m'entretenir avec les "terroristes" et j'avais rendez-vous avec eux après les courses. Certains auraient pu penser que c'était risqué, mais ces hommes me dirent : "Pourriez-vous nous donner rendez-vous avec nos représentants à Londres ?" J'avais alors répondu que nous en serions ravis. Nous les avons rencontrés ici et avons longuement discuté de toute l'affaire, et ils ont promis qu'il n'y aurait plus de problème. » [263]

Il est très improbable que ces rencontres aient été aussi amicales que ce qui est suggéré et Beresford lui-même reçut des lettres anonymes, dont certaines menaçaient de lui faire subir d'horribles choses. Néanmoins, en concluant une trêve, les deux parties comprirent que « la guerre intertribale n'était pas un jeu payant ».[264] Les nombreux reportages concernant leur querelle avaient été mauvais pour les affaires, attirant trop l'attention de la police et repoussant les amateurs de courses. Un accord était essentiel et les gangs convinrent de diviser le pays en sphères de contrôle pour les rackets de protection des hippodromes. Le Birmingham Gang travaillerait aux rencontres du Nord et des Midlands, tandis qu'« un amalgame fait du gang de Sabini et de juifs », comme le disait un journal, contrôlerait les rencontres du Sud. Tout autre gang opérant sur l'un ou l'autre territoire serait considéré comme un ennemi.[265]

Cet accord profita largement à Emanuel, lui permettant de vendre librement ses listes de courses dans le Sud avec le soutien de l'Association pour les bookmakers. L'ancien policier Greeno a relaté avec clarté la rentabilité de cette entreprise : « Pour chaque course, le bookmaker avait besoin d'une liste imprimée de coureurs à épingler sur son tableau noir avec les cotes fluctuantes inscrites à la craie. Ces listes étaient imprimées par un certain M. Edward Emmanuel pour environ un *farthing*[*] la pièce. Pour les bookmakers, elles coûtaient une demi-couronne par lot. »[266]

La nouvelle de la trêve fit son chemin dans les journaux. Le 20 septembre, on pouvait lire que « la querelle entre les deux gangs de Londres et de Birmingham avait été réglée, et qu'il n'y avait aucune crainte de voir se répéter les événements indésirables qui s'étaient produits récemment dans le Sud ».[267] Dix jours plus tard, dans un article pince-sans-rire atténuant les sept mois de violence qui avaient précédé, le *Sporting Times* avait pour titre : « L'armistice au champagne dans la grande guerre des hippodromes ».

* Environ un quart de penny.

MM. Basham de Birmingham et Signor Stiletti de King's Cross avaient mis fin temporairement à leur conflit parce que « ceux de Birmingham, les Italiens et d'autres gangs de voyous savaient très bien où était leur intérêt, et qu'il n'était pas vraiment rentable de se frapper régulièrement à coups de marteau et de bouteille sur les hippodromes ». Les termes et conditions furent finalisés aux courses de Newbury, où « aucun drame cinématographique, même le plus farouche et le plus loufoque, n'aurait pu imaginer une scène plus tendue et retenue. Ni stylos ni encre ne furent utilisés. Une demi-douzaine d'agents agréés des factions rivales, au cou de taureau ou au visage basané, se tenaient près d'un bar de l'hippodrome, une demi-douzaine de bouchons de champagne sautèrent, et l'on but silencieusement à cette nouvelle union. »

Beresford et les robustes intendants de la nouvelle Association pour les bookmakers représentaient une défense solide entre les Boys et le public, mais les perspectives étaient toujours plutôt intéressantes.[268]

Moins d'une semaine après la publication de cet article, la confirmation de la trêve vint d'une source inattendue : le Birmingham Gang lui-même. Le 5 octobre, trois d'entre eux comparaissaient devant le tribunal, accusés d'avoir blessé Charles Bild de manière illégale et malveillante aux courses de Bath en août. Il s'agissait de Phillip Thomas, Edward Joyce et Kimber.[269] Âgé de vingt-sept ans, Thomas donna son adresse dans le quartier de Summer Lane, mais dix ans auparavant, il était enregistré comme vivant avec ses parents près de Garrison Lane. Comme Kimber, il était un membre important du Birmingham Gang qui avait fréquenté les Elephant Boys.[270] Il en allait de même pour Joyce, qui vivait dans le New Cut, le bastion des Elephant Boys.[271] C'était le fils aîné d'un couple d'Irlandais qui s'était installés dans le quartier pauvre de Deritend, à Birmingham. En mars 1891, ils avaient été convoqués pour avoir négligé leurs quatre enfants, tous âgés de moins de neuf ans. Lorsqu'un inspecteur de la

Société pour la prévention de la cruauté envers les enfants avait visité leur maison, ils étaient dans un état très négligé quoiqu'assez bien nourris. Pratiquement nus, ils étaient « couverts de vermine. Il n'y avait ni feu ni nourriture dans la maison, qui était presque dépourvue de meubles. Dans une chambre à l'étage se trouvait un matelas très sale, tandis que dans l'autre, il y avait un tas de paille, détrempé et sale. » On avait affirmé que leur père, âgé de cinquante-six ans, pouvait gagner un bon salaire, mais était paresseux, tandis que leur mère, âgée de vingt-cinq ans, allait travailler. Les magistrats n'avaient pas voulu lui retirer les enfants, mais avaient ordonné à l'inspecteur de s'assurer de leur bien-être.[272] Deux ans plus tard, le père était condamné à deux mois de travaux forcés pour avoir volé du plomb dans une église et, en 1895, son frère et lui étaient impliqués dans une violente confrontation avec une autre famille.[273]

Le fils aîné, Edward, en mars 1907, était désigné comme l'un des Boys, lorsque lui et quatre autres hommes de Birmingham avaient été accusés de fréquenter les matchs de rugby. Déclarant qu'il était un colporteur de cartes de compétitions, il avait été emprisonné pendant deux mois.[274] Plus tard dans l'année, il faisait partie des six hommes arrêtés pour ne pas avoir payé leur billet de train en rentrant des courses de Cheltenham.[275] En 1911, il vivait toujours chez ses parents, mais se présentait désormais comme bookmaker. Huit ans plus tard, il fut enregistré comme commissionnaire à Lambeth, dans le sud de Londres, lors de son accusation pour avoir méchamment lacéré et blessé Joseph Palmer, le célèbre arbitre de boxe et journaliste, lors d'un tournoi de boxe. De façon suspecte, après l'intervention d'« amis », les deux parties acceptèrent de réduire l'accusation à une simple agression, Joyce payant une compensation de 25 £ et les frais.[276]

Quant à Kimber, il était bien sûr le principal chef du Birmingham Gang. Cependant, le procès contre lui, Joyce et Thomas pour avoir attaqué Bild, le commis de Solomon, s'écroula d'une manière curieuse. La semaine précédente, il avait été ajourné, car Bild était souffrant, selon son avocat. Au report, ni lui ni son avocat ne se présentèrent, et le chef de la police du Somerset n'eut plus de preuve à présenter, si bien que les accusations portées contre les trois hommes furent abandonnées. L'avocat de la défense fit alors une déclaration surprenante : « Il n'y aura plus de problème de ce genre. Il y a eu une querelle entre certaines parties de la fraternité des turfistes, mais elle a été réglée à l'amiable. Le public et la police peuvent être assurés qu'aucune violation de la paix ne se produira à nouveau. »[277]

La trêve entre le Birmingham Gang et le Sabini Gang tint bon et il n'y eut plus de problèmes entre eux, ce qui conduisit Beresford à prononcer un discours triomphal lors du banquet inaugural de l'Association pour les bookmakers, le 6 décembre 1921. Devant un public enthousiaste, il raconta qu'au dernier meeting de Newmarket, on avait demandé au superintendant de la police comment les choses s'étaient passées pendant les huit jours de courses. Il avait répondu : « Nous n'avons pas eu d'accusation ni de plainte. » Quatre mois auparavant, selon Beresford, les courses étaient dans un très mauvais état, « et si nous n'avions pas créé cette association, les courses, sans aucun doute dans cette partie du monde, auraient été arrêtées à cause des diverses querelles, dirons-nous, entre les Midlands et le sud de l'Angleterre ». Sous les acclamations de la grande assemblée réunie au restaurant Holborn, il annonça qu'il n'y aurait plus de querelles et plus de problèmes. Il remercia les meilleurs habitants de Birmingham ; « mais les mesquines personnes de Birmingham qui furent à l'origine des problèmes, celles-là nous ne voulons rien avoir à faire avec elles ». Les principaux bookmakers de Birmingham avaient fait beaucoup pour aider l'association et ils étaient de tout cœur avec elle. Ils regrettaient de ne pas pouvoir assister au banquet, mais envoyèrent leurs meilleurs vœux. Ils déclarèrent à l'Association que « si l'un de leurs membres se rendait dans les Midlands ou dans le nord de l'Angleterre, il serait bien entouré par les hommes de Birmingham, et au nom de l'Association, l'assurance était donnée que si l'un des habitants des Midlands ou du Nord venait dans le Sud, il serait protégé de la même manière ». Beresford affirma qu'il n'y avait pas d'antagonisme de la part de ces bookmakers de Birmingham, qui avaient aidé à amener leurs gens à s'engager.

Malgré ces certitudes, il était évident que les bookmakers de Birmingham et de Londres restaient dans leurs régions respectives et qu'ils appréhendaient de voyager « loin ». Le malaise de ceux de Birmingham, en particulier, dut être accentué par la présence des intendants de l'Association, mais Beresford se réjouit de la présence de certains d'entre eux au banquet. Il les qualifia de « très bons camarades » et avec lucidité déclara que « en gros, ce qu'ils disaient, c'était : "Ne vous préoccupez pas de NOS gages, mais laissez-nous être de la partie." »

Ils étaient de la partie – pour l'argent qu'ils pouvaient gagner. De manière plus réaliste, grâce aux « muscles » des intendants, Beresford put proférer une menace voilée à l'encontre de toute personne cherchant à défier la nouvelle association : « Nous voulons essayer de faire les choses à l'amiable, et si nous ne pouvons pas le faire, nous devrons faire autrement. » Emanuel fut tout aussi exalté dans son discours. Sans aucun soupçon d'hypocrisie, étant donné son propre passé violent et criminel, il proclama : « En ce qui concerne les terroristes et les maîtres-chanteurs, il n'y a plus rien à craindre. Nous les avons vaincus et nous les considérons comme dépassés. »[278] Il avait tort. Ils n'étaient pas dépassés. Le chantage des bookmakers se poursuivit sans relâche, mais seulement de la part des intendants « légitimes », et une nouvelle guerre de gangs s'apprêtait à éclater dans la capitale.

CHAPITRE 4

LE CAMDEN TOWN GANG ET LES TITANICS DE HOXTON

COUPS DE RASOIR ET CAMDEN TOWN GANG

Le rasoir était l'arme favorite des gangs des hippodromes londoniens. Elle infligeait de terribles blessures, comme Ralph L. Finn put le constater lorsque deux gangs s'affrontèrent à coups de rasoir à la gare d'Aldgate East. Le parvis de la gare dégoulinait de sang et les corps étaient entrelacés partout sur le sol, comme un amas de lutteurs. Les rasoirs étaient brandis, les hommes hurlaient à l'agonie, les jurons fusaient et les passagers terrifiés se blottissaient dans un coin pour être en sécurité. Les vestes et les manteaux des gangsters étaient déchirés, et des morceaux de tissu et de peau humaine gisaient un peu partout. Pendant que la bagarre faisait rage, la police se contentait de regarder, et le jeune Finn, âgé de onze ans, vit le lobe d'une oreille juste au pied de la botte d'un flic. Finalement, la police intervint à coups de matraque, frappant tout le monde jusqu'à l'inconscience et les emmenant dans des vans noirs. Quelques jours plus tard, quelques gangsters étaient de retour, « leurs cicatrices rougies, leurs yeux gonflés, leurs nez bulbeux et hideux, brillants comme des betteraves de premier choix ».[279]

Dans ses fascinants mémoires sur son enfance à Hoxton, *Clouds of Glory*, Bryan Magee souligne que les gangsters préféraient les rasoirs coupe-choux, parce qu'ils causaient des blessures corporelles graves sans tuer. Il n'était pas possible de suriner avec, et, quelle que soit la sauvagerie avec laquelle « vous poignardiez quelqu'un, ce n'était que par le plus grand des hasards que vous pouviez le tuer, ou même le rendre aveugle, alors que vous ne manquiez pas de lui entailler le visage ou les mains et que vous aviez de bonnes chances de lui arracher un morceau d'oreille, de nez ou de doigt ». Lacérer permettait d'infliger un maximum de dégâts, avec un minimum de risque de tuer, et c'était bien là l'intérêt de cette pratique, c'est-à-dire défigurer le visage d'un autre homme. Le rasoir avait un autre grand avantage en tant qu'arme : il était terrifiant, plus qu'un gourdin, par exemple, et il pouvait être utilisé pour infliger des châtiments graduels aux rivaux. La première fois, la victime pouvait être battue ; la deuxième fois, elle était battue et pouvait aussi être lacérée ; et la troisième fois, la lacération était certaine. Maintenu au sol par plusieurs hommes, le visage de la victime était minutieusement sculpté par « l'entailleur ». Un indic pouvait recevoir une « entaille particulièrement longue jusqu'à la lèvre supérieure qui, lorsque le tissu cicatriciel se formait et tirait la lèvre vers le haut, avait pour effet de laisser la bouche ouverte en permanence ».

Une fois qu'une victime était retenue, elle savait que la lacération serait pire si elle se débattait violemment, alors il valait mieux laisser faire. Magee a observé qu'il n'y avait guère de personnages importants dans les gangs des hippodromes qui n'arboraient pas de cicatrices au rasoir sur le visage, mais même cette mutilation avait son utilité, car elle montrait qu'ils étaient sérieusement engagés dans l'escroquerie. Parce qu'un rasoir était effrayant et devait l'être, un gangster le transportait plié dans la poche de poitrine extérieure de son costume, laissant légèrement visible le bout de la charnière métallique. Et puis, s'il était arrêté par la police, il pouvait expliquer qu'il portait un rasoir, car il s'attendait à ne pas dormir chez lui cette nuit-là.[280]

Au printemps et à l'été 1921, des entailles au rasoir scarifièrent un certain nombre d'hommes lors d'une nouvelle guerre des champs de courses, dans laquelle cependant, comme le notait le *Daily Mail*, le « Birmingham Gang » ou le « gang des marteaux » n'était pas impliqué.[281] Il s'agissait plutôt d'un combat entre le Sabini Gang et d'anciens associés du Birmingham Gang, que la police considérait pour la plupart comme des « voleurs londoniens de la pire espèce ». Ils avaient été réunis par leurs chefs communs, Fred Gilbert et George « Brummy » Sage, dans le Camden Town Gang ou « bande de Sage ». Sage était « un criminel souvent condamné » et fut accusé par Sabini d'avoir mené l'attaque contre lui à la piste de trot de Greenford.[282] Né en 1878, le père de Sage était ouvrier dans les briqueteries et sa mère était blanchisseuse. Deux emplois qui devaient être pénibles et mal payés. En 1896, leur fils travaillait également lorsqu'il fut emprisonné pendant neuf mois pour cambriolage dans la maison de son cousin, où il était hébergé. Sans lien apparent avec Birmingham, il était déjà surnommé « Brummy », tandis que son penchant pour la violence était évident puisqu'il aurait déclaré à la police qu'il casserait le nez de tout complice.[283] Son dossier de prison indique qu'il mesurait un peu moins de 1,60 mètre, qu'il avait les cheveux châtain clair et les yeux bleus et qu'il était reconnaissable grâce à plusieurs tatouages sur les bras et le nom Elizabeth Allen en lettres capitales sur la poitrine.

Bien que vivant à Enfield, dans la banlieue de Londres, deux ans auparavant, Sage avait été condamné à Clerkenwell, ce qui laisse penser qu'il avait des liens avec cette ville.[284] Après sa libération, il s'installa à Holloway, dans le nord de Londres, où il travailla comme porteur de charbon, et épousa Lilian Bussey. L'année précédente, ils s'étaient querellés en pleine rue, et après que Sage eut refusé de s'arrêter à la demande d'un policier, il avait été condamné à une amende. [285] Il est fort probable qu'il soit aussi le « Brummy (Holloway) » qui boxa professionnellement pendant sept ans à partir de 1898. Combattant imprévisible, mais déterminé et sans concession, il disputa de nombreux combats alors qu'il ne pesait même pas soixante kilos. En 1901, il rejoignit une troupe de boxeurs voyageant à travers le pays pour organiser des démonstrations, mais sa tendance à la bagarre de rue resurgit lorsqu'un de ses combats fut arrêté et déclaré *no contest** parce que ni lui ni son adversaire ne boxaient strictement selon les règles de Queensberry.[286] La carrière de boxeur de Sage prit fin peu après. Il retourna à la criminalité et, en 1910, lorsqu'une jeune femme et un homme d'Islington furent arrêtés pour avoir fabriqué de la fausse monnaie, Brummy fut accusé de les avoir incités à commettre le crime.[287]

On ne sait pas comment et quand il rencontra Billy Kimber, mais il est probable que cela se produisît sur les champs de courses dans les années précédant immédiatement la Première Guerre mondiale. Ils vécurent également près l'un de l'autre. L'acte de naissance de l'aîné des enfants de Sage, en 1911, indique que l'adresse de la famille était Comyn Road, Clapham, dans le sud de Londres. À cette époque, il avait quitté sa femme et s'était installé avec Ellen Brookes, qui se faisait appeler Mme Sage.[288] La maison elle-même était une impressionnante construction mitoyenne de trois étages, avec un petit jardin et des baies vitrées – deux symboles d'une rue respectable de la classe ouvrière supérieure ou de la classe moyenne inférieure. Kimber vivait non loin de là, dans

* En boxe, décision prise par l'arbitre lorsque, à la suite de circonstances indépendantes de la responsabilité des adversaires et du contrôle de l'arbitre, le combat ne peut être poursuivi.

York Road, à Lambeth, tout comme les McDonald des Elephant Boys.[289] En 1913, Sage et Kimber étaient de proches associés et tous deux furent arrêtés pour avoir poignardé un homme au visage et au cou dans un pub de l'East End. Ils furent libérés, et le rapport indique que Sage était réputé sur les hippodromes et sur les rings de boxe.[290]

Il rejoignit le corps de l'Army Service en septembre 1915, déclarant qu'il était contremaître porteur, bien que sur le certificat de décès de son plus jeune fils, il fût indiqué qu'il avait été agent de commissions. Âgé d'un peu moins de deux ans, le bambin mourut tragiquement en juillet 1916 après avoir ingéré un poison pris pour du sirop de séné. À cette époque, Sage, Ellen Brookes et leurs enfants vivaient au 3 Mornington Crescent à Primrose Hill. Haute de quatre étages, sous-sol compris, la demeure faisait partie d'un splendide ensemble de maisons mitoyennes géorgiennes de trente-six habitations. Les revenus criminels de Sage devaient être exceptionnellement élevés pour lui permettre de vivre dans une propriété aussi coûteuse. Affecté en France pendant plusieurs mois, il fut réformé en septembre 1916, car il n'était plus physiquement apte au service militaire. Il avait des varices apparentes et de multiples lipomes, des excroissances non cancéreuses des cellules du tissu adipeux, qui durent être opérés. Ayant été promu sergent, son caractère était ainsi qualifié : « un bon surveillant du travail militaire ». Deux mois plus tard, il écrivit à l'armée pour demander qu'on lui envoie son insigne de guerre en argent, disant qu'il en avait besoin, car il avait reçu beaucoup d'insultes. De nombreux autres hommes firent probablement de même, car s'ils donnaient l'impression d'être en bonne santé, on pensait d'eux qu'ils étaient des fainéants qui évitaient le service actif. En avril 1917, Sage demanda une gratification au lieu d'une pension de l'armée afin de pouvoir se rendre en Irlande pour affaires.[291] Ces affaires consistaient sans aucun doute à rejoindre Kimber pour voler à la tire à Dublin et dans les hippodromes voisins. À cette époque, Kimber avait déserté l'armée et se trouvait déjà en Irlande ; il fut arrêté pour vol à la tire un mois après la demande de Sage.[292]

Avec la reprise des courses après la fin de la guerre, Sage se joignit à Kimber dans la prise de contrôle des hippodromes du Sud par le Birmingham Gang. L'ancien policier Divall entretenait des relations respectueuses, voire plus étroites, avec les deux hommes, dont il faisait l'éloge en tant que « compagnons généreux et courageux ». Lors d'une rencontre particulière à Hurst Park en 1921, à l'apogée de la puissance du Birmingham Gang, le policier demanda de l'aide à Sage. Le Jockey Club voulait que les bookmakers cessent d'arborer de grands drapeaux et panneaux publicitaires, mais ils continuaient malgré tout. Craignant de perdre sa licence, le secrétaire de courses avait demandé à Divall de prendre des mesures énergiques pour mettre fin à cette pratique. À son tour, il fit appel à Sage, qui lui déclara : « Je vais m'assurer que chacun d'entre eux soit décroché ! », ce qu'il fit en moins d'une heure. Divall, ravi que Sage et son ami Gandley eussent si bien géré l'affaire, s'exclama : « J'aimerais savoir qui aurait pu faire ce travail de manière plus satisfaisante que ces deux hommes. »[293] Et si le travail fut satisfaisant, c'est parce qu'on les craignait.

La mention de Gandley souligne le lien étroit entre Sage et le Birmingham Gang. Né en 1894, Gandley avait grandi près des marchés de Bull Ring. À treize ans, il fut envoyé dans une maison de redressement pour garçons catholiques du Yorkshire pour avoir volé six paquets de biscuits. Puis, en 1913, il fut emprisonné pendant trois mois pour vol. Les deux infractions furent commises sous son vrai nom, Joseph Brueton. Un an plus tard, se faisant appeler Joseph Gandley et sans domicile fixe, il fut libéré après le vol d'un cheval. Il est probable qu'il ait adopté le nom de sa mère, Margaret Gandley, qui avait également été une petite voleuse et une prostituée. Mesurant environ 1,55 mètre, Gandley était un homme de petite taille, mais probablement suffisamment débrouillard pour être associé à Sage, qui était admiré par Wal McDonald « comme un combattant aux poings toujours debout, au face-à-face », les deux hommes se délectant de leur réputation d'« hommes de tête ».[294]

L'accord entre le Birmingham Gang et les Sabini, qui divisait les hippodromes d'Angleterre entre eux, ne laissait aucune place à Sage. N'étant pas homme à accepter une perte de pouvoir et de revenus, il s'efforça rapidement de défier le Sabini Gang. Mais à cause de l'accord avec le Birmingham Gang, il ne pouvait pas se retourner pour soutenir son ami intime, Kimber, même s'il vivait à Londres dans Warren Street (aujourd'hui Grant Street), à Islington, dans la maison familiale de ses amis, les Garnham.[295] À la recherche d'un nouvel allié, Sage en trouva un inattendu en la personne de Fred Gilbert, ancienne figure de proue des Sabini, avec lequel, au printemps 1922, il forma le Camden Town Gang. Bien qu'il fût encore parfois appelé le Birmingham Gang, aucun de ses membres n'était des Brummies, car il s'agissait d'hommes du nord de Londres et des Elephant Boys du sud de Londres, alliés par ailleurs aux Titanics de Hoxton.

Gilbert était aussi dur que Sage. En 1911, âgé de dix-huit ans, il logeait dans la famille d'un ami à Clerkenwell et était boxeur/pugiliste. Bien qu'il fût né à Londres, il ne savait pas où, et il est évident qu'il avait eu une enfance agitée. Baptisé Frederick Thomas Gilbert en 1893 à Hoxton, son père était ouvrier imprimeur.[296] Six ans plus tard, alors que Gilbert n'avait que six ans, le garçon fut accusé d'errer dans les rues et fut emmené par la police au service temporaire du City of London Union Workhouse à Holborn. Il n'y passa qu'une nuit, alors que son frère de huit ans, John, y resta plusieurs jours lorsqu'il y fut admis à une autre occasion cette année-là. Tous deux vécurent vraisemblablement des expériences malheureuses et difficiles, dormant dans des dortoirs avec des inconnus dans une structure ressemblant à une prison.[297] Il est clair que la famille était instable et dysfonctionnelle, car en 1911, alors que Fred Gilbert était hébergé dans la famille de son ami, sa mère, Mary, vivait séparément dans le quartier voisin de Clerkenwell. Il n'y a aucune mention de son mari, bien qu'elle ne se soit pas enregistrée comme veuve. Elle s'en sortait grâce à un travail mal payé de plieuse de livres, complété par les revenus du frère de Gilbert, John, qui vivait avec elle ainsi que deux frères et sœurs beaucoup plus jeunes.

Fred Gilbert fut combattant professionnel entre 1910 et 1913, parfois sur les mêmes affiches que Darby Sabini ; il était réputé pour son habileté et son bon direct du gauche. Cependant, l'un de ses combats suggère qu'il était impliqué dans des paris contre lui-même. En effet, en avril 1912, il était en tête et se débrouillait bien lors d'un combat en six rounds, mais, de façon inattendue, il céda sans raison et fut disqualifié.[298] Sous le nom de Fred Clancy (Clerkenwell), il continua à boxer après avoir rejoint les Royal Welsh Fusiliers en 1916.[299] Il ne resta pas longtemps dans l'armée et son dernier combat eut lieu trois ans plus tard, alors qu'il se présentait comme étant un commis de bookmaker et un agent de commissions vivant à Moreland Street, à Finsbury, entre Hoxton et Clerkenwell. Comme Sage, Gilbert était également un combattant de rue. Il fut condamné à une amende en octobre 1919 pour avoir été ivre et tapageur à Farringdon Road, et l'année suivante, fut condamné pour avoir agressé un policier. Pourtant, comme c'était le cas pour d'autres gangsters, malgré sa force en un contre un, il était toujours prêt à « se faire quelqu'un » en bande. La veille de Noël 1921, il faisait partie des trois hommes qui en agressèrent un autre à Clerkenwell. La victime reçut des coups de poing puis, après être tombée, des coups de pied à la tête. L'homme fut affligé d'une plaie irrégulière à la lèvre supérieure, d'une contusion à l'arrière du crâne et d'une hémorragie considérable. Craignant probablement des répercussions, il retira sa plainte en échange du paiement des honoraires de son médecin.

À ce moment-là, Gilbert était une figure de proue des Sabini, ce qui n'est pas surprenant compte tenu de ses aptitudes au combat et du fait qu'il avait grandi à Clerkenwell.[300] Son statut élevé au sein du gang fut illustré par sa nomination en tant que délégué syndical de l'Association pour les bookmakers aux côtés de Darby, Joe et Harry Sabini et Alf White. Gilbert admettra plus tard qu'il était l'une des brutes payées pour dénoncer les personnes qui faisaient du chantage aux bookmakers et pour assister la police.[301] Pourtant, Gilbert ne tarda pas à être « à couteaux tirés avec ses anciens compagnons ». Le « délégué » de l'*Empire News* estimait que la scission avait été affaire d'argent.

« Une règle stricte du S-Gang veut que le produit de tout outrage soit remis aux chefs, qui, après s'être servi une part de lion, distribuent le reste. C'est une règle respectée, parce que le non-respect de cette règle entraîne une punition rapide et appropriée – probablement une entaille au visage faite au rasoir. »

Gilbert avait éveillé les soupçons de ses collègues gangsters, car il avait accumulé suffisamment d'argent pour envisager d'acheter un débit de boissons. Il avait gagné cet argent, mais ses collègues jaloux pensaient qu'il n'avait pas remis l'intégralité de ses recettes au gang. Une nuit, dans leur quartier général, d'autres membres du Sabini Gang l'attaquèrent. L'attaque était manifestement planifiée, mais Gilbert ne s'y attendait pas. Quelqu'un lui écrasa une bouteille sur la tête, puis, alors qu'il était inconscient, lui tailla sauvagement la cuisse au rasoir. Il reçut cinq entailles, chacune de vingt à vingt-cinq centimètres de long, qui pénétrèrent jusqu'au muscle et le laissèrent boiteux de la jambe droite.

« Les hommes de sa trempe étaient cependant très résistants, et après être resté étendu, en sang, pendant une heure, il parvint à se relever et à proposer un combat à l'homme responsable de ses blessures. Après avoir porté un coup fatal, il s'évanouit de nouveau, et cette fois, le rasoir toujours prêt, on lui ôta presque l'œil gauche. »[302]

Les blessures furent pratiquées avec soin, afin de mutiler sans être fatales.[303] Cette attaque eut lieu le soir du Vendredi saint, le 14 avril 1922, au Raleigh Club, à l'angle de Jermyn Street. Gilbert avait été si sévèrement entaillé à la jambe qu'il dut subir soixante-deux points de suture, dont cinq à l'œil et quatre à l'arrière de la tête. Alfie Solomon fut le membre du Sabini Gang arrêté pour cette agression impitoyable, mais, fidèle au code de la pègre qui consiste à ne pas balancer à la police, Gilbert donna des informations inexactes concernant ses agresseurs, disant qu'il avait été blessé à Drury Lane par des hommes qu'il ne connaissait pas. Qualifié de « petit bâtard rancunier » par l'homme de courses Maskey, Solomon fut libéré et aucune autre procédure ne fut engagée.[304] Cependant, plus tard, Gilbert désigna ses agresseurs comme étant Solomon, Alf White et George West, alias Dai Thomas, déclarant au tribunal : « Il faut bien appeler ça de la sculpture quand on découpe un homme comme ils l'ont fait avec moi. »[305]

Gilbert fut hospitalisé pendant cinq semaines et, lorsqu'il se fut rétabli, ses anciens camarades du Sabini Gang l'avertirent que sa vie était en danger et qu'il devait se tenir à l'écart des hippodromes.[306] L'Association pour les bookmakers le démit également de ses fonctions d'intendant.[307] Ayant perdu toutes ses sources de revenus et cherchant à se venger, Gilbert s'associa à Brummy Sage, qui avait commencé à réunir une bande de durs à cuire. Deux d'entre eux, Michael Sullivan et Archie Douglas, avaient déjà été tailladés au visage dans le West End de Londres, prétendument par le gang des Italiens ou de Sabini. Cinq hommes furent arrêtés, dont Alfie et Harry Solomon et Alf White, mais les victimes refusèrent d'engager des poursuites. Une source policière remarqua que les deux hommes étaient des voleurs condamnés et des membres du soi-disant Birmingham Gang. En réalité, ils faisaient partie du nouveau gang de Camden Town. Mais Gilbert ne cherchait pas seulement des alliés du côté de Sage et du nord de Londres ; il regardait aussi vers l'est, vers Hoxton et les Titanics.

LES TITANICS DE HOXTON ET LES SABINI S'AFFRONTENT

Gang de pickpockets, les Titanics opéraient partout où de grandes quantités de personnes étaient réunies. Arthur Harding se souvient les avoir remarqués pour la première fois en 1902 :

« Ils étaient tous très bien habillés. Je pense qu'ils ont été nommés d'après le paquebot parce qu'ils étaient si bien habillés... Ils avaient beaucoup d'argent et avaient l'habitude de mettre tout le monde au garde-à-vous. C'était une très bonne offre, du point de vue de la police. Très spécialisés. Ils ne volaient que des hommes. Un groupe de six d'entre eux arrivait – au théâtre ou dans les gares ou à la sortie des courses. C'étaient des *whizzers*[*] (pickpockets), mais ils participaient aussi à des cambriolages. »[308]

Leur nom, cependant, ne venait pas de l'infortuné paquebot. Dans son ouvrage de référence de 1923, *The Underworld of London*, Sidney Theodore Felstead explique que les petits malins de Hoxton étaient appelés Titanics en raison de leur taille et de leur supposée invulnérabilité. En effet, « leurs prouesses étaient devenues une devise parmi la fraternité criminelle de Londres ; les histoires de leurs merveilleux succès étaient légion, tandis que la facilité avec laquelle ils esquivaient la police les faisait admirer par tout le menu fretin de la profession ».[309]

* Le terme peut avoir deux significations, « siffleurs » ou « as, experts, génies ». Il semble ici désigner un type de pickpocket.

L'inspecteur Grosse fut le premier chef de la brigade volante de Scotland Yard, une unité motorisée formée pour s'attaquer aux gangs de cambrioleurs qui utilisaient désormais des voitures, et il convenait que les Titanics étaient ainsi nommés parce qu'ils étaient extrêmement forts et constituaient un gang très dangereux.[310] Mais contrairement à ce que leur réputation semblait suggérer, ils n'étaient pas invincibles. Grosse mena une traque sans relâche du gang, qui comptait entre vingt et vingt-cinq membres.

Accompagné de quelque douze jeunes détectives costauds, il les poursuivit d'un bout à l'autre de Londres et ne leur accorda aucune paix.[311] Rien qu'en 1921, au moins huit des Titanics furent emprisonnés.[312] La répression policière se poursuivit en 1922 et, sous la pression, cet été-là, certains membres de la bande dirigèrent imprudemment leur attention vers les hippodromes.[313] Imprudemment, car, comme le soulignait le correspondant de l'*Empire News*, il était « généralement admis dans la pègre que le célèbre S-Gang avait le monopole des hippodromes du sud de l'Angleterre pour tous les vols à la tire, le chantage et les formes plus violentes de vol ».

Furieux, les Sabini s'en prirent à certains des Titanics lors d'une réunion, les menaçant : si leur « offense » se répétait, il y aurait de graves conséquences. L'avertissement fut ignoré et les Titanics furent suivis dans Londres la nuit, avant d'être attaqués à coups de rasoir par les membres italiens et juifs du gang des S-. Désireux d'obtenir sa part des riches gains des hippodromes, le chef des Titanics accueillit favorablement la proposition de Gilbert de se joindre à lui et à Sage pour arracher le contrôle des rackets aux Sabini.[314] Ce chef était salué comme « un beau jeune homme au visage vif, doté d'un génie organisationnel incontestable et d'une capacité à se battre qui faisait de son nom une terreur dans l'East End ». Il n'existe pas de preuves solides permettant de l'identifier, mais l'on sait en tout cas qu'il était en bons termes avec Gilbert et accepta que les Titanics se joignent à un combat qui serait « mené avec une fureur impitoyable qui ferait se demander si ce pays était vraiment civilisé ».[315]

Les Titanics étaient originaires de Hoxton et, comme l'a souligné Magee : « Ses habitants avaient toujours eu le sentiment de leur propre identité et du caractère distinctif de Hoxton ; et je dois dire que j'ai grandi en pensant qu'il y avait un East End et un West End et que Hoxton était différent de l'un et l'autre, puisqu'il se trouvait à la limite nord de la ville. » Quartier pauvre, son nom fut bien vite utilisé à l'oral et à l'écrit « pour représenter le summum de la dégradation sociale, le coin le plus pauvre, le plus criminel et le moins civilisé de Grande-Bretagne. »[316] Il est toutefois essentiel de garder à l'esprit que l'étiquetage négatif des quartiers pauvres comme Hoxton naquit de l'« exploration » de ces quartiers par des étrangers de la classe moyenne à la fin du XIXe siècle. Ils firent des récits sur l'« inefficacité physique » des « gens de la rue », comme on les appelait, et sur leur « non-anglaiseté » – du moins, selon les notions bourgeoises de l'Angleterre. Et si les voyous de Birmingham et les gangsters de Londres venaient en grande majorité des quartiers les plus pauvres, dénigrés comme étant « les plus noirs » de leurs villes, ce serait diffamation que de traiter tous les pauvres de criminels et de rabaisser leurs quartiers à l'état de « mondes souterrains ».

Magee souligne que dans un quartier globalement pauvre comme Hoxton, il y avait des distinctions entre les familles respectables et les familles « rudes » et entre les parties respectables et les parties « rudes » d'une même rue. Même si certaines rues, comme Wilmer Gardens, étaient perçues comme totalement rudes, tout comme l'ensemble du quartier de Nile Street et ses environs.[317] Nile Street était le fief des Titanics et était considéré par la police comme « un quartier très rude et dangereux ».[318] Cette généralisation critique et sans discernement ne tenait pas compte de la diversité de ces quartiers, où les notions de rudesse et de respectabilité étaient différentes.

Charles Maskey est né en 1905 et a grandi dans Custance Street, une ruelle à la croisée de Nile Street. En 1898, dans les notes de l'étude monumentale de Charles Booth intitulée *Life and Labour in London*, cette rue était ainsi estampillée : « rude, des condamnés, des fenêtres cassées, du désordre dans la rue. » Il s'agissait d'un cul-de-sac, mais récemment une ouverture avait été pratiquée à l'extrémité fermée, ce qui « était un grand avantage pour la police, car elle pouvait maintenant travailler dans la rue depuis les deux côtés ».[319]

Les souvenirs de Maskey contrastent avec cette description sombre. Il se souvient qu'après la Première Guerre mondiale, une fête de la victoire avait été organisée par le bookmaker illégal de la rue, Billy Chandler, qui « avait l'habitude d'organiser des courses dans toute la rue pour les enfants ». Il vivait également dans la rue Custance, et payait souvent pour que les jeunes du quartier soient emmenés en excursion.

« On lui disait : "Eh ben, ils sont pas sortis" ; et il répondait : "Très bien. On les fera descendre vendredi. Dites juste combien ils sont." On répondait : "On veut huit voitures". "D'accord, on les sort vendredi." Et il les prenait tous. Oh, un sacré bonhomme. »

Grand joueur, Chandler jouait aux cartes toute la nuit et avait l'habitude de manger toute une boîte de lait concentré : « C'était sa nourriture. Jamais saoul, il avait jamais bu de sa vie. Il fumait les mauvais soirs, mais il a jamais bu de sa vie. »[320]

Chandler, parce qu'il était bookmaker, se trouvait à Greenford lorsque Sabini avait été attaqué. Il avait témoigné à cette occasion en faveur de Fred Gilbert, expliquant qu'il n'était intervenu dans la mêlée que pour aider Sabini.[321] Chandler n'était pas du genre à se laisser faire, il avait déjà été condamné à une amende pour avoir possédé un revolver chargé, ce qui, selon lui, avait pour but de protéger son activité de bookmaker de rue contre les maîtres-chanteurs. Il avait également fait partie des Titanics, et en 1909, alors qu'il avait dix-neuf ans, il fut arrêté pour vol à la tire.[322] Malgré ces antécédents, et même s'il était considéré par beaucoup comme le « patron » de Hoxton, comme l'a bien montré Maskey, Chandler n'était pas le chef des Titanics.[323] Homme très intelligent et ambitieux, il était déterminé à s'éloigner de la criminalité. Il allait bientôt tenir des bureaux de paris à crédit légaux dans le West End, avec un chiffre d'affaires phénoménal de 30 000 à 40 000 £ par semaine ; il allait ensuite créer le stade Greyhound de Walthamstow et devenir un important bookmaker d'hippodrome.[324] Sur la voie de la légitimité et de la respectabilité des affaires, Chandler n'avait pas besoin d'être mêlé à la guerre entre les Sabini et l'alliance Camden Town/Titanics. L'identité du chef des Titanics reste donc un mystère, mais il ne fait aucun doute que nombre d'entre eux le suivirent en soutenant Gilbert dans ce qui devint la querelle des hippodromes.

Darby Sabini lui-même reconnaissait que la paix n'avait pas duré longtemps après la trêve avec le Birmingham Gang. Il expliquait que lorsque de nombreux grands bookmakers avaient rejoint l'Association, les membres d'un gang qui avaient été employés comme protecteurs furent renvoyés de leur emploi. Il s'agissait probablement des Londoniens associés au Birmingham Gang, et certains d'entre eux étaient devenus si « furieux et enragés qu'ils ont formé une contre-organisation pour nous battre ».[325] Cette organisation rivale fut créée par Gilbert après son passage à tabac et après s'être associé à Sage. Ironiquement, elle s'appelait la Société pour la protection des bookmakers. Comme l'écrivait alors le *Daily Mail*, elle garantissait « l'immunité contre les agressions à tout bookmaker qui paierait le prix demandé pour le service de la journée ». Tous les bookmakers savaient qu'une fois l'offre faite, ils devaient accepter la « protection », car s'ils la refusaient, après la fin des courses, les gangsters détrousseraient ceux qui les avaient défiés. Ils pouvaient utiliser des menaces ou la force : une entaille au visage ou un coup de couteau dans le dos. Malheureusement, les bookmakers étaient exposés à un double danger, car les différents gangs travaillaient les uns contre les autres, et les « protecteurs » eux-mêmes étaient souvent molestés par des gangs rivaux.[326]

Les bookmakers devaient payer jusqu'à 30 £ par semaine pour être protégés. Un inspecteur de Scotland Yard connaissait un bookmaker qui, ayant dû assumer les frais de trois gangs différents, s'était retiré des affaires. Si une victime osait divulguer les noms des desperados, elle savait qu'elle s'exposait à quelque chose de bien pire.[327] Les parieurs qui profitaient d'une bonne journée étaient également la proie de la Société pour la protection. S'ils ne donnaient pas « dix des meilleurs » (10 £), ils étaient poignardés ou tailladés. Et les femmes étaient employées par le gang de Gilbert et d'autres « pour des enquêtes spéciales » – la recherche de « nigauds ».[328] Une fois ceux-ci trouvés, les gangsters hommes planifiaient le vol des « nigauds ». Une de ces affaires concerna un couple d'Américains, que deux femmes invitèrent à la conversation à Goodwood. Après les courses, ils se rendirent tous dans une boîte de nuit et, plus tard, les Américains « se retrouvèrent sans le sou dans un taxi. Le chauffeur se souvient qu'ils semblaient ivres en entrant dans le taxi, à peine capables de marcher. En fait, comme on le découvrit par la suite, ils étaient à moitié ivres, à moitié drogués, et furent pratiquement traînés dans le taxi. » Une autre victime américaine fut délestée de 350 £ et de bijoux de valeur. Le butin était si important qu'un détective affirma que les gangs avaient gagné avec ce coup-là des milliers de livres.[329] Même si elles étaient exagérées, les sommes en jeu étaient énormes, étant donné que le salaire moyen d'un ouvrier en 1924 était de 2 livres 10 shillings et que les hommes non qualifiés comme les ouvriers et les porteurs auraient gagné encore moins.[330] Il n'est guère étonnant que Gilbert, Sage et les Titanics fussent résolus à se battre contre les Sabini pour le contrôle du racket des hippodromes.

Greeno était policier lorsque la nouvelle guerre des gangs éclata. Dans ses mémoires, il écrit qu'en avril 1922, le mois où Gilbert fut lacéré, quatre autres hommes furent poignardés dans le dos et un autre matraqué dans le West End. Ils étaient tous étrangers les uns aux autres, mais avaient deux choses en commun : ils étaient des hommes de courses et ils refusèrent tous de parler. Greeno se souvient que l'on s'attendait alors à des troubles lors de la réunion du Derby d'Epsom en juin, mais il n'y eut qu'une petite bagarre lorsqu'un bookmaker, ancien boxeur, « se disputa avec des garçons de Sabini à propos d'un emplacement ; ils le frappèrent et menacèrent de lui planter un couteau dans les yeux ».[331,] Mais la violence ne tarda pas à éclater. Cinq membres de la bande de Sabini pénétrèrent dans un pub de l'East End pour « se faire » un autre ennemi. La victime visée était seule, mais avant qu'elle ne puisse être tailladée, le chef des Titanics entra à son tour. Décidant que la retenue était le meilleur aspect du courage, le chef du « raid » assura au chef des Titanics qu'il était en mission pacifique et demanda s'il pouvait payer les boissons. Après avoir payé trois tournées et laissé une livre sur le comptoir, les Sabini firent demi-tour. Alors qu'ils s'apprêtaient à partir, le chef des Titanics leur lança : « Je pense que vous avez beaucoup de chance de sortir d'ici vivants. »[332]

Après avoir ainsi perdu la face, Darby Sabini n'eut pas besoin d'être convaincu pour ordonner une démonstration grandeur nature de la puissance de son gang en territoire ennemi.[333] Dominant désormais les hippodromes du sud de l'Angleterre, il voulait surtout affirmer sa suprématie sur les Titanics, le principal rival des Sabini dans le nord de Londres. L'attaque du Sabini Gang eut lieu fin juin 1922 et entra dans le folklore, l'*Empire News* en faisant un dessin spectaculaire :

« Un groupe important d'entre eux descendit rue Nile, tirant des coups de revolver et menaçant de mort tout le monde. De nombreux membres du gang des Titanics étaient absents à ce moment-là, mais ceux qui étaient présents, renforcés par certaines de leurs femmes, s'équipèrent de tout ce qui leur tombait sous la main pour se battre.

Après un combat acharné, ils chassèrent les S--s. L'un des attaquants fut laissé sur place et, alors qu'il gisait sans défense sur la route, un Titanic s'approcha de lui avec l'intention expresse de lui "arracher la moitié du visage" avec un morceau de verre brisé. Mais l'homme aux commandes, magnanime dans la victoire, donna l'ordre de le relâcher, et il fut simplement chassé des lieux, meurtri et en sang. »[334]

Maskey conserve des souvenirs marquants de cet épisode violent : « Les gars de Sabini, ils sont passés par là une fois, ouais, pour régler leur compte à, eh ben, ce qu'on appelle, ce qu'ils appelaient, la bande des Titanics. Mais ils leur ont donné une putain de raclée. Ils se sont barrés directement. J'ai cru qu'ils allaient les flinguer. »[335]

Les Titanics étaient prêts à flinguer de nouveau la nuit suivante, car les Sabini avaient menacé de revenir. Une fois de plus, ils furent rejoints par de nombreuses femmes, qui « se tenaient en embuscade derrière leurs portes, armées de hachoirs ». Ayant eu vent des préparatifs, les Sabini renoncèrent à leur attaque. Préférant habituellement remporter ses victoires par des stratagèmes plutôt que par des combats au corps à corps, Darby Sabini élabora alors un plan pour défaire les Titanics. Lors de la réunion d'Alexandra Park, début juillet, l'un de ses hommes s'approcha d'un des principaux Titanic et lui dit, « avec force détails macabres », que les Sabini allaient se rendre à Hoxton ce soir-là « pour tirer ses amis de leurs lits et leur trancher la gorge ». Ainsi alerté, le Titanic rata les deux dernières courses et se précipita rue Nile, où il rassembla les forces locales. Mais au moment où l'on s'attendait à voir arriver la bande de Sabini, deux fourgons remplis d'officiers de Scotland Yard débarquèrent. S'il n'y avait pas eu d'avertissement à temps, les Titanics armés auraient tous été raflés – comme Sabini l'avait prévu.[336]

Peu de temps après, dans la soirée du 24 juillet, John Thomas Phillips fut poignardé au rasoir. Il faisait partie des Titanics, comme ses parents avant lui, Arthur et Annie, ainsi que son frère, Arthur « Toddy » Phillips.[337] La veille des courses de Goodwood, Johnny Phillips s'était rendu dans un hôtel de Brighton, où il avait été invité à prendre un verre avec George Langham, Jim Ford et Alf White, trois des plus proches associés de Darby Sabini. Plus tard, Phillips refusa de prêter 2 £ à Ford, qui aborda le sujet avec colère alors qu'ils quittaient l'hôtel. En sortant quelques billets de sa poche pour les offrir, Phillips fut frappé à la mâchoire par Ford. Les deux hommes tombèrent et la dernière chose dont Phillips eut connaissance, ce fut Ford, penché au-dessus lui, tenant à la main un instrument brillant, un rasoir ou peut-être un couteau ; il sentit une entaille en travers de son visage. La coupure traversa le côté droit, juste en dessous de l'œil, coupant presque le haut de son oreille et nécessitant quatorze points de suture. Se débattant, Phillips se releva et tenta de s'enfuir, mais Langham courut après lui, le fit tomber et lui décocha des coups de pied à la tête et au corps. Au tribunal, lorsqu'on lui demanda pourquoi il avait été amical avec les hommes, Phillips répondit qu'ils l'avaient déjà poignardé auparavant : « J'ai peur pour ma vie. J'osais à peine refuser leurs boissons. »[338] Phillips avait peur non seulement à cause de son lien avec Gilbert, mais aussi parce qu'il s'était enfui avec la femme d'un Italien appelé « Johnny le barbier », qui était ami avec Ford et Langham. Tous deux furent accusés de blessures intentionnelles.

Lors de l'audience des magistrats en septembre, leur avocat souligna que Ford et Langham étaient employés par l'Association pour les bookmakers, « un organisme parfaitement respectable », et qu'il était « absolument faux de dire qu'ils étaient liés de quelque manière que ce soit à un gang de courses ou à une bande de brutes ». Un bookmaker appelé Harry Cohen soutint les accusés, expliquant que l'Association pour les bookmakers avait été formée par des gens responsables et qu'ils employaient des intendants qui pouvaient utiliser leurs poings pour empêcher les mauvais personnages de faire chanter les bookmakers. Il avait lui-même eut le nez cassé par des brutes, désormais tenues à l'écart des hippodromes et les courses étaient « une *garden-party* comparée à ce qu'elles étaient il y a quelques années ».[339] Cohen ne mentionna pas qu'il était un ami non seulement de Langham et Ford, mais aussi de Darby Sabini, qui avait une part dans les paris de Cohen. Langham reconnut que Phillips lui avait offert un verre à lui et à ses deux amis, mais insista sur le fait qu'il était parti avant eux. Quand ils sortirent, ils virent Phillips au sol, une foule tout autour de lui. Ils ne s'approchèrent pas et remontèrent la rue, car « ils ne voulaient pas se prendre une raclée comme Phillips ». L'avocat de l'accusation suggéra une autre histoire : que Langham avait bu avec Phillips et qu'ensuite, « comme Judas, il l'avait trahi ».

Ford nia également avoir été impliqué dans l'agression, déclarant : « Un ami de Phillips nommé Gilbert est mon ennemi, et il a fait en sorte que Phillips monte toute cette affaire contre moi et Langham. »[340] Gilbert était effectivement un ami de Phillips et un témoin important dans l'affaire, car l'un des agresseurs se serait soi-disant confié à lui. Cependant, Gilbert ne témoigna pas lors de la première audience des magistrats, car, lorsqu'il entra dans le bâtiment du tribunal, il fut menacé avec un revolver par Harry et Darby Sabini. Un agent de police, qui avait essayé d'aider Phillips, témoigna, mais ne put identifier les agresseurs, car ils s'étaient enfuis à son approche et qu'il faisait nuit. En revanche, Phillips n'avait pas l'ombre d'un doute sur le fait que c'était Ford qui l'avait tailladé, mais lorsque l'affaire passa devant l'instance supérieure en décembre, son identification de ses agresseurs fut considérée comme « vague et incertaine ».[341] Le juge confirma qu'il était clair qu'il avait changé d'avis « sous quelque influence que nous pouvons deviner ». En conséquence, le jury reçut pour instruction de rendre un verdict de non-culpabilité.[342] Cependant, les amis de Johnny Phillips n'attendirent pas la conclusion du procès pour se venger, et sa lacération fut le point de départ d'un été de fusillades entre le Camden Town Gang et le Sabini Gang.

LES DESPERADOS DU CAMDEN TOWN GANG

Les tensions entre les deux gangs s'étaient déjà intensifiées ; à cet instant, elles explosèrent. Enhardis par l'alliance avec les Titanics, Gilbert et Brummy Sage passèrent à l'action. Le soir du 29 juillet, cinq jours après la lacération de Phillips, « un certain nombre de voyous » du Camden Town Gang se rendirent au pub du Red Bull dans la rue de Gray's Inn, où buvaient des membres du Sabini Gang. Une fusillade s'ensuivit.[343] Compte tenu de leur animosité, il n'est pas surprenant que les personnes impliquées aient donné des versions contradictoires ; mais il semble que lorsque la « bande de desperados » du Camden Town Gang entra dans le bar, elle fut forcée de sortir alors que les Sabini passaient à l'action. Un policier hors service les suivit et on lui tira dessus. D'autres rejoignirent le Camden Town Gang et il y eut plusieurs tirs, après quoi plusieurs personnes furent arrêtées.[344]

George Langham était l'un des membres du Sabini Gang qui était visé. Il raconta à la police que vers 22 h 30, cinq hommes étaient entrés dans le pub, dont Arthur « Toddy » Phillips, le frère de Johnny Phillips. Il tenait un revolver dans sa main droite :

« J'étais terrifié et je me suis caché contre le comptoir. L'homme qui suivait Phillips avait également un revolver dans la main droite – je le connais sous le nom de Jackson – je l'ai vu en garde à vue cette nuit-là, alors qu'il se rendait au poste de police. J'ai vu sa photo dans le *News of the World* le dimanche suivant (6 août). Lorsque Phillips et l'autre homme sont entrés dans le pub, certains clients sont sortis en courant, suivis par Phillips et l'autre homme. »[345]

Alf White était également au pub, arrivant en voiture avec Darby Sabini vers 22 h 25 après être allé aux courses de Goodwood. Le bar était plein, mais contrairement à Langham, il ne remarqua personne en particulier. En traversant le passage qui donnait vers la porte de la rue, quelqu'un l'avertit : « Vous feriez mieux de rester à l'intérieur. » Il retourna au bar et y resta quelques minutes avant de partir avec Sabini. Il y avait foule dehors et ils montèrent dans une voiture qui les attendait. White ajouta plus tard qu'il ne connaissait pas Phillips et ne pouvait pas dire s'il était présent dans le pub.[346] Ce récit fut corroboré par Sabini dans presque tous les détails, ce qui laisse penser qu'ils s'étaient mis d'accord entre eux sur ce qu'ils devaient dire à la police.

L'agent en congé qui se trouvait dans le bar bondé était l'agent-détective John Rutherford. Il reconnut trois membres du Camden Town Gang qui pénétrèrent dans le bar : Laurence Tobin, William Edwards et Arthur Phillips. Presque immédiatement après qu'ils furent forcés de sortir par les Sabini, Rutherford entendit un coup de feu. Courant dehors, il vit Tobin et ses hommes brandissant des revolvers. Il entendit Tobin crier « Flinguez ces salauds » et le vit tirer sur les hommes qui l'avaient chassé du bar. Remarquant Rutherford, Tobin appela sa bande, qui était maintenant au nombre de douze : « Voilà Rutherford, donnez sa part à ce salaud. » À une quinzaine de mètres, Tobin tira, mais manqua sa cible. Le courageux Rutherford se lança à la poursuite des hommes tandis qu'ils s'échappaient. Il se fit alors tirer dessus par Joseph Jackson, qui cria : « Prends ça, salaud. » Plusieurs autres coups de feu furent tirés, mais heureusement, Rutherford échappa aux blessures en se cachant dans l'embrasure d'une porte. Une fois de plus, il suivit les hommes qui s'enfuyaient :

« En arrivant à dix mètres de deux des meneurs, l'un d'eux se retourna et dit : "Va-t'en Rutherford" ; les deux hommes tirèrent alors sur l'officier, mais le manquèrent, fort heureusement. Il persista malgré tout dans sa poursuite et, à Hatton Garden, il rencontra un homme nommé Jackson qui pointa un revolver sur lui et lui dit : "Va-t'en ou je te bute." Le gendarme l'assomma à coups de poing et lui prit l'arme qui, après examen, contenait quatre douilles vides. Un officier en uniforme arriva alors sur les lieux ; après lui avoir remis Jackson, Rutherford fouilla le quartier pour trouver les autres hommes, mais sans succès. »

Sur le chemin de la gare, Jackson déclara à l'un des officiers qui l'escortaient : « On m'a attaqué avec un putain de morceau de verre et c'est ce qui a déclenché l'engueulade. » Le commissaire de la police métropolitaine rapporta que Rutherford et d'autres officiers se préoccupaient depuis un certain temps « de l'extermination de ces nuisibles ». À juste titre, il félicita Rutherford pour son courage exceptionnel et le cita « comme un exemple splendide de dévouement au devoir pour tous les rangs de la police, qui, face aux risques les plus périlleux, était au-delà de tout éloge. »[347] Rutherford était effectivement courageux, car il s'était attaqué à des hommes très dangereux.

Joseph Jackson, trente-quatre ans, Elephant Boy de Bermondsey, était un voleur et un maître-chanteur invétéré, ayant dix-neuf condamnations, dont six pour agression, une pour avoir causé des lésions corporelles graves à un policier, trois pour vol et neuf pour ivresse et trouble de l'ordre public. Mesurant 1,80 mètre, il arborait des cicatrices à l'œil droit, au deuxième doigt de la main gauche et au nez, ainsi qu'une blessure au côté droit. Ayant rejoint la Rifle Brigade pendant la Première Guerre mondiale, il n'avait servi que douze jours en France et avait été libéré pour cause d'inaptitude en novembre 1917, après quoi il avait reçu une pension de l'armée. À celle-ci s'ajoutèrent 2 £ par semaine provenant de l'aide paroissiale, versée par l'assemblée de tuteurs locale, de l'argent issu d'une taxe foncière. Homme marié et père de cinq enfants de moins de cinq ans, pendant trois ou quatre mois après sa démobilisation, Jackson travailla occasionnellement comme poseur de linoléum, mais à part cela, ne fit aucun autre travail. Dans son quartier, il était « considéré comme un maître-chanteur et un terroriste notoire et on exprima un grand soulagement lorsqu'il fut arrêté ». Il avait fait chanter des commerçants, des boutiquiers et des bookmakers, exigeant généralement des souscriptions pour une personne fictive en difficulté. Il l'avait même fait alors qu'il était en traitement dans un hôpital militaire.

À une occasion, lui et ses associés blessèrent gravement un bookmaker de rue à Walworth parce qu'il refusait de leur donner de l'argent. Comme dans d'autres cas, la victime craignit de porter plainte auprès de la police. Lorsqu'il fut arrêté, Jackson avait sur lui une liste de souscriptions intitulée : « Au nom de W. Jackson qui a besoin de votre aide parce qu'il est tombé dans les ennuis sans que ce soit sa faute. » Deux souscriptions étaient inscrites – une pour dix shillings et une autre pour cinq shillings.[348]

Quatre autres hommes du Camden Town Gang furent arrêtés par la suite, dont Lawrence Tobin, qui s'était enfui à Birmingham immédiatement après la fusillade, ce qui indique l'existence d'un lien permanent avec le Birmingham Gang. Tobin était un pseudonyme de George Baker, également connu sous les noms de George Martin et George Hillier. Arborant les tatouages d'un drapeau et d'une femme sur son bras droit et de mains jointes avec une fleur sur son avant-bras gauche, il mesurait un peu plus de 1,75 mètre. Soi-disant relieur, c'était un autre pickpocket que l'on retrouvait en compagnie des voleurs des hippodromes ayant été condamnés pour vagabondage, fréquentation et effraction. Originaire de Sydney Street, à Clerkenwell, il était probablement lié aux Titanics, tandis que William Edwards, originaire de

Hoxton, était l'une de leurs figures de proue. Edwards était un autre criminel tenace et un voyou incorrigible, avec dix-huit condamnations pour vol et agression contre la police. Ayant rejoint les Royal Fusiliers en 1915, il avait été arrêté pour avoir tenté de faire les poches en avril 1918 et condamné à douze mois de prison. À sa libération, il fut remis à une escorte militaire, dont il s'échappa le jour même, et fut classé comme déserteur. L'implication de Jackson, Baker (Tobin) et Edwards dans ces troubles met en évidence l'alliance anti-Sabini du Camden Town Gang avec les Elephant Boys et les Titanics, dont Toddy Phillips faisait également partie. Il était le quatrième homme arrêté et avait déjà été condamné trois fois pour possession illégale, vol et comme personne suspecte. Libéré pour la dernière fois de prison en juin 1921, lorsque la police lui demanda ce qu'il avait fait depuis, il répondit qu'il avait réalisé quelques travaux pour sa tante, une vendeuse à domicile qui vendait des marchandises à crédit à de pauvres gens à un taux d'intérêt élevé. Elle reconnut que Phillips l'aidait de temps en temps, en échange de quoi elle lui donnait sa nourriture et quelques shillings. Interrogé par la police, Phillips admit qu'il était au Red Bull la nuit de la fusillade avec deux jeunes femmes. Il dit qu'il avait vu Darby Sabini, Alf White et un autre homme à l'extérieur, des rasoirs à la main, et que lorsque le Camden Town Gang était entré, il avait su que des problèmes allaient certainement advenir. Lorsqu'on lui demanda s'il connaissait les noms du gang de Camden Town, Phillips répondit :

« Long Jim est le seul membre de cette bande que je connais de nom, et il y avait environ vingt à trente membres des deux bandes. Quand la fusillade a commencé, les deux filles se sont enfuies et je suis allé de l'autre côté de la route ; je suis resté seul tout le temps. Tous ces problèmes sont arrivés parce que mon frère Johnny a été poignardé à Brighton. Ils ont essayé de le faire tomber et maintenant ils essaient de me faire porter le chapeau. »[349]

Phillips, Jackson, Baker (Tobin) et Edwards furent accusés d'avoir tiré sur le détective Rutherford avec l'intention de le tuer, et d'avoir possédé des armes à feu avec l'intention de mettre la vie en danger. Un autre homme, George Fagioli, âgé de vingt et un ans et célibataire, fut également accusé de cette dernière infraction. Son père, fils d'un Français et d'une Anglaise, était palefrenier dans une compagnie de taxis, sa famille était bien établie à Holborn et Clerkenwell et respectait la loi. Ce qui n'était pas le cas de George Fagioli : à onze ans, il avait été reconnu coupable d'effraction et envoyé dans une école industrielle du Staffordshire comme « l'un des pires d'une bande de jeunes voleurs ». Il y resta jusqu'à l'âge de seize ans et sa conduite fut jugée satisfaisante. Rentré chez ses parents, il travailla dans une entreprise de transport, mais fut licencié à cause de son manque de sérieux. Il se fit une mauvaise réputation dans cet emploi puis dans deux autres, et fut également licencié pour manque de travail. De plus, un autre employeur déclara qu'« il fréquentait des personnes indésirables et les fréquentait le soir ».[350]

Un homme échappa à l'arrestation pour l'affront du Red Bull. Il s'agissait de Fred Gilbert, l'un des chefs du Camden Town Gang, qui fut repéré sur les lieux par un certain James Edwards. Il déclara à la police que lui et un homme appelé William Beland se trouvaient à proximité le soir du 29 juillet lorsqu'ils avaient entendu des coups de feu provenant des environs du pub.

« Nous nous sommes immédiatement dirigés vers le bruit des tirs, mais avant d'y arriver, nous avons été arrêtés par un homme nommé Fred Gilbert, âgé d'environ trente ans, qui gagne sa vie sur l'hippodrome. J'ai entendu Gilbert dire à Beland : "Vous passez votre chemin ou je vous fais sauter la cervelle." Je l'ai vu mettre la main dans sa poche droite comme pour en sortir un revolver. Béland lui a dit : "Vous avez pas envie de me voir m'énerver." Gilbert a dit à Beland : "Allez vous faire f****e." Ensuite, nous avons marché vers la brasserie Yorkshire Grey. Nous n'avions pas vu Gilbert avant cette rencontre et je ne peux pas dire s'il était présent lors de la fusillade de la rue Grays Inn ou s'il était en possession d'un revolver. Je sais que c'est un personnage dangereux et je pense qu'il a joué un rôle dans la fusillade de la rue Grays Inn juste avant de nous rencontrer. »

On peut se demander pourquoi Edwards et Beland s'étaient dirigés vers la fusillade plutôt que de s'en éloigner. Les deux hommes, cependant, vivaient à Clerkenwell et ont pu être associés aux Sabini. Quoi qu'il en soit, Beland savait par expérience directe que Gilbert était un homme très violent et dangereux. Dix-huit mois auparavant, au début de l'année 1921, ils étaient tous les deux en train de jouer avec d'autres personnes sur la rive du canal près de Caledonian Street lorsque Gilbert avait commencé à se disputer avec un homme nommé George Droy. Une bagarre s'était engagée, et Gilbert, prenant le dessus, avait sorti un rasoir de sa poche et avait tailladé Droy à l'épaule gauche. Frank « Trixie » Droy s'était précipité au secours de son frère et Gilbert avait alors sorti un pistolet et lui avait tiré dessus à bout portant. Heureusement, la balle avait traversé l'épaule gauche de Droy.[351]

L'attaque contre les Sabini au Red Bull ayant échoué, Gilbert et Sage décidèrent de s'en prendre à des bookmakers juifs, l'un d'entre eux étant Harry Margulas. Il prétendit avoir été arrêté le 1er août à Clerkenwell par deux hommes. Il s'agissait de Fred Brett (qui se faisait également appeler Jim Stevens) et de Fred Gilbert, qui sortit un revolver de sa poche en jurant : « Je vais te faire sauter la cervelle. » Après avoir proféré d'autres menaces, il exigea 10 £ et pointa le revolver vers le visage de Margulas. Brett encouragea alors Gilbert à « laisser ce bâtard en prendre une ». Margulas réussit à s'enfuir, mais bien qu'il signalât cet incident à la police, celle-ci refusa de prendre des mesures. Deux semaines plus tard, il se rendit aux courses de Nottingham et, alors qu'il était à la gare, fut de nouveau abordé par Gilbert et Brett. Ils étaient avec cinq autres hommes. L'un d'entre eux était Andrew Towey, un des chefs du Birmingham Gang. Gilbert avertit Margulas : « On te tient maintenant, et sur notre territoire. » Exigeant à nouveau 10 £, Gilbert brandit un revolver en disant : « Allez, on les prend, ou tu goûteras à ça. » Après un certain temps, le bookmaker réussit à calmer la situation en promettant qu'il leur donnerait quelque chose plus tard. Il fut autorisé à poursuivre son chemin, mais ne signala rien à la police de Nottingham. [352]

Brett était originaire de Camberwell, dans le sud de Londres, et son implication est un autre indice du soutien des Elephant Boys au gang de Camden Town. Gilbert et lui se retrouvèrent en fin d'après-midi le 19 août, en compagnie de George « Brummy » Sage. Après une journée de courses à Hurst Park, ils menacèrent un certain nombre de bookmakers juifs, dont Margulas. Ce dernier et un autre bookmaker, Jack Delew, étaient entrés dans le pub Rising Sun près de la gare de Waterloo. Ils furent suivis par Sage, qui attrapa le revers du manteau de Margulas en disant : « T'es un de ces salauds ! Tu peux te le faire, Fred, droit dans le bide. » Obéissant, Gilbert enfonça un gros revolver de l'armée dans le corps de Margulas et annonça : « Donne-nous dix livres, et on te laisse partir. Je t'aurais fait la peau à Nottingham si je n'avais pas gagné soixante-dix livres. »

Brett se tourna ensuite vers Delew, qui se dirigeait vers la porte, et cria : « En voilà un autre. » Sage lâcha Margulas et demanda à Brett de « lui donner une leçon. »[353] Selon Delew, Brett sortit un grand couteau de boucher de sa manche et le pointa vers lui en disant : « Je le fais, George ? » Avec véhémence, Sage dit alors à Delew : « On veut que vous compreniez, bande de salauds, qu'on va devenir les boss, on est une cinquantaine ce soir : tout ça va finir. Alf White et les Sabini seront finis, c'est certain. » En sortant un revolver, Gilbert prévint qu'il était destiné à White.

Un autre homme était arrivé et, après qu'il eut exhorté Sage à laisser Delew et Margulas tranquilles, ceux-ci se rendirent immédiatement à la gare de Waterloo pour alerter d'autres bookmakers juifs qui se trouvaient à Hurst Park du danger qu'ils couraient.[354] L'un d'entre eux était Alfie Solomon, qui avait participé à la course avec certains de ses frères. Un autre, Simmy Solomon, se trouvait à Piccadilly lorsque quelqu'un lui conseilla de se rendre à Waterloo, car Gilbert et une bande y attendaient ses frères. Simmy Solomon s'empressa de monter dans un taxi, mais lorsqu'il arriva à la gare, il fut confronté à Gilbert et à un autre homme dont le visage était très marqué. Après avoir exigé de l'argent, Gilbert dit : « Je suppose que vous cherchez votre salaud de youpin de frère, Alf. Vous êtes qu'une bande de tapettes juives, vous avez peur de vous mouiller. J'espère le voir en premier, je lui tirerai une putain de balle dans la tête. » On le pria de « se tirer de là aussi vite que possible » et Simmy Solomon, effrayé, rentra chez lui.[355] Samuel Samuels, d'Aldgate, fut également arrêté à la gare de Waterloo, cette fois par Sage, la crosse d'un revolver sortant de la poche de sa veste. Il insulta Samuels en disant : « Espèce de salaud de juif, tu es un des c***s qu'on va se faire. T'es un putain de bâtard de juif et on va te défoncer, toi et les Italiens, et vous empêcher de faire des courses. Je veux être le boss là-bas. » Heureusement, un autre homme arriva et permit à Samuels de s'échapper.[356]

FUSILLADES ET CHANTAGE

Le pub local de Sage était le Southampton Arms, près de son domicile de Mornington Crescent. Après avoir proféré ces menaces, Gilbert et lui s'y retrouvèrent avec d'autres membres de leur bande. Vers vingt-deux heures, juste après la fermeture, un certain nombre d'entre eux se tenait dehors avec Ellen Brookes et sa sœur, quand soudain, trois taxis arrivèrent et un groupe d'hommes en sortit. Certains d'entre eux étaient armés de revolvers et d'autres armes. Parmi eux se trouvait Alf White, qui tenait un manteau sur son bras gauche. De dessous, il sortit un pistolet et, en visant, tira délibérément sur Sage à quelques mètres de lui en criant : « Prends ça, sale *** ». George West, alias Dai Thomas, sortit un autre revolver et tira également sur Sage en disant : « Prends ça et tout le reste. » Joe Sabini était avec eux et fut désigné plus tard comme l'un des principaux membres du gang. Il avait lui aussi un pistolet et, en tirant sur Gilbert, il s'écria : « C'est pour toi, espèce de *** d'Anglais. »[357] Lorsqu'on lui demanda au tribunal s'il avait été touché, Gilbert répondit : « Non, mais j'avais déjà été blessé par ces hommes et j'avais dû avoir soixante-dix points de suture. »[358]

Après leurs coups de feu, les tireurs se dispersèrent dans différentes directions. Alertés d'une possible confrontation, plusieurs policiers se trouvaient à proximité et assistèrent à l'événement.[359] L'un d'eux vit Joe Sabini sortir un pistolet dont la poignée ressemblait à une canne. Lorsque celui-ci fut montré au tribunal, l'avocat de l'accusation déclara : « De toute mon expérience dans ce genre d'affaires, je n'ai jamais vu d'arme plus dangereuse. Je ne sais pas si elle est allemande ou non, mais elle est à moitié revolver à six chambres et à moitié poignard, et peut être logée dans une canne d'apparence tout à fait innocente. Elle porte encore sur sa pointe les traces de sang de cette nuit-là. »[360] Un pistolet et une matraque furent trouvés en suivant la direction des assaillants après qu'ils avaient tiré. Grâce à l'arrivée rapide d'autres policiers, Paul Boffa, membre du Sabini Gang, fut rapidement arrêté. On pense qu'il s'agit de l'homme sauvé de la mutilation lors de la bataille de la rue Nile avec les Titanics.

Sage et Gilbert étaient accompagnés d'un grand nombre de membres de leur bande, dont la composition mixte fut soulignée par certains journaux qui rapportèrent l'altercation sous le nom de « Titanics contre Sabini », le Camden Town Gang utilisant le pseudonyme des Titanics. En raison de cette foule extrêmement hostile, la police eut beaucoup de mal à arrêter les délinquants.[361] Un associé juif des Sabini, Simon Nyberg, tira également sur Gilbert, mais il fut arrêté par un membre du Camden Town Gang. Nyberg réussit à faire trébucher l'homme et, en courant, jeta un marteau qui fut décrit plus tard comme étant assez lourd pour tuer une personne si on le laissait tomber sur elle.[362] Quelqu'un d'autre l'assomma alors et l'immobilisa jusqu'à l'arrivée d'un policier. Âgé de vingt-huit ans et supposé être un employé de bureau, Nyberg venait de Whitechapel et était le fils d'immigrants de la partie polonaise de l'Empire russe. Son père était interprète, mais Nyberg était connu pour avoir un mauvais passé de voleur, ayant recours à plusieurs pseudonymes. Il avait des cicatrices sur le front et le dos de chaque main et avait été emprisonné pendant neuf mois en 1920 pour vol. Un an plus tard, il fut condamné à une amende pour avoir joué illégalement aux bas de Surrey, considérés comme « un grand lieu de villégiature pour les juifs de l'est ». Dans un autre rapport, empreint d'antisémitisme et intitulé « L'invasion des juifs », il était révélé qu'en juillet 1921, Nyberg avait attiré une quarantaine d'hommes juifs dans un endroit pour faire des paris de dés.[363]

Cependant, il ne fut pas condamné pour violence et son implication avec les Sabini lors de la fusillade de Mornington Crescent laisse perplexe. Celle de Thomas Mack, non. Chargé d'appeler les numéros sur les hippodromes, il était très impliqué dans le gang des Sabini ; après la fusillade, il sauta dans un tramway. Ce faisant, il renversa une jeune femme, Amy Kent, dont il déchira le manteau et le chemisier avec un objet qu'il tenait à la main.[364] Un couteau fermé fut retrouvé plus tard dans sa poche. Entendant les sifflets de la police, l'officier Archer remarqua un tramway près duquel s'était attroupée une grande foule. Il se fraya un chemin et, montant à bord du véhicule, vit Mack se débattre avec Amy Kent. Alors qu'il les séparait, plusieurs hommes se précipitèrent dans le tramway, désormais à l'arrêt. L'un d'eux était Fred Gilbert, qui niera plus tard avoir pointé un revolver sur Mack, qui fut accusé par d'autres hommes. Ils étaient tellement furieux que l'agent dut en frapper deux avec son poing, avant de sortir sa matraque. Mack fut ensuite escorté hors du tramway par deux officiers pour le protéger de la foule enragée d'une cinquantaine ou soixantaine de personnes, dont certaines brandissaient des bâtons et criaient : « Le voilà. Tuons-le. »[365] Quant à Amy Kent, elle s'évanouit une demi-heure plus tard lorsqu'elle découvrit que le canif que portait Mack lui avait entaillé le bras.[366]

Alf White fut désigné par la police comme étant le « chef de file » de l'affaire, qui devint célèbre sous le nom de « échauffourée au révolver » dans la « querelle des hippodromes ».[367] Il s'enfuit avec trois autres hommes. Ils furent repérés par un policier en civil qui était sorti avec sa femme. Il avait entendu la fusillade et, se rendant compte que les hommes qui couraient étaient impliqués, il les suivit. Lorsqu'ils se séparèrent, White monta dans un taxi qui passait par là. Sans hésiter, le gendarme l'arrêta et ordonna au chauffeur de se rendre directement au poste de police d'Albany Street. White, West (Thomas), Nyberg, Mack, Boffa et Sabini furent accusés d'avoir tiré sur Sage et Gilbert avec l'intention de les tuer, d'avoir participé à un rassemblement séditieux et d'avoir été en possession de revolvers chargés. Mack fut également accusé de blessures.[368] Leur comparution le lundi 21 août au tribunal de police de Marylebone fit l'objet d'un gros titre en première page de la *Pall Mall Gazette*, intitulé « Événement sensationnel dans la querelle des hippodromes ».[369] Une heure avant la comparution, « le vaste espace devant les portes était rempli par une foule grandissante et agitée d'hommes et de femmes, qui se battaient avec ardeur pour obtenir des places d'honneur près de l'entrée ». Lorsque les portes furent finalement ouvertes, la ruée vers l'intérieur fut telle que la police fut presque submergée. On s'opposa à la libération sous caution pour la sécurité des prisonniers, car si on les libérait, on craignait qu'ils ne fussent en danger.[370]

Les événements évoluèrent rapidement. Deux jours plus tard, le 23 août, une confrontation eut lieu à la gare de Paddington, le matin des courses de Bath. Gilbert prétendit que Harry Sabini avait pointé un pistolet automatique sur lui et menacé de lui faire sauter la cervelle, après quoi il avait quitté le train pour trouver un policier. Le policier soutint cette histoire, ajoutant qu'il avait vu plusieurs hommes courir pour monter dans le train et que l'un d'eux avait laissé tomber un pistolet automatique, qu'il avait ramassé.[371] Âgé de vingt-deux ans, Sabini prétendait habituellement être un marchand de fruits à Clerkenwell ; lorsqu'il fut accusé, il s'exclama : « Quel menteur ! Je ne lui ai jamais dit un mot. » Il soutint que Gilbert s'était présenté à Paddington en bande et ajouta :

« Alfie Solomon lui a demandé pourquoi il y allait, et s'il allait créer des problèmes. Il lui a dit de s'occuper de ses affaires. Le train a démarré et nous nous sommes précipités pour y monter. On n'est sortis qu'au cas où la bande de Gilbert s'en prendrait à Alfie. Je ne porte jamais d'arme. Je n'aime pas ce genre d'ennuis. »[372]

Le 22 septembre, au tribunal de police de Marylebone, Harry Sabini fut cependant déclaré coupable, qualifié d'homme dangereux, et astreint à maintenir la paix moyennant une caution importante de 200 £.[373] Elle fut payée par Edward Emanuel.[374] Le même jour, Joe, le frère de Sabini, comparut également devant le même tribunal pour une autre audience dans l'affaire de la fusillade. Tous deux mirent au point un plan plutôt désespéré pour discréditer un témoin de la police dans cette affaire. Harry déclara qu'il avait vu Joe Sabini sortir un pistolet de la poche de sa veste, semblable à celui qu'il portait maintenant au tribunal. L'avocat de Sabini mit l'officier au défi d'examiner le manteau pour déterminer s'il y avait de la place sous le vêtement pour une telle arme. Après l'avoir fait, il informa la cour que le manteau n'était pas le même que celui que portait Sabini lors de son arrestation. En réponse, Sabini insista sur le fait qu'il n'avait pas changé de vêtements depuis. L'inspecteur Hambrook décida de faire une enquête. Harry Sabini était encore au tribunal en train d'attendre sa caution, quand l'inspecteur remarqua que son manteau et son gilet étaient de la même matière que le pantalon porté par son frère – et le manteau avait une poche telle que celle décrite par l'officier. Interrogé, Harry Sabini s'excusa et admit que lui et son frère avaient changé de vêtements dans les toilettes.[375]

Tout au long des auditions, il apparut clairement qu'il était difficile d'obtenir des informations sur les agressions, tant le gang des Sabini était redouté.[376] Gilbert s'en tint à sa déclaration initiale : Sabini lui avait tiré dessus ; West et White avaient couru vers Sage ; et il avait entendu deux coups de feu. En revanche, Sage changea d'avis, déclarant qu'il avait dû se tromper en voyant West et White tirer sur lui et Gilbert. Sa femme, Ellen, et un autre membre du gang suivirent la même ligne. La police estima que « tout portait à croire, au vu du comportement de ces témoins, soit qu'ils avaient peur de témoigner selon leurs déclarations premières, soit qu'ils avaient été "achetés" – cette option semblant plus probable ».

Parmi les accusés, Boffa, qui avait seulement été vu en train de s'enfuir avec Sabini, fut libéré en raison de l'insuffisance des preuves contre lui. Les autres prisonniers furent envoyés en procès à Old Bailey, où ils plaidèrent non coupables, le 23 octobre.

Lorsque le jour du procès arriva, l'un des témoins clés était censé être un homme du nom de William Roberts. Auparavant, il avait fourni des preuves importantes contre Joe Sabini, ayant trouvé le poignard-révolver là où Sabini avait couru en essayant de s'échapper. Mais désormais, Roberts avait disparu de son logement et était introuvable. Bien sûr, on soupçonna immédiatement qu'il avait été approché par les associés de Sabini et incité à quitter le quartier.[377]

Heureusement, contrairement à lui, un témoin appelé James Camp se présenta pour corroborer la version de Gilbert selon laquelle White était présent lors de la fusillade, qu'il avait quelque chose dans la main et qu'il avait bel et bien pris part à l'émeute. Camp parlait nerveusement et, lorsqu'on lui demanda s'il avait été menacé et s'il avait peur, il répondit qu'il n'était pas à l'aise. Cela provoqua des rires dans la salle, ce qui irrita le juge qui déclara : « Il n'y a pas de quoi rire. Il s'agit d'une question de la plus haute importance lorsque les témoins viennent ici les uns après les autres, manifestement effrayés, manifestement mal à l'aise. »[378]

Il n'est guère étonnant que Camp eût été nerveux, car la police confirma plus tard qu'il craignait le Sabini Gang depuis qu'il s'était présenté pour témoigner. Il semble qu'il connaissait White et ses associés depuis plusieurs années et qu'il avait été un informateur précieux pour la police. Mais en dépit de toutes les réserves que Camp put avoir, il agit avec « un courage et une détermination remarquables dans la poursuite des prisonniers, dont certains étaient connus pour être en possession d'armes à feu ». Les policiers qui avaient procédé à l'arrestation furent également félicités pour leur bravoure. [379]

L'affaire fut suivie de près par Edward Davis, l'avocat de l'Association pour les bookmakers, qui employait White et Joe Sabini comme intendants. La défense de White souligna ce lien avec ce qui était considéré comme une organisation légitime, expliquant qu'il était un intendant de haut rang et que Gilbert ne l'aimait pas parce qu'il avait été licencié de son poste au sein de l'Association.[380] Dans son résumé, le juge précisa que ni les témoins ni le ministère public n'avaient suggéré qu'ils avaient été menacés ou gênés par les prisonniers ou leurs amis, mais qu'il était évident « qu'avec une organisation comme celle dont White était membre – l'Association pour la protection des bookmakers –, que l'avocat de la défense avait décrite comme étant à la fois "réputée et puissante", les gens seraient mal à l'aise et craindraient de donner des preuves qui pourraient conduire à une condamnation ». Le jury déclara Sabini et White coupables de coups de feu dans l'intention de causer des lésions corporelles graves, de possession illégale d'armes à feu, et d'attroupement émeutier – pour ce dernier point, Nyberg fut également reconnu coupable. Mack fut reconnu coupable d'attroupement séditieux et d'avoir blessé illégalement Amy Kent ; sur instruction du juge, West fut déclaré non coupable de tous les chefs d'accusation – ce qui était plutôt chanceux compte tenu de son influence et de son statut au sein du Sabini Gang.[381]

Avant que ne soit prononcée la sentence, le 3 novembre 1922, l'avocat de White affirma qu'il s'agissait d'un homme d'une parfaite droiture et laissa entendre qu'il allait appeler divers bookmakers éminents comme témoins de moralité. Il ajouta que, sur les champs de courses, White avait donné des informations à la police. Le juge s'interposa : « Cela devrait jouer en faveur de cet homme, mais j'aimerais sensibiliser l'audience à agir par l'intermédiaire de la police pour leur protection et essayer, dans la mesure du possible, d'empêcher les gens de se saisir de la loi avec des pistolets, des couteaux et d'autres armes, pour leurs propres comptes ». Il précisa qu'il n'allait pas enquêter sur les mérites de l'Association pour les bookmakers, mais déclara que plus vite elle serait dissoute, mieux ce serait. Le juge accorda cependant que certaines preuves jouaient en faveur de White, apportées notamment par un officiel des champs de courses, Divall. Avec l'expulsion du Birmingham Gang du Sud, il est évident qu'il n'avait pas d'autre choix que d'accepter la prise de contrôle par les Sabini, étant donné la légitimité qui leur était conférée par leur rôle d'intendants. [382]

L'avocat de Joe Sabini souligna qu'il avait également donné des informations à la police, qu'il n'avait pas d'antécédents judiciaires et qu'il avait loyalement servi son pays. Le juge, cependant, ne fut pas affecté par ces considérations. Avant qu'il ne pût prononcer la sentence, une femme s'approcha du banc des accusés et plaida pour White : « Ayez pitié de lui, monsieur ! » Après qu'elle fut éloignée, il fut emprisonné pour cinq ans et on lui déclara qu'il avait de la chance de ne pas avoir été accusé de crime capital. À ce moment-là, il porta les mains à sa tête en s'exclamant : « Mon Dieu ! ».[383] Après le procès, White fit rapidement appel de sa condamnation et, en décembre 1922, celle-ci fut infirmée, le juge d'appel agissant ainsi avec la plus grande réticence concernant un point de droit. Quant aux autres coupables, Joe Sabini fut envoyé en prison pour trois ans, Nyberg pour vingt et un mois de travaux forcés et Mack pour dix-huit mois. Après sa libération, Mack rejoignit le Sabini Gang avec White. Tous deux illustrent l'importance des « Anglais » au sein des Sabini, tandis que la participation de Nyberg est une indication supplémentaire du rôle majeur des criminels anglo-juifs. Il fit également appel de sa condamnation, ce qui lui fut refusé. De toute évidence, il n'était pas un criminel aussi endurci que White et Mack, il n'était pas non plus une figure de proue du Sabini Gang, et en prison, il montra des signes de maladie mentale. L'emprisonnement de Joe Sabini fut un coup dur tant pour Darby Sabini personnellement que pour le Sabini Gang, dont la dynamique fut affectée. Bien que Darby ait toujours été le leader incontesté, son jeune frère était un lieutenant fiable et loyal. Figure majeure de l'ascension du gang et de ses victoires, il n'y reviendra pourtant pas après sa libération, comme nous le verrons plus loin. Puisque Darby Sabini avait également perdu Alf White, l'ascension rapide du Sabini Gang vers le pouvoir aurait pu très rapidement être contestée par de nouveaux ennemis.

Cependant, le succès de l'appel de White donna un grand coup de pouce à Darby Sabini et White allait jouer un rôle de plus en plus important dans le gang, comme nous le verrons plus avant. Et, plus important encore, Sage et Gilbert avaient perdu. Après un printemps et un été de lacérations, de fusillades et de passages à tabac, ils n'étaient pas devenus les « boss ». Les Sabini gardèrent la mainmise sur les hippodromes du Sud, forts de leur légitimité en tant que commissaires de l'Association pour les bookmakers. Quant à leurs ennemis, les Elephant Boys reprirent les hostilités en 1925, et si les Titanics s'éteignirent, certains de leurs membres continuèrent à combattre les Sabini. Il en fut de même pour les anciens membres du Camden Town Gang, bien que celui-ci ait disparu en tant qu'entité en même temps que son coleader, Fred Gilbert. Pour un homme dont la vie avait été si publique, elle devint désormais très privée, et la dernière référence documentaire le concernant date de 1925, alors qu'il vivait encore dans un appartement de Moreland Street.[384]

Contrairement à lui, Sage continua à s'impliquer dans les courses, et il existe de légères preuves qu'il était peut-être resté maître des rackets sur la partie ouverte d'Epsom – possiblement dans le cadre d'un accord avec les Sabini.[385] Ce qui est certain c'est que sa propension à la violence n'avait pas faibli. En décembre 1925, alors qu'il avait cinquante et un ans, il fut arrêté pour s'être battu avec un jeune homme de vingt-sept ans à la suite d'un litige concernant des paris devant le Tattersall's de Knightsbridge. C'était le premier lieu de vente aux enchères de chevaux de course et ses événements hebdomadaires étaient également un rendez-vous pour les turfistes. Se présentant comme un employé, probablement pour un bookmaker, Sage plaida coupable et fut libéré.[386] En 1939, lui, sa femme et leurs trois enfants ne vivaient plus dans leur grande maison de Mornington Crescent, mais à Pemberton Terrace, rue Junction, à Islington. Indicateur de son changement de situation, il s'agissait d'une maison de trois étages avec un sous-sol, qu'il partageait avec deux autres familles ; à cette époque-là, Sage indiquait que sa profession était celle d'ouvrier du bâtiment. Après le décès de sa première femme, il put enfin épouser Ellen Brookes en 1942. George « Brummy » Sage mourut cinq ans plus tard.[387] Il avait été l'un des premiers chefs de gangs d'Angleterre à avoir acquis une notoriété nationale, mais son nom fut rapidement occulté par celui de Darby Sabini – la première « personnalité » gangster du pays et le premier « patron » acclamé du monde des gangs de Londres.

CHAPITRE 5
LE SUPRÊME SABINI GANG

DARBY SABINI : LE CHEF

Au début du mois d'août 1922, en pleine querelle des hippodromes entre le Sabini Gang et le Camden Town Gang, l'*Empire News* claironnait qu'il n'y avait pas eu de caractéristique plus étonnante dans la criminalité anglaise au cours des cent dernières années que la suprématie dans le monde de la pègre du « S. Gang ». Un article détaillé révélait que la base du gang était composée principalement de juifs de Whitechapel, qui exécutaient les opérations ordonnées par leurs chefs. Ces *banditti* étaient trois frères italiens nés à Londres, très bien connus de la police, qui « parlent notre langue et connaissent nos habitudes aussi bien que n'importe quel Anglais ». Ceux qui travaillaient sous leurs ordres osaient rarement conserver leurs gains mal acquis, de peur de se voir infliger une punition immédiate sous la forme d'une énorme entaille au visage faite au rasoir. En effet, les déprédations du « S. Gang » étaient suffisantes « pour que l'on se demande si nous vivions ou non dans un pays civilisé doté d'une force de police importante et bien payée ».[388] Pourtant bien informé des activités et des querelles du Sabini Gang, l'*Empire News* utilisait un langage qui reflétait des préjugés profondément ancrés à l'encontre des Italiens, des juifs et de la « non-anglaiseté ». Ce sectarisme éclata au grand jour avec une lettre anonyme envoyée à la police métropolitaine en août 1922, pendant les procès de la querelle des hippodromes.

Elle était grammaticalement incorrecte et ponctuée de fautes d'orthographe ; le plaignant demandait aux autorités si elles savaient que « ces bandes d'Italiens qui se promenaient, lacérant le visage des gens au rasoir et leur tirant dessus, étaient tous des boxeurs bien connus, et qu'ils n'avaient jamais accompli le moindre travail depuis qu'ils étaient dans ce pays ». Darby Sabini y était personnellement accusé d'avoir tiré sur Billy Kimber et d'avoir fait enfermer son ami (Solomon) pour cela, en fait, les Italiens étaient autorisés à faire des choses qu'un Anglais ne pouvait se permettre. Ils étaient censés tenir des maisons de jeu, qui n'étaient jamais perquisitionnées par la police, et ils étaient autorisés à se rendre aux réunions de courses et à « exiger de l'argent de tous les bookmakers présents, et rien ne leur était dit, parce qu'ils étaient Italiens ». La lettre se terminait par une requête : « Nous, les Anglais, ne voulons que du fair-play et que justice soit faite, ce n'est pas beaucoup demander. Dieu sait quel visage sera lacéré la prochaine fois. »[389]

Quelques jours plus tard, une lettre tout aussi mal écrite, rédigée d'une autre main, fut envoyée au ministre de l'Intérieur, Edward Shortt. L'enveloppe portait le cachet de Leicester et était signée du pseudonyme « Tommy Atkins », le terme générique populaire donné aux soldats britanniques. En tant qu'ancien militaire et Anglais, et soi-disant partie désintéressée, l'expéditeur voulait donner quelques « faits » concernant la querelle des hippodromes et le « gang de Sabina » (*sic*) :

« Les financiers et les cerveaux de ce gang d'assasins sur les champs de courses d'Angleterre sont des étrengers [*sic*] nommés Edward Emanual et Gurchan Harris, ces deux hommes financent tous les grands clubs et les maisons de jeu du West End de Londres, et ils versent de grosses sommes d'argent à d'autres étrengers, le "Sabini Gang" et la "brigade volante" de Scotland Yard, pour protéger leurs intérêts. »

Tommy Atkins souligna spécifiquement : « Aucun membre du "gang de Sabina" n'était en "service" pendant la guerre et je pense que c'est une honte pour le pays de laisser de telles "terreurs" se promener et attaquer des Anglais qui ont fait leur "part" pour maintenir la tradition de l'Empire britannique. »[390]

Parmi les deux hommes désignés, Gershon Harris était venu de Pologne dans l'East End alors qu'il était encore un jeune homme, dans les années 1870. Originellement tailleur , il était en 1900 « propriétaire d'un grand nombre de maisons dans le quartier juif de Spitalfields ».[391] Homme riche qui vivait à Shepherds Bush en 1919, il était également arbitre de boxe et l'un des principaux collecteurs de fonds de l'hôpital de West London.[392] Il n'existe aucune preuve le reliant au gang de Sabini. Cependant, on ne peut pas en dire autant d'Edward Emanuel. Il avait des liens étroits avec Darby Sabini et avait fait appel au gang pour protéger les bookmakers juifs du chantage du Birmingham Gang. Mais il n'était pas un étranger. La famille juive d'Emanuel était établie depuis longtemps en Angleterre, et derrière lui se trouvait l'Anglais Walter Beresford, le célèbre bookmaker et président de l'Association pour les bookmakers.[393] Néanmoins, à une époque où les étrangers étaient trop souvent méprisés, l'ascendance d'Emanuel et des Sabini provoquait la peur, l'indignation et l'ignorance. Cette xénophobie, comme l'a montré avec perspicacité Heather Shore, « permit fondamentalement à la presse et au ministre de l'Intérieur de caractériser les confrontations en métropole comme un fait essentiellement "non-anglais" et potentiellement dangereux ».[394]

La « non-anglaiseté » des Sabini et de leurs alliés juifs était accentuée par la nature « étrangère » de leurs quartiers. Bien qu'Alfie Solomon soit originaire de Covent Garden, au nord de Londres, les gangsters juifs étaient surtout associés à Whitechapel, dans l'East End. Frederick Wensley, chef de la police criminelle de Scotland Yard, y avait commencé sa carrière de policier dans les années 1890, à une époque où « le quartier était rempli de la classe criminelle. Ils y vivaient et y travaillaient en grande partie. » Les pensions de famille étaient remplies de bons à rien, les quartiers de taudis étaient des nids de criminalité et les rues étaient infestées de femmes infâmes. Bien que Wensley s'efforçât de souligner que l'East End n'était pas un repaire de vice et de crime sans limites, et qu'il avait rencontré des gens de la plus haute qualité parmi les juifs et les non-juifs, l'image négative de Whitechapel était celle qui dominait dans la presse.[395] Il en allait de même pour la « colonie italienne » de Clerkenwell.

Un article sur les « Étrangers criminels », paru dans la *Pall Mall Gazette* en 1901, rapportait qu'il avait été « découvert » que pas moins de 25 % des affaires traitées au tribunal de Clerkenwell concernaient des étrangers. Cet « afflux d'étrangers criminels » était dénoncé et l'ensemble du quartier, y compris « la communauté juive de l'East End et la colonie italienne », était présenté comme « le quartier le plus infesté d'étrangers de Londres, ou même d'Angleterre ».[396] Il ne fut pas tenu compte de la proportion de la population qui était juive et italienne et de son rapport avec la proportion de criminels. Ce qui comptait, c'était les impressions et les images, qui alimentaient les préjugés. Comme l'a observé Lucio Sponza dans ses travaux novateurs sur les immigrants italiens dans la Grande-Bretagne du XIXe siècle, ces derniers faisaient l'objet de commentaires et de jugements défavorables permanents concernant ce qui était perçu comme leur caractère violent. En particulier, d'après les témoignages donnés à la Commission royale d'enquête sur l'immigration étrangère, on pensait que les Italiens portaient tous des couteaux et qu'ils étaient prompts à les utiliser lors d'une bagarre.[397]

Il y avait une image qui liait les Italiens de Clerkenwell et la violence : la mafia sicilienne. Dans un article de 1907 intitulé « Les chemins détournés de Babylone. Naples à Londres. », le célèbre journaliste et commentateur George R. Sims décrivait la « colonie italienne » comme un quartier « pittoresque » au centre duquel se trouvait « un volcan endormi », la mafia :

« Cette société redoutable qui inflige des châtiments terribles à ceux qui sont dénoncés et condamnés lors d'un conseil secret ; qui possède des agents parmi les "colons" ; et pour qui un "ordre" de vengeance est parfois exécuté au cœur de Londres sans que les citoyens, sereins, aient le moindre soupçon que le commandement d'une société secrète infâme vient d'être exécuté parmi eux. »[398]

Pourtant, rien ne laisse supposer une quelconque implication de la mafia sicilienne dans la Petite Italie de Londres. La grande majorité de ses habitants n'étaient pas originaires de Sicile, mais de Lombardie et d'Émilie-Romagne, au nord de l'Italie, ou encore de Toscane, au centre du pays, et de Campanie, au sud, entre Naples et Rome.[399]

Et les Sabini n'étaient pas non plus siciliens. James Morton a écrit un récit passionnant de la vie de Bert « Battles » Rossi, un important gangster de l'après-Seconde Guerre mondiale. Ses parents étaient des immigrés et son père « venait de Piacenza, dans le nord de l'Italie, la même région que la famille Sabini ».[400] Un Sabini fut enregistré pour la première fois comme vivant à Clerkenwell en 1851, et il était originaire de Parme, près de Piacenza – les deux étant dans la même région de l'Émilie-Romagne. Le père des Sabini était parti du pays quand il était enfant et avait épousé une Anglaise, Elizabeth Handley ; cependant, l'*Empire News* soutenait que leurs fils ressemblaient « aux gangs de la mafia d'Italie et d'Amérique, à cette différence près que la bande de Londres ne s'embarrassait habituellement pas avec le citoyen moyen ».[401]

Un autre journaliste affirmait même que « les activités siciliennes du Sabini Gang semblaient moins déplorables sur les petites collines de Clerkenwell que sur les hippodromes britanniques ». Les similitudes entre la Petite Italie et Naples signifiaient que « *la vendetta* était ici appropriée, et que si le gang était des artistes, ils déploieraient leur art dans le bon milieu ».[402] L'anglophilie des Sabini était continuellement ignorée, et comme beaucoup de leurs membres étaient juifs, ils étaient pratiquement tous considérés comme d'origine étrangère. L'*Empire News* déplorait le fait que depuis longtemps, ces « étrangers » cherchaient à « établir leur droit exclusif de voler et de piller tous les habitués des hippodromes du sud de l'Angleterre ». Ils avaient terrorisé la plupart de leurs adversaires pour les soumettre et avaient défié les efforts de la brigade volante de Scotland Yard pour les maîtriser.[403]

Darby Sabini lui-même n'était pas un gangster vaniteux et ne semblait pas rechercher une telle publicité. Il conduisait une petite voiture et s'habillait modestement avec une chemise sans col, un costume et un gilet sombres et une casquette plate à carreaux clairs.[404] Contrairement à Kimber, Sage et Gilbert, il n'était que rarement cité dans les articles des journaux concernant les guerres d'hippodromes. En 1921, il ne fut mentionné que dans l'attaque de Greenford ; son nom de famille fut d'ailleurs mal orthographié (Sabni) et le prénom donné n'était pas le bon (Charles). En fait, comme il l'écrivit en 1940 : « Mon vrai nom est Octavious Sabini et non Frederick Sabini ou Fred Handley. J'ai utilisé le nom de Fred Handley come [*sic*] mon nom de boxe, Darby est mon surnom. Mes amis m'appellent Fred, mais je ne suis pas le même que Frederick Sabini, mon frère. »[405] Même dans la querelle des hippodromes de 1922 et au cours des nombreuses procédures judiciaires, Darby Sabini ne fut mentionné que brièvement, lorsqu'il fut suggéré qu'il était le chef de l'un des gangs de courses. Le bookmaker juif Margulas démentit, déclarant : « Je connais bien Sabini, et il n'est pas le chef d'un gang de courses. »[406]

Cette affirmation fut contredite à peine quinze jours plus tard lorsque, dans un autre article à propos des gangs, l'*Empire News* annonçait que Sabini était bien le « chef du "Sabini Gang" ». Le 3 septembre, il fut révélé qu'il allait raconter sa propre version de l'histoire des « frères tristement célèbres » et de leurs activités. On ignore les raisons qui le poussèrent à agir de la sorte, car il avait auparavant évité la presse. Cependant, étant donné la publicité négative faite autour de son gang, il se peut qu'il ait voulu apporter une image plus positive, en tant qu'Anglais et défenseur des faibles. Néanmoins, l'*Empire News* persista à l'associer à « l'étranger », le présentant comme un « petit homme pimpant, à l'allure robuste, avec les yeux vifs et brillants de sa race », bien que Sabini lui-même réaffirmât immédiatement le patriotisme de sa famille : « Mes frères et moi sommes nés et avons été élevés dans la colonie italienne de Saffron Hill. Mon père était italien et ma mère était anglaise. Ils ont vécu dans le quartier pendant des années et sont très connus. »[407]

Sabini faisait partie d'une famille de six frères, dont aucun n'était jamais allé en Italie et qui avaient tous été scolarisés dans des écoles primaires de Londres. N'ayant pas suivi de cours d'italien, ils étaient incapables de parler ou de comprendre cette langue, tandis que la famille n'avait aucune relation en Italie. Sabini soulignera plus tard que « tous nos gens sont anglais » et que, même s'il avait été élevé à Clerkenwell : « Je ne me suis jamais mêlé aux Italiens. C'était toujours des garçons anglais. »[408] C'était en grande partie vrai, car ceux qui portaient des noms de famille italiens et qu'il avait côtoyés étaient nés en Angleterre et étaient considérés par les natifs italiens comme des Anglais.

Il est important de noter que la femme de Sabini, Ann Potter, était une Anglaise de la région et qu'ils se marièrent en 1913 – non pas dans l'église catholique de St. Peter, qui était profondément associée aux Italiens de la Petite Italie, mais dans l'église anglicane de St. Philip, à Clerkenwell. Leur fille aînée allait également être baptisée dans l'Église d'Angleterre.[409]

De manière significative, les deux frères aînés des Sabini, Frederick et Charles, furent nommés d'après leurs oncles maternels anglais. En 1899, tous deux furent emprisonnés pour vol et recel, mais, par la suite, ils semblent être restés à l'écart du crime. Ce fut Fred qui se lança le premier dans les courses en tant que commissionnaire, plaçant des paris pour les propriétaires de chevaux de course et recevant un paiement en retour. Selon Darby, son frère connut un succès considérable, c'est pourquoi Joe et Harry le rejoignirent.[410] Comme tous les frères, Fred épousa une Anglaise et, à partir de 1928, il devint bookmaker sous le nom de Joe Wilson aux hippodromes de Haringey et White City. Il n'était pas impliqué dans les activités violentes de ses frères. Charles non plus, bien qu'il en ait profité. À partir de la fin des années 1920, il fournit des listes de courses, des tabourets, des mouchoirs en papier, des éponges et d'autres « services » aux bookmakers de l'hippodrome de West Ham, dans le cadre d'un commerce qui, selon la police, pouvait « être qualifié de racket ». Il le faisait pour Joseph Levy, un associé régulier de Darby et Harry Sabini. Un autre frère, George, rendait les mêmes services à Haringey et White City.[411]

Dans son article autoglorificateur dans l'*Empire News*, Sabini insiste sur le fait que lorsque la Première Guerre mondiale éclata, tous les frères se portèrent volontaires pour le service militaire, seuls deux d'entre eux ayant été refusés pour cause d'inaptitude médicale. Servant à l'étranger avec les East Cheshires, Joe Sabini fut gravement blessé par balle dans la cheville droite. Désormais infirme à vie, il reçut une pension de l'armée. Un autre frère,

George, rejoignit le régiment du Middlesex pendant environ dix-huit mois, mais, en raison de sa santé, il ne fut pas envoyé en service extérieur. Darby lui-même était dans les Surreys et servit dans un bataillon national pendant deux ans. En fait, il fit partie de la milice de l'East Surrey pendant cinq ans à partir de 1907 et, lorsque la guerre fut déclarée, il essaya de s'engager, sans parvenir à réussir l'examen médical en raison de problèmes d'oreille et de surdité.

Sabini poursuit en expliquant que, dans sa jeunesse, il s'était beaucoup intéressé à la boxe et avait rejoint un petit club créé par les prêtres catholiques locaux. Il était ouvert à :

« ... tous les jeunes de notre colonie, et nous avions l'habitude de faire des concours très excitants. Tous mes frères ont appris à boxer et nous sommes devenus passionnés par ce jeu. Les connaissances que nous avons acquis lors de nos petits combats amateurs se sont révélées précieuses par la suite, notamment dans le West End où les clubs de paris ont commencé à pousser comme des champignons. À cette époque, les bookmakers étaient persécutés et avaient à subir une bonne dose d'intimidation. On m'a offert un poste de portier dans l'un de ces clubs et, naturellement, j'ai rapidement commencé à avoir un aperçu de la fraternité des courses. »[412]

Cette histoire audacieuse du jeune boxeur amateur venant à la rescousse des bookmakers persécutés laissait délibérément de côté une partie importante du passé de Sabini. Après la mort de son père en 1901, sa mère avait repris leur petit commerce et il avait travaillé comme charretier, conduisant une voiture tirée par des chevaux et livrant des marchandises. Il s'était ensuite engagé dans la milice, où il avait appris à boxer correctement. Après son service, il combattit professionnellement en tant que Fred Handley (à Clerkenwell), reprenant le nom de famille de sa mère anglaise. Bien que n'étant pas considéré comme habile, Sabini se distinguait par « la force de son bras », en particulier son coup de poing droit, alors qu'il n'hésitait pas à frapper sous la ceinture et à se jeter dans la mêlée.[413] En tant que dur à cuire, il devint portier, un euphémisme pour ne pas dire garde du corps, et en 1918, il fut employé dans un club de jeu de l'East End, gagnant 3 £ par semaine.[414] Deux ans plus tard, en mai 1920, il fut poursuivi après avoir été trouvé dans une maison de jeu et pour avoir été « impliqué avec une autre personne dans la tenue, la gestion et la conduite desdits locaux ».[415] L'autre personne était probablement Emanuel.

Jouant son rôle de « sauveur » des bookmakers, Sabini raconte ensuite aux lecteurs de l'*Empire News* qu'il avait vu que le métier de bookmaker n'était pas le plus agréable des métiers. En 1918, une coterie de brutes avait l'habitude de menacer et de réclamer de l'argent aux bookmakers de Londres, qui devaient subir ce terrorisme systématique parce qu'ils n'osaient pas agir. Sabini leur vint bientôt en aide.

« C'est aux courses de trot de Greenford Park que je suis entré dans la guerre. Je suis allé seul aux courses. Une querelle a éclaté entre un juif et deux personnalités connues des courses. Le juif a été sérieusement agressé, frappé à la tête avec une tasse. Il semble qu'il y ait eu ce jour-là une attaque organisée contre les bookmakers, dont le juif faisait partie. Je suis intervenu, j'ai exigé de savoir pourquoi les bookmakers étaient malmenés et soumis au chantage, et on s'en est immédiatement pris à moi. Une bande d'environ trente hommes m'a attaqué. J'ai été jeté au sol, frappé comme un ballon de football, jusqu'à ce que finalement la police vienne, et me sauve probablement la vie. »

Dans ce récit héroïque, Sabini omet de mentionner qu'il avait sorti un revolver pour se protéger et qu'il était accompagné des membres de son gang.

Puis, poursuit-il, les bookmakers formèrent leur Association et, parce qu'il connaissait les meneurs des maîtres-chanteurs, il fut pris comme intendant honoraire. Il en fut de même pour ses frères, Joe et Harry, ainsi que pour un certain nombre d'autres hommes considérés comme « aptes » à occuper de tels postes. Sabini souligne qu'il n'était pas facile de traiter avec certaines personnes qui s'en prenaient aux bookmakers, mais l'Association et ses intendants réussirent à tenir les indésirables à l'écart des rencontres – à tel point que même le Jockey Club et des personnalités du monde des courses firent des commentaires favorables sur l'état satisfaisant des hippodromes depuis l'implication des Sabini. Les bookmakers, les parieurs et le grand public pouvaient assister aux rencontres sans être molestés et tout se passait « assez bien jusqu'aux récents troubles, qui sont en fait l'écho de vieilles querelles ». Soucieux de confirmer son altruisme, Sabini souligne :

« Nous ne sommes pas une bande organisée et ne l'avons jamais été. Loin d'encourager les querelles et les débordements, je me suis efforcé par tous les moyens de maintenir les factions en guerre éloignées les unes des autres afin qu'il n'y ait pas de conflits violents d'aucune sorte.

J'ai parlé à des hommes dont je savais qu'ils risquaient d'être gênants, et je les ai avertis de ne pas s'écarter de leur route pour aller faire des bêtises, car cela n'en valait pas la peine. Il est amusant d'entendre que le Sabini "Gang" est blâmé chaque fois qu'il y a une perturbation sur l'hippodrome ou dans les rues.

La vérité est que certains de ceux qui savent le bien que nous avons essayé de faire pour l'A.P.B. (Association pour la Protection des Bookmakers) n'ont aucun sentiment amical envers nous, et quand un petit épisode se produit, on entend les hauts cris : "Encore le gang des Sabini". »[416]

Même s'il s'efforçait d'écarter les soupçons selon lesquels il existait bien un Sabini Gang organisé, c'était bien la forte autorité de Darby Sabini, entouré d'un groupe étroit de lieutenants, qui distinguait son gang. Cette cohésion avait été un facteur clé pour forcer le Birmingham Gang à céder le contrôle des rackets sur les hippodromes du Sud et pour vaincre l'alliance du gang de Camden

Town. Et bien que Sabini se fût présenté comme un homme honorable et généreux, ses motivations n'étaient pas altruistes. Elles étaient guidées par l'intérêt personnel. C'était un homme violent à la tête d'un gang violent et qui était devenu un homme de courses parce qu'il voulait gagner facilement beaucoup d'argent en faisant chanter les bookmakers et en pratiquant d'autres rackets. Les attaques racistes du Birmingham Gang contre Alfie Solomon et d'autres bookmakers juifs lui donnèrent le prétexte pour présenter son gang comme des sauveurs alors qu'il n'en était rien. Soutenue par la force et la peur des coups, l'extorsion se poursuivit sans retenue après la prise de contrôle du Sabini Gang, qui devint un parasite des bookmakers au même titre que le Birmingham Gang.

LES BRAS DROITS DE SABINI

Darby Sabini contrastait fortement avec Gilbert et Sage, les chefs du gang de Camden Town. Penseur et planificateur, il avait plus de jugeote que ses ennemis, qui étaient des bagarreurs toujours dans le feu de l'action. C'est une chose dont il était fier ; en 1922 il avait fait un peu de travail comme commissionnaire, tantôt pour lui-même, tantôt pour quelqu'un d'autre, mais, comme il le professait : « Je suis toujours honnête, mon dernier jour de travail remonte à trois ans. Je vis grâce à mon intelligence. »[417] Pourtant, comme le dit le bookmaker Prince, Sabini était peut-être « le gentleman de la bande, mais il ne craignait personne » et n'avait manifestement pas peur de la violence.[418]

Divall pouvait en répondre, de par son expérience, se rappelant la fois où un groupe de hooligans de North Country était venu aux courses de Hawthorn Hill, près de Windsor, bien à l'intérieur du territoire du Sabini Gang. Il s'agissait manifestement de tricheurs et ils mirent en place un homme et un commis à l'apparence respectable pour faire les bookmakers pour eux. En tant que responsable de l'hippodrome, Divall confronta les deux hommes et, comme ils ne pouvaient pas fournir de références satisfaisantes, il les empêcha de travailler. Furieux, ils proférèrent, avec leurs amis, plusieurs menaces discrètes à son encontre tout au long de l'après-midi ; après la course, ils l'encerclèrent soudainement. L'un d'eux promit qu'il allait le tuer : « Il s'est dirigé vers moi et était sur le point de mettre son intention à exécution, quand Darby Sabini s'est précipité à mon secours et a assommé le type d'un gros coup dans la mâchoire. Les autres, voyant le "feu rouge", se sont emparés du combattant blessé et l'ont emmené en toute hâte. »[419]

Sabini pouvait clairement se débrouiller avec ses poings, mais il pouvait aussi utiliser une arme. Dave Langham, le fils du bookmaker George Langham, ami de toujours de Sabini, nous révèle que « Darby était un homme au rasoir, c'était un bon combattant, mais il était un peu vicieux. Darby s'approchait, mettait son bras autour de vous et ensuite... [Langham fait le geste d'une entaille avec sa main] »[420] Combattant comme il l'était, Sabini laissait généralement les affaires requérant la force physique à ses plus proches associés, mais il était toujours clairement « le patron, le chef de tout le gang », comme le reconnaissait son ennemi détesté Gilbert.[421] En comparaison, le Camden Town Gang ne possédait aucune force unificatrice. Sous la coupe de plusieurs chefs, c'était un groupe difficile à gérer et changeant, sans la structure ou la discipline des Sabini. Il lui manquait aussi un noyau dur de « lieutenants » loyaux. Darby Sabini avait peut-être perdu son frère Joe en prison, mais il lui restait Harry Sabini, George Langham, Alf White, Alfie Solomon et Jim Ford. Certains de ces hommes étaient unis par les liens de la famille ou de l'éducation, d'autres, comme Solomon, par la nécessité de trouver un soutien contre le Birmingham Gang.

Dans le livre de Raphael Samuels de 1981, *East End Underworld*, Arthur Harding prétendait qu'« il n'y avait pas un seul Anglais » dans le Sabini Gang.[422] Pourtant, il y en avait. Sabini lui-même était

Anglais, tout comme ses frères Joe et Harry, les deux qui avaient également rejoint le Sabini Gang. Né en 1890, Joe Sabini était de deux ans plus jeune que Darby. Mesurant un peu moins de 1,80 mètre, il avait le teint foncé, des cheveux noirs et des yeux noisette, ainsi que plusieurs cicatrices sur la tête, le cou et les bras. Avant la Première Guerre mondiale, il travailla également pour sa mère dans sa petite entreprise familiale de charrettes. Il s'engagea ensuite dans les Royal Welsh Fusiliers au printemps 1916, puis fut transféré au 13e bataillon du régiment du Cheshire. Le 21 octobre 1916, juste après midi, le bataillon s'empara de la menaçante tranchée Regina, mais le prix à payer fut élevé. Trois officiers et soixante-quatorze hommes furent tués, et cent vingt autres blessés. Joe Sabini était l'un d'entre eux. Déclaré invalide par l'armée en mars 1917, son tempérament était considéré comme bon. Son service lui valut la Médaille de la Victoire et la Médaille de guerre britannique, ainsi qu'une pension. Cela contrastait fortement avec les nombreux déserteurs du Birmingham Gang et du Sabini Gang.

La police déclara plus tard que Joe Sabini n'était pas à l'origine du gang. Harry non plus. Le plus jeune des frères, souvent appelé « Harryboy », avait dix-huit mois lorsque son père mourut en 1901.

Contrairement à ses frères aînés, qui allaient à l'école non confessionnelle Laystall Street Council School, il fréquenta l'école catholique St. Peter à Clerkenwell jusqu'en 1914, date à laquelle il trouva un emploi chez un opticien. Cherchant à s'améliorer, il travailla ensuite dans une usine de munitions et, quand la paix fut annoncée, il travailla à la commission pour un bookmaker et un organisateur de combats de boxe. Il est plus probable que Harry Sabini ait été un garde du corps, comme il le devint pour Walter Beresford, qu'il rejoignit en 1921 pendant la guerre des champs de courses avec le Birmingham Gang. Comme son frère aîné, Harry donna une tournure positive à l'ascension du Sabini Gang, affirmant plus tard qu'il s'était impliqué dans le soutien aux bookmakers parce qu'« il y avait des gars de Birmingham qui essayaient d'obtenir des emplacements. Il y avait des bagarres pour ces emplacements, et les gens disaient "le Sabini Gang", on nous a donné ce nom. »[423]

Bien sûr, le Sabini Gang ne se composait pas uniquement des Sabini eux-mêmes. Un autre Anglo-Italien y ayant joué un rôle important était George Langham, le nom anglais d'Angelo Gianicoli, dont les parents étaient également originaires des environs de Parme. Sabini et lui étaient de grands amis et il était considéré comme « le bras droit de Darby Sabini ».[424] Bookie Dell se souvient de Langham comme d'un « homme gentil. Très calme. Mais c'était un des gardes du corps [...] un très bon poids plume. »[425] Ce dernier détail apparaît clairement dans les archives historiques, de même que son succès en boxe poids plume. « Client robuste », mais combattant habile, il boxa professionnellement et fut même assez bon pour affronter Charles Ledeux, le champion poids plume français, à Monte-Carlo, bien qu'il fût mis K.-O. au quatrième round.[426]

Langham naquit en 1889 dans la Petite Italie et était le deuxième d'une fratrie de six enfants, nés de parents italiens. Son père travaillait dans une cuisine et sa mère s'occupait de lessives ; toute la famille vivait dans un logement surpeuplé avec une autre grande famille italienne. Contrairement à ses parents, Langham avait des tendances violentes et à l'âge de quatorze ans, fut relâché après une condamnation pour blessures malveillantes. Après sa libération, il devint poseur de sols en mosaïque, mais en 1913, il passa six mois à la prison de Wandsworth pour blessure illicite. Cette année-là, il plaida également coupable d'être entré par effraction dans un magasin avec « une bande de criminels prêts à tout ». Comme il n'était pas le « cerveau » de la bande, mais un boxeur d'une certaine réputation qui avait été intégré dans le groupe par une fille, il s'en tira sans peine de prison.[427]

Ces infractions furent commises sous le nom d'Angelo Gianicoli et sa famille estimait que, pendant la Première Guerre mondiale, il avait pris la fuite. Il est probable que sa désertion ait entraîné son changement de nom en Langham, sous lequel il semble avoir été à nouveau enrôlé, car les documents officiels montrent qu'il servit dans le régiment de Londres et fut blessé à la fin du mois de juillet 1918.[428] Quand vint la paix, il recommença à boxer, mais il était évident qu'il fréquentait un public de brutes. En novembre 1920, Langham fut le grand favori d'un combat en trois rounds contre un boxeur de Swansea lors d'une rencontre à Londres. Opposé à un homme relativement inconnu, il pensait pouvoir prendre des libertés, comme on le rapporta plus tard, mais son adversaire le surclassa et ses supporters furent « troublés », d'autant plus que beaucoup d'entre eux avaient parié sur la victoire du favori local.[429] L'arbitre était Moss Deyong. À la fin du combat, il savait que la victoire du Gallois ne faisait aucun doute, car Langham « avait été amaigri pour atteindre la limite de poids et n'avait plus aucun feu ni aucun punch en lui ». Malgré cela, les trois juges ne parvinrent pas à se mettre d'accord sur une décision, laissant à Deyong le rôle indésirable de déterminer le vainqueur. Il fut approché par l'organisateur de l'événement, inquiet, qui lui déclara :

« Utilise ta tête, Moss. Tout Clerkenwell est ici pour voir Langham gagner. » Devant l'envenimement de la situation et étant donné la présence de personnages peu recommandables dans le public, Deyong annonça qu'il y aurait un quatrième round, estimant que le Gallois avait tellement d'avance qu'il ne pouvait pas perdre même si Langham remportait le round. Pourtant, une fois de plus, les juges ne furent pas d'accord et, malgré sa consternation devant leur indécision, Deyong accorda la victoire au Gallois.

« Deux secondes après que je la lui ai donnée, un homme a sauté sur le ring et m'a donné un coup de pied au visage, tandis qu'au même moment, une autre brute s'approchait de moi par l'arrière.

Je me suis d'abord occupé de l'homme qui m'avait donné un coup de pied, puis je me suis retourné juste à temps pour attraper l'autre derrière moi, et nous sommes tombés ensemble sur le tapis.

J'ai pris soin d'être au-dessus lorsque nous sommes tombés, et pour être honnête, je n'ai pas fait le moindre effort pour retenir ma chute. Nous étions en train de nous mettre en pièces lorsque deux inspecteurs ont sauté sur le ring et nous ont séparés. »[430]

Un autre membre du cercle restreint du Sabini Gang était Jim Ford, un bon ami de Langham, dont on disait également qu'il avait été boxeur. Aîné d'une famille de huit enfants, en 1911, Ford vivait à Holborn, à la limite de Clerkenwell, et était livreur à pied, une occupation occasionnelle peu rémunérée. Il avait des yeux marron noisette et deux tatouages ; il se résolvait facilement à la violence, et, alors qu'il n'avait que dix-sept ans, il plaida coupable pour coups et blessures. Étrangement, compte tenu de ses associations ultérieures, sa victime était un Italien. Ford rejoignit ensuite le régiment royal d'artillerie et servit en France en 1915 avant d'être affecté à Salonique en Grèce. Deux ans plus tard, en raison de sa surdité, il fut transféré dans un bataillon de réserve, d'où il déserta. Bien qu'il eût été absent sans permission à plusieurs reprises, les militaires le jugèrent intelligent, mais peu fiable et peu enclin à la discipline. Il ne montra pas d'aptitude pour un emploi particulier dans la vie civile, ce qui faisait sens avec sa future vie de voyou sur les champs de courses et de gangster.

Comme Ford, Alf White était un autre des hommes de main de Darby Sabini, d'origine anglaise. Qualifié par la police de personnage violent et de voyou des hippodromes, White était considéré comme l'une des figures de proue de la bande de Sabini.[431] Élevé par les Angel, à Islington, et apparemment enfant unique, son père exerça diverses professions, notamment celle de commis et de charpentier, mais aussi celle de bookmaker. Quant à Alf White lui-même, Jim McDonald des Elephant Boys estime qu'il était en fait un des premiers leaders des Titanics.[432] Il n'existe pas de preuve solide pour étayer cette supposition, bien qu'il soit intéressant de noter que White avait commencé comme pickpocket et qu'il était lié aux Titanics par son mariage. En 1913, alors qu'il avait vingt-six ans, il fut l'un des quatre Londoniens condamnés pour avoir volé une bourse d'argent à un fermier écossais à la gare de Carlisle.[433] Un autre homme emprisonné avec lui était Charles Wooder, le beau-frère de White, qui était un pickpocket, un voleur des hippodromes et certainement un Titanic.[434] Si White faisait également partie de ce gang de voleurs, il est surprenant qu'il ait changé d'allégeance, étant donné son antagonisme avec le Sabini Gang et ses liens familiaux. Il se peut qu'il l'ait fait parce qu'il s'était installé à Clerkenwell – le fief des Sabini – où il avait une affaire de fleuriste. Comme Brian McDonald l'a fait remarquer avec perspicacité, White « se trouvait sur une frontière inconfortable entre les Sabini d'un côté et ceux de l'East End de l'autre ». Une raison peut-être plus convaincante qu'il ait eu de rejoindre le Sabini Gang était que White était un ennemi du Birmingham Gang et de ses alliés londoniens. Il avait formé le gang de King's Cross, qui fut l'un des premiers à terroriser les bookmakers sur les hippodromes du Sud après la Première Guerre mondiale, mais il en fut évincé en 1920 par la prise de pouvoir de Kimber.[435] Peu de temps après, White rejoignit le Sabini Gang, devenant rapidement l'un de ses meilleurs hommes. La principale personnalité juive parmi les Sabini était Alfie Solomon. Il était inhabituel parmi ses pairs, car les archives historiques suggèrent qu'il reçut une éducation confortable. Né en 1892, ses deux parents étaient anglais et son père était un marchand de fruits, employant plusieurs personnes ; neuf ans après sa naissance, la famille vivait avec un domestique à Covent Garden. En 1911, deux des cinq frères de Solomon étaient commis chez des bookmakers d'hippodromes, mais bien qu'Alfie eût dix-neuf ans, il était enregistré comme étant « à la maison » et sans profession. En janvier 1915, cependant, il se présenta comme conducteur de chevaux lorsqu'il se porta volontaire pour rejoindre la Royal Field Artillery. Il était de bonne constitution physique. Il avait le teint frais, les yeux bleus et les cheveux bruns. Solomon servit pendant plus de trois ans en France, recevant l'Étoile de 1914-1915, la Médaille de guerre britannique et la Médaille de la Victoire.

Contrairement à Kimber, Solomon n'était pas un pickpocket et avait servi son pays loyalement. Il est évident, cependant, qu'il s'intéressait aux jeux d'argent. En août 1907, il fut condamné à une amende pour avoir fréquenté des locaux utilisés pour les paris sur les courses de chevaux ; et en avril 1916, alors qu'il était dans l'armée, il fut condamné à sept jours de détention pour avoir joué aux dés.[436] Son seul autre délit fut une accusation d'insubordination envers un sous-officier. Après avoir quitté l'armée en janvier 1919, Solomon fut libéré sous condition pour des affaires de paris et devint bookmaker. Deux ans plus tard, il fut condamné à payer 10 £ de dommages et intérêts pour onze cas de resquillage. Cependant, il est important de noter qu'aucune preuve ne permet de suggérer qu'il était un gangster jusqu'à ce qu'il soit brutalement agressé par Thomas Armstrong du Birmingham Gang. Subséquemment, en revanche, il devint l'un des hommes les plus violents des Sabini, responsable de la lacération de Gilbert, du tir sur Kimber et d'autres agressions cruelles.

Autour du noyau dur du Sabini Gang, de nombreux hommes violents se mirent à leur service. Il fut dit que le gang comprenait au total 250 à 300 hommes.[437] Cependant, un tel chiffre doit être considéré avec précaution. Un ancien pickpocket d'un gang des courses estimait quant à lui que chaque gang rassemblait entre trente et soixante hommes.[438] Cette évaluation est plus réaliste. Les Titanics comptaient environ vingt à vingt-cinq personnes, mais pouvaient faire appel à d'autres « brutes », tandis que le

Birmingham Gang était composé de petits groupes de quatre à huit voyous chacun. Plusieurs de ces bandes ont pu opérer sur le même hippodrome au même moment et se réunissaient parfois en plus grand nombre, comme lors de la bataille d'Epsom Road. Dix-sept hommes furent emprisonnés pour cette mêlée, plusieurs autres eurent la chance de ne pas être condamnés, et d'autres s'échappèrent de la scène. Compte tenu de ces faits et des rapports des autres membres du Birmingham Gang présents aux courses d'Epsom, ils étaient peut-être une centaine ou plus à se rassembler ce jour-là. Ce qui était relativement exceptionnel, tout comme à Bath, où là encore, il y aurait peut-être eu une centaine de personnes ou plus, ce chiffre incluant des brutes qui n'étaient pas des associés réguliers du Birmingham Gang et qui étaient juste là pour la bagarre.

Lorsque les Sabini se rendirent à Hurst Park pour se venger après Bath, ils remplirent deux cars d'hommes, soit un total de cinquante à soixante personnes. Il est probable qu'il s'agissait là de la force maximale de la bande sans compter les parasites opportunistes, mais ils étaient réunis en une force beaucoup plus soudée et ordonnée que les regroupements indisciplinés de la bande de Birmingham, chacun ayant son propre chef, et sur lesquels des hommes comme Kimber et Towey avaient beaucoup moins de contrôle que Darby Sabini. Avec le soutien ferme de son cercle restreint et du gang au sens large, le Birmingham Gang restant dans son fief, et le groupement du Camden Town Gang étant vaincu, Sabini était maintenant presque au sommet de son pouvoir. Mais le pouvoir d'un chef de gang est précaire et il fut rapidement confronté à de nouveaux obstacles. Le premier était la perte de la légitimité induite par son rôle de délégué syndical auprès de l'Association pour les bookmakers ; le second était l'opposition venue de la Petite Italie de la part de ses anciens partisans, les frères Cortesi.

LE CONFLIT DES SABINI & DES CORTESI

Comme le montre la majorité des hommes clés de ces gangs, les personnes issues de milieux pauvres étaient les plus susceptibles de se laisser entraîner dans le monde de la pègre. Bert « Battles » Rossi a expliqué pourquoi certains de ces hommes étaient devenus des gangsters. Né en 1922, il a grandi à Saffron Hill, dans une maison partagée avec trois autres familles ; comme il l'a souligné de manière éloquente, « quand vous venez des bidonvilles, si vous ne vous en sortez pas en volant, vous souffrez. [On] se battait pour payer le loyer, pour avoir de la nourriture sur la table, voler était mieux que de sauter dans un bus tous les matins, se battre pour se payer des vacances une fois par an. Faites ce que votre cerveau vous dit. »[439] Edward Emanuel était aussi de cet acabit. Autrefois une « terreur » de l'East End, aux multiples condamnations pour agression, vol à la tire, exploitation de *spielers* et paris de rue illégaux, il se trouvait désormais sur la voie de la légitimité. Grâce à son lien étroit avec Beresford et à son poste de vice-président de l'Association pour les bookmakers, il avait pu créer l'imprimerie Portsea Press pour fournir aux bookmakers les listes des coureurs pour chaque course, ainsi que d'autres documents imprimés.[440] En l'espace de quatre ans, l'entreprise connut un tel succès qu'Emanuel en fit la publicité sous le nom de « L'imprimerie sportive la plus importante et la plus efficace de tout le royaume », mais ce furent bien les listes de courses qui donnèrent l'impulsion à cette croissance rapide.[441]

Au début, elles étaient vendues au nom de l'Association par ses intendants, dirigés par Darby Sabini, mais le 15 mai 1922, on allégua que ces derniers exigeaient une redevance de un shilling pour chaque jeu.[442] Cela représentait d'importantes sommes d'argent. Sabini lui-même admit que chaque jeu était vendu cinq shillings, et qu'il pouvait gagner entre 100 et 200 £ par jour.[443] Un mois plus tard, on traita de nouvelles plaintes, et le 4 septembre, le lendemain de la publication de Sabini dans l'*Empire News*, le comité général de l'Association décida à l'unanimité de se passer des services des intendants.[444] Il ne fait aucun doute que la décision fut également influencée par la publicité indésirable découlant de la querelle des hippodromes. Lors de son procès, Alf White avait mis en avant son rôle d'intendant en chef de l'Association ; et dans l'affaire Langham et Ford, le procureur avait accusé le Sabini Gang d'exercer « une profession illicite sur les hippodromes, en se faisant passer pour le quasi-officiel de l'Association pour la protection des bookmakers », une organisation soi-disant formée pour dénoncer les voyous qui tentaient de faire chanter les bookmakers.[445]

Au plus fort de la querelle des hippodromes, Albert Emmanuel, le secrétaire de l'association, tenta de détourner ces critiques. Selon toute vraisemblance, cette déclaration émanait plutôt d'Edward Emanuel, car les archives montrent que le secrétaire s'appelait en réalité Albert Marks.[446] Le lendemain du jour où Gilbert fut menacé d'une arme par Harry Sabini à la gare de Paddington, cet Emmanuel publia une déclaration officielle, qualifiant l'altercation de « simple petite fiesta » (dispute). En fait, il assura à la presse que c'était désormais un plaisir de se rendre aux courses, car il n'y avait pas de « persécution des bookmakers ni même plus de tentatives de chantage ». Son démenti provoqua une immédiate réaction. Le 26 août 1922, le *Daily Herald* mettait en garde ses lecteurs concernant le « Terrorisme sur l'hippodrome » et révélait que son représentant avait interviewé d'éminents bookmakers pour connaître leur ressenti à propos de la « voix prosaïque des platitudes », à savoir celle d'Emmanuel. Ils s'exprimèrent sous couvert d'anonymat et l'un d'eux donna une réponse assez représentative :

« La déclaration optimiste de M. Emmanuel est très intéressante, car si quelqu'un devait être au courant, c'est bien M. Emmanuel. Je peux tout à fait croire qu'il affirme que c'est un plaisir de faire des courses de nos jours, mais c'est une déclaration purement personnelle, bien sûr. La plupart d'entre nous, cependant, ne voient pas ce qu'il y a d'agréable. Quels sont les faits ? Eh bien, la vie d'un bookmaker ne prend de l'importance que lorsqu'il refuse de l'argent aux membres de la bande qui le demandent. Le moins qu'il puisse arriver, si vous êtes sur le parcours, c'est qu'ils crient "Resquilleur !", qu'ils fassent tomber votre sacoche et qu'ils empochent le butin. S'ils ne font pas pire que ça, vous pouvez vous estimer heureux.

Quant aux parieurs, c'est simple. Ils sont soit renversés dans le train, soit volés sur le parcours, soit dépouillés de leurs gains, s'il y en a, sur le chemin du retour. Le "nigaud" potentiel est désigné dès le départ, et vous devez faire un grand sourire et endurer, croyez-moi !

Je connais un homme, membre de votre profession, qui s'est fait vider son portefeuille à Newmarket Heath, et qui le *savait* à l'époque. Il savait aussi que l'"opérateur" était couvert par le reste de la bande – tous les hommes des courses les connaissent de vue – alors il n'a rien dit. S'il avait fait tout un tapage, il se serait retrouvé à l'hôpital de campagne ou à la morgue, et le gang aurait été déjà bien loin. »

Le bookmaker terminait en reconnaissant qu'il était difficile pour la police de faire parler les témoins – et lui-même ne s'y risquerait pas sans protection policière. Mais c'était le genre de travail pour lequel elle était payée, et, bien qu'il ne fasse pas de politique, il trouvait un peu drôle que, tandis que la police ne perdait pas de temps à s'occuper de milliers de chômeurs en procession, « elle ne semblait pas très désireuse de s'attaquer à une demi-centaine de voyous des hippodromes ».[447] C'étaient des observations intéressantes. Quelques mois plus tard, l'inspecteur Grosse, le chef de la brigade volante, déclara avec assurance à un tribunal que si des allégations avaient été faites selon lesquelles les bookmakers étaient victimes de chantage de la part de leurs propres intendants, il n'avait jamais entendu cela de la part des bookmakers eux-mêmes. En effet, depuis que les intendants avaient été mis en place, la police n'avait reçu aucune plainte pour chantage : « Il ne fait aucun doute que l'Association pour la protection des bookmakers a fait beaucoup pour empêcher le chantage qui durait jusqu'alors. » Avant cet « heureux état de fait », lui-même n'avait pratiquement rien fait pendant dix-huit mois à part s'occuper des gangs.[448] Une telle interprétation allait à l'encontre des preuves et suggérait qu'en raison de la trêve des Sabini avec le Birmingham Gang, Grosse était soulagé de ne plus avoir à se concentrer sur les gangs des hippodromes.

Emmanuel fit sa déclaration aux courses de Bath, désormais en territoire contrôlé par les Sabini. En fait, il est évident que sous le couvert de leur légitimité en tant qu'intendants, ils opéraient les mêmes rackets que le Birmingham Gang. Ils continuèrent à opérer après avoir été démis de leurs fonctions. Avant cela, deux des intendants avaient quitté le Sabini Gang. Il s'agissait d'Enrico et de Gus Cortesi ; avec leur frère, George, ils avaient formé un gang pour concurrencer les Sabini. Enrico, l'aîné, était souvent surnommé Henry ou Harry. Né en 1884 à Paris, d'où son surnom de « Frenchie », il avait onze ans lorsque son père, italien et veuf, s'était installé à Clerkenwell. En 1911, Harry avait épousé une Anglaise et était fabricant de formes à chapeaux. Plus tard, il allait déménager à Ellington Street, à Islington. Sur une photographie rare de la bibliothèque d'Islington, montrant les débuts du Sabini Gang peu après la Première Guerre mondiale, Harry Cortesi occupe une place de choix au premier rang ; il est le seul à être assis. Quoiqu'il en soit, aucune condamnation ne fut enregistrée contre lui jusqu'en 1923, date de la querelle avec les Sabini.

En revanche, son jeune frère, George, se retrouva très tôt mêlé à la criminalité et aux bagarres. Adolescent, il participait activement aux bagarres entre gangs italiens et anglais, notamment ceux de Hoxton, et en 1907, il fut arrêté avec un ami pour avoir infligé des blessures au cours de ces troubles. Il eut la chance d'être libéré, car l'autre jeune homme fut condamné à six mois d'emprisonnement.[449] Sa chance dura, car il fut libéré une nouvelle fois en 1909, après avoir été impliqué dans une bagarre entre son ami, Vincent Sabini, et un Italien qui fut poignardé. Le fait que la victime ait crié à Sabini : « Je vais t'en coller une bonne, salaud d'Anglais » est révélateur de la façon dont les enfants d'immigrants nés en Angleterre étaient alors perçus.[450]

Cette année-là, le deuxième frère aîné, Augustus « Gus » Cortesi, chapelier, plaida coupable pour voies de fait après avoir renversé sa victime et lui avoir cassé le bras gauche.[451] Il était considéré par la police comme « un homme très violent, surtout lorsqu'il avait bu ». George et lui furent reconnus coupables, en 1912, d'avoir attaqué ensemble un Italien dans une affaire baptisée « Étrangers en lutte ». Les peines furent légères : l'un d'entre eux fut remis en liberté conditionnée à sa bonne conduite et l'autre fut condamné à une amende de vingt shillings.[452] Lorsque la guerre éclata, George Cortesi servit dans l'infanterie légère de l'Oxfordshire et du Buckinghamshire et reçut la Médaille de la Victoire et la Médaille de guerre britannique. Son frère, Gus, était interprète et était décrit comme un « homme très propre et travailleur. Il parlait couramment le français et l'italien. »[453] Mesurant un peu moins d'un mètre cinquante, il avait des yeux noisette et des cheveux marron foncé, clairsemés sur le dessus. Il était également marqué par les combats, avec des cicatrices sur le côté droit de son front et de son menton.

Dès l'été 1922, les Cortesi se firent remarquer, et l'on apprit qu'en plus du Sabini Gang, du Birmingham Gang et du gang de Gilbert, il existait désormais un gang italien.[454] Le noyau de cette bande était constitué des frères Cortesi. On aurait pu s'attendre à ce que George ou Gus, qui étaient manifestement des combattants, en prissent la tête, mais le chef était en fait Harry Cortesi.

Ted McLean, ancien tricheur professionnel, et voleur à la tire membre d'un gang de rue, a indiqué dans ses « confessions » la composition d'un gang.

« Chaque gang a ses propres mondains élégants ; ses femmes-leurres ; ses pugilistes qui utilisent des poings américains, des sacs de sable ou des couteaux, et évidemment leurs poings ; et ses "flingueurs". Il y a les hommes de cartes, les tricheurs qui, comme moi, ont joué un rôle non négligeable en tant que pickpockets ; et, plus important encore, il y a les hommes qui planifient et organisent – ce sont les "cerveaux" des "bandes". »

Enrico Cortesi était considéré par McLean comme le « cerveau » de sa bande, et son approche était très différente de celle des Sabini. Il n'avait jamais aimé le couteau ou le revolver, il était calme et discret, mais il était doté d'un merveilleux esprit pour les intrigues et la planification.

Il ne participait que rarement au travail du gang, car il se contentait d'être « l'homme de l'ombre » qui préparait les coups que le gang réalisait. Par conséquent, les bookmakers victimes de chantage le craignaient plus que tout autre chef de gang de courses.[455]

Le Sabini Gang s'opposa avec force à la rupture des Cortesi.[456] Vivant à proximité l'un de l'autre à Clerkenwell et dans ses environs, les gangs de Sabini et de Cortesi étaient « férocement jaloux de leurs exploits respectifs », ce qui provoquait d'interminables bagarres entre eux sur les champs de courses et dans la Petite Italie.[457] Il y avait également quelques métissages entre les deux gangs, comme dans le cas d'Alexander Tomaso. Mieux connu sous son nom anglais de Sandy Rice, il quitta les Sabini pour les Cortesi, ce qui ne fit qu'accroître les tensions. Il n'existe aucune trace officielle de ces troubles, si ce n'est qu'en septembre 1922, George Cortesi fut agressé au Fratellanza Club de Clerkenwell par Harry Sabini, par un Italien appelé « Jumbo Exposito » et par d'autres Italiens.[458] Poursuivi en justice pour l'agression de George Cortesi, Harry Sabini menaça de

« se castagner » avec Rice s'il n'obtenait pas de Cortesi qu'il retirât sa plainte.[459] Cette menace échoua et Sabini fut condamné à une simple amende de 3 £.

Craignant probablement la prochaine action contre eux, les frères Cortesi agirent les premiers, ce qui conduisit Harry Cortesi, habituellement pacifique, à recourir à la violence. En décembre 1920, il avait obtenu un permis de port d'arme parce qu'il portait des « sommes d'argent » sur lui dans le cadre de ses activités et qu'il avait besoin d'un revolver pour se protéger.[460] Il portait cette arme sur lui juste avant minuit le 19 novembre 1922, lorsqu'il se rendit au Fratellanza Club, au cœur de la Petite Italie, où se réunissaient les frères Sabini et les membres proches du gang. Le club se trouvait à l'angle de Warner Street et de Great Bath Street, où Gus et George Cortesi vivaient avec leur plus jeune frère, Paul. Trois hommes discutaient à l'extérieur du club cette nuit-là, lorsqu'ils virent Harry, Gus et Sandy Rice descendre la rue. Gus ne portait pas de veste et leur ordonna : « Dégagez, il va y avoir du grabuge. » Ils s'éloignèrent alors et entendirent le bruit de coups de feu provenant de l'intérieur du club.[461] Louise Doralli était la fille du secrétaire du club et servait derrière le bar dans la grande salle. Comme le club fermait à minuit, l'heure venait de sonner lorsque Gus Cortesi entra et commanda un café. Son frère, George, était derrière lui, puis suivirent Harry et Sandy Rice. Doralli a raconté la scène dans son témoignage.

« Juste après avoir demandé un café, Gus a regardé Darby Sabini qui se tenait à peu près au centre de la pièce. Gus a mis la main dans la poche droite de son pantalon et a dit : "Allez, salaud, c'est le moment de se battre." Quand il a mis la main dans la poche, j'ai vu un revolver et je me suis précipitée sur lui. J'ai attrapé sa main et on s'est débattus, il a remis le revolver dans sa poche et m'a poussée sur le côté. Il s'est ensuite précipité sur Darby Sabini… Sandy Rice s'est également précipité sur Darby et l'a frappé sur le côté de la tête avec une bouteille de limonade. Au même moment, Gus a pris son revolver et a tiré sur Darby, mais l'a manqué, la balle passant à travers la fenêtre près de la table de billard. Alors que Gus tirait, j'ai vu Harry Cortesi sortir quelque chose et Harry Sabini juste devant lui. Je me suis précipitée entre eux, pensant que Harry Cortesi ne tirerait pas, mais Harry Sabini m'a poussée sur le côté et Harry Cortesi a tiré. Harry Sabini est tombé sur le sol et je me suis agenouillée à côté de lui pour constater qu'il saignait du côté droit. Puis j'ai levé les yeux et les Cortesi et Sandy Rice étaient partis. Tout s'est passé en un temps très court. »[462]

Harry Sabini fut touché au côté droit, la balle se logeant dans la peau à l'arrière de la paroi abdominale. Bien qu'il fût hospitalisé, sa blessure ne mettait pas sa vie en danger et il se rétablit. Il était surprenant que la blessure n'eût pas été plus grave. En fait, toutes les fusillades survenues pendant les guerres des hippodromes se soldèrent par des blessures non létales ou manquèrent leur cible.

Alerté par un témoin de la fusillade, un policier arriva rapidement à proximité du club, où quelqu'un lui dit que Harry Sabini avait été abattu par le « Frenchie ». On tenta d'arrêter Harry Cortesi, mais il est évident qu'il avait de nombreux partisans, car une vingtaine d'hommes du café français d'en face traversèrent la route, firent obstruction au policier et permirent à Cortesi de fuir. Son frère, Gus, se trouvait dans la foule en colère et s'en prit au témoin qui avait appelé la police, le frappant à coups de poing et de pied avant de s'enfuir.[463] D'autres policiers arrivèrent et Gus fut arrêté peu après, tout comme George, Paul Cortesi et Rice. Fait dramatique, le *Daily Mail* relata à ses lecteurs que des officiers armés de la brigade volante recherchaient « Harry Cortesa [*sic*], alias Harry French ». Le journal publia la description de l'homme par la police, chargée de stéréotypes négatifs : il avait le teint blafard, des traits aigus, de larges épaules et un nez proéminent, il avait les pieds plats et les genoux cagneux, « une apparence juive en général ».[464]

Harry Cortesi se rendit deux jours plus tard au poste de police de Bow Street en disant à l'inspecteur-détective Grosse :

« J'ai entendu dire que vous vous renseigniez sur moi pour la fusillade, un truc dans ce genre, alors je suis venu vous voir. Vous savez, M. Grosse, je ne me mêle pas de ces choses, ce n'est pas ma façon de jouer, mais dimanche soir, j'étais chez ma mère vers minuit, à quelques portes du club. J'ai entendu qu'il y avait une dispute et je suis entré dans le club. Tout le monde se battait, certains étaient par terre. Je n'avais pas d'arme, j'ai entendu un coup de feu et je suis sorti. Je ne suis pas rentré chez moi, je suis allé aux bains turcs. J'y vais souvent. »[465]

Malgré ses protestations, Harry Cortesi, ses trois frères et Rice furent accusés de tentative de meurtre sur les deux Sabini, d'attroupement séditieux et de possession illégale d'armes à feu. Ils plaidèrent non coupables. Au cours du procès qui suivit, Harry Sabini se présenta comme un citoyen pacifique et respectueux des lois qui n'avait jamais attaqué personne.[466] Darby Sabini fit de même. Il déclara que lorsqu'il était allé aider son frère, George et Paul Cortesi l'avaient frappé avec des bouteilles, lui laissant un œil au beurre noir, deux ou trois plaies à la tête et des dents cassées. Lorsque quelqu'un avait crié « On a tiré sur Harry », les agresseurs s'étaient enfuis. Lors du contre-interrogatoire au tribunal, Sabini insista sur le fait qu'il n'avait jamais porté de révolver et qu'il n'en possédait un que lorsqu'il avait été attaqué par le Birmingham Gang à Greenford, parce qu'un bookmaker le lui avait donné.[467]

En revanche, la défense des Cortesi s'efforça de présenter les Sabini comme les agresseurs, en suggérant que c'était Harry Sabini qui avait sorti un revolver de sa poche et que, dans la lutte, c'était avec cette arme qu'il avait été abattu.[468] Des affaires récentes avaient montré que les Sabini avaient menacé des rivaux et que leur attitude était la suivante : « N'intentez rien contre un des nôtres ou vous serez mis hors d'état de nuire. » En outre, il était curieux et commode que chacun des frères eût été condamné pour possession d'un revolver.[469] Gus Cortesi lui-même déclara qu'alors qu'il se débattait sur le sol avec Darby Sabini et deux autres hommes, il avait entendu deux coups de feu. Il avait vu Harry Sabini allongé et un revolver à côté de lui. Celui-ci fut ramassé par un Italien connu sous le surnom de « Dead-Eye Dick », que Cortesi chassa du club et qu'il frappa.[470]

Cette histoire attira l'attention de certains journaux, tout comme la bravoure de Louise Doralli et les contributions particulières du juge, le juge Darling. Darling retira l'accusation d'émeute et s'en tint pour Paul et George Cortesi et Rice à une accusation pour coups et blessures. Ils furent acquittés, mais Enrico et Gus Cortesi furent reconnus coupables de tentative de meurtre et furent condamnés chacun à trois ans de servitude pénale. Darling déclara qu'il était évident qu'ils avaient l'intention de faire preuve de violence et que les peines auraient été plus lourdes s'ils avaient « attaqué sans provocation des personnes de bonne réputation ». Il avait également reçu de la police des informations confidentielles qui avaient influé sur sa sentence, mais ce qui influençait le plus son indulgence était peut-être son attitude générale envers les Italiens. En s'adressant aux frères Cortesi, il déclara :

« Je considère que cela fait partie d'une lutte de factions qui fait rage entre vous et d'autres Italiens en raison d'une différence que la police ne comprend pas entièrement. Il n'y a là rien de nouveau. Quiconque a lu l'histoire de l'Italie – et il se trouve que j'en ai lu une bonne partie – sait parfaitement que déterminer la cause des différences entre les factions qui habitaient l'Italie au Moyen Âge a déconcerté l'habileté de la plupart des personnes qui ont essayé d'étudier la question. C'est une petite affaire. Vous n'êtes pas des parties historiques, mais vos méthodes sont les mêmes. Vous semblez être deux bandes sans foi ni loi – les Sabini et les Cortesi. Parfois vous agissez ensemble contre le peuple de Birmingham et parfois vous agissez les uns contre les autres. En cette occasion, vous meniez une querelle entre vous et les Sabini. Je ne pense pas qu'il y ait beaucoup à choisir entre vous, mais les Sabini sont sous la paix du Roi pendant qu'ils sont en Angleterre, et les gens ne doivent pas être autorisés à leur tirer dessus ou à les toucher. »

Darling avait reçu une forte demande de la part du jury recommandant l'expulsion de tout étranger reconnu coupable. Il avait le pouvoir de le faire, mais ne le fit pas, car il ne voyait aucune raison de supposer que les frères Cortesi, parce qu'ils étaient nés en France, fussent pires que d'autres qui avaient été condamnés dans le cadre des querelles des hippodromes, et dont l'expulsion n'avait pas été recommandée. Néanmoins, il avertit l'ensemble de la « colonie italienne » : « Si ce genre de comportement illégal se poursuit, les juges et les ministres de la Couronne qui appliquent cette loi particulière veilleront à ce que ceux qui seront condamnés à l'avenir soient expulsés de ce pays avec leurs femmes et leurs enfants. Que ce soit un avertissement pour vous tous de laisser de côté ces pratiques anarchiques et de vous installer pour observer la loi pacifiquement. »[471]

À l'instar d'autres journaux, la *Westminster Gazette* désapprouvait les peines, jugées trop légères, et fut consternée par les révélations du procès, qui « ne font que nous avertir que l'Angleterre du XXe siècle ne peut pas être à la fois anglaise et moderne ». Faisant référence aux familles en conflit dans la pièce *Roméo et Juliette* de Shakespeare, la gazette espérait : « C'est la dernière fois que nous entendrons parler de ces Montaigu et Capulet du ghetto. Même la Venise médiévale trouvait ces querelles si ennuyeuses et si dangereuses pour le citoyen indifférent qu'elle était contrainte d'infliger les peines les plus sévères aux parties en conflit. »[472]

Les Sabini et les Cortesi n'avaient rien à voir avec les querelles des Italiens du Moyen Âge. Leur rivalité était une affaire très anglaise et, comme le gang anglais de Camden Town, le gang des

Cortesi disparut avec l'emprisonnement de ses chefs. Par la suite, George Cortesi se maria ; en 1939, il travaillait comme mouleur de formes à chapeaux et vivait à Fisher House, à Islington. À sa mort en 1968, il laissa 1 368 £.[473] Son frère, Gus, et sa femme ouvrirent un café à Soho. Celui-ci mourut en 1949.[474] L'aîné de la fratrie, Harry, était également mouleur de formes à chapeaux ; bien qu'il fût arrêté comme pickpocket présumé en 1925, il fut libéré.[475] Lui et sa femme continuèrent à vivre à Ellington Street, à Islington ; en 1939, leur fils aîné était gérant d'un bookmaker. Harry Cortesi décéda en 1954.[476]

POTS-DE-VIN ET CORRUPTION DE LA POLICE

La publicité faite autour des guerres des hippodromes de 1922 était mauvaise pour les courses, comme le réalisèrent tardivement les commissaires du Jockey Club. Ils recevaient également des plaintes concernant l'augmentation de la délinquance lors des rencontres. Au début, ils les considérèrent comme des rumeurs et leur accordèrent peu d'importance, mais lorsque des preuves solides furent apportées, ils estimèrent qu'il était de leur devoir de faire tout ce qui était en leur pouvoir pour vaincre « le mal ». En conséquence, en janvier 1923, une conférence fut organisée avec le Jockey Club, le commissaire adjoint de la police métropolitaine et les chefs de police de toute l'Angleterre. Charles Haughton Rafter, le chef de la police de Birmingham, ne put pas être présent, mais il fut stupéfié par les déclarations qui étaient faites et qui accusaient le Birmingham Gang de tous les problèmes. Après avoir mené des enquêtes approfondies, il découvrit que si des détectives de Birmingham avaient assisté à environ deux cents rencontres au cours de l'année, dans une trentaine d'endroits différents, on ne leur avait pas demandé de le faire dans les endroits couverts par la police métropolitaine, et c'était lors de ces rencontres hippiques autour de Londres que les problèmes se posaient. Lorsqu'un inspecteur de Birmingham assistait à une réunion, c'était pour surveiller « nos voyous locaux », mais un tel officier n'avait aucune position légale sans accord émanant de la force de police concernée.[477]

La rumeur voulait que la police métropolitaine allât reprendre toutes ses responsabilités sur tous les hippodromes, mais aucune mesure ne fut prise et le maintien de l'ordre en dehors de la région de Londres resta la responsabilité de la police locale. Comme par le passé, le nombre d'agents engagés était généralement trop faible et ceux qui se présentaient ne connaissaient pas les gangsters ou étaient soudoyés. Dans ces circonstances, et en l'absence d'opposition de la part des autres gangs, les Sabini poursuivirent leur racket sans être contrôlés. Les meilleurs des hommes du gang durent penser qu'ils étaient pratiquement intouchables – Alf White le pensait très certainement. Il avait échappé à une longue peine d'emprisonnement pour la fusillade et il voulait faire quelque chose pour son ami, Joe Sabini, qui n'avait pas eu cette chance. Les actions de White, cependant, étaient téméraires et, dès le début de 1923, des rapports firent état de « la suite de l'affaire Sabini ». Ces informations faisaient suite à l'arrestation de White et d'un certain George Drake pour avoir conspiré avec d'autres personnes afin de demander à des gardiens de transmettre des documents à Joe Sabini qu'il avait écrits, alors qu'il se trouvait à la prison de Maidstone.[478]

Le 15 février, un gardien nommé Matthew Fright se rendait à son travail lorsqu'il entendit son nom appelé de l'autre côté de la route. Il vit Drake, qu'il se souvenait avoir rencontré pendant la Première Guerre mondiale, avec trois hommes. Drake s'approcha de Fright et, après avoir posé quelques questions sur les personnes avec lesquelles ils avaient fait leur service, il expliqua qu'il était là pour « faire un peu de bien » à Joe Sabini, ajoutant que cela vaudrait 2 £ par semaine pour que quelqu'un s'occupe de lui et fasse entrer et sortir un petit mot. À ce moment-là, Drake fit signe à l'un des autres hommes de s'approcher. Il s'agissait d'Alf White, qui expliqua fièrement que c'était lui qui avait réussi à faire appel et qu'il avait eu « beaucoup de chance ». White demanda également si l'on pouvait faire quelque chose pour Sabini, ce à quoi Fright répondit : « Oui, rentrez directement à Londres et laissez-le tranquille ; si les autorités apprennent que vous essayez de lui faire avouer quelque chose, elles le transféreront immédiatement. »[479]

Sans se décourager, plus tard ce jour-là, Drake se rendit au domicile d'un autre gardien et proposa 2 £ par semaine pour faire parvenir quelque chose à Joe Sabini. Une fois encore, l'offre fut refusée. White et deux autres hommes réussirent alors à rendre visite à Sabini en se présentant faussement comme trois de ses frères.

Les responsables de la prison tenaient à ce que White et Drake fussent condamnés : « ce serait une leçon salutaire pour d'autres qui seraient enclins à approcher les gardiens de prison » pour essayer de les corrompre.[480] Le vengeur Cortesi devait être lui aussi impatient. À la mi-mars, après avoir lu ce que la presse avait appelé la « suite de Sabini », un certain Ernie Thomas contacta les autorités de la prison de Maidstone avec des informations pertinentes. Boxeur professionnel, il était ami avec les frères Cortesi et prétendait avoir entendu, lors de leur procès, Alf White et Darby Sabini s'arranger pour obtenir l'aide de George Drake afin de corrompre un gardien de la prison pour le compte de Joe Sabini. Quelques jours plus tard, aux courses de Kempton Park, Morris entendit Darby Sabini et Edward Emanuel qui prenaient d'autres dispositions pour Joe Sabini.[481] Thomas ne fut pas appelé à témoigner et n'en eut pas besoin, car en juillet 1923, Drake et White furent reconnus coupables et condamnés respectivement à deux ans et dix-huit mois de travaux forcés. Ils demandèrent l'autorisation de faire appel, mais cela leur fut refusé.[482]

Bien que le gang de Camden Town et des Cortesi se soient désintégrés, les Sabini avaient toujours des ennemis, et alors que White était en liberté sous caution pour corruption de procès, l'un d'entre eux frappa. C'était Ike Kimberley du Birmingham Gang, qui vivait désormais à Londres. Le 17 mai 1923, un de ses amis, William Homer, reçut une amende pour avoir organisé des paris de rue. Kimberley pensa que la police avait été mise sur la piste de Homer par Steve Griffin, un ami d'Alfie Solomon. Le lendemain soir, Kimberley attaqua violemment Griffin dans un pub, le frappant avec un verre brisé, lui sectionnant les tendons d'un poignet, lui lacérant la tête et le blessant gravement à l'autre poignet. Kimberley fut accusé de blessures. Au tribunal, bien que Griffin admît qu'ils s'étaient malmenés l'un l'autre, il ne put jurer de l'identité de son agresseur. Le magistrat lui répondit fermement.

« Écoutez-moi. Nous sommes ici pour vous protéger. Vous avez un devoir à accomplir envers l'État, tout comme nous. Vous ne le faites pas. Si le danger vient à vous, vous le mériterez amplement. Vous avez prêté serment maintenant, et vous n'essayez pas de dire la vérité. Je ne sais pas si c'est par crainte de nouvelles violences ou non, mais votre meilleure chance d'éviter un nouveau danger est de dire la vérité. »

Obstinément, Griffin refusa d'identifier Kimberley, alors qu'il l'avait déjà fait auparavant ; il était évident qu'il était absolument terrorisé.[483] Malgré cela, Kimberley fut reconnu coupable et condamné à douze mois de travaux forcés. Selon l'inspecteur chargé de l'affaire, il était un parasite des hippodromes qui gagnait sa vie en faisant chanter les bookmakers, et son caractère violent ainsi que celui de ses associés avaient rendu difficile l'obtention de témoins.[484] Le frère de Kimberley, Mo, avait joué un rôle de premier plan dans la bataille de la route d'Epsom, et tous deux allaient plus tard être impliqués dans des coups de couteau lors d'une querelle au sein du Birmingham Gang.

Les représailles des Sabini pour la lacération de Griffin furent rapides et brutales. Solomon admit qu'il avait été peiné de voir les mains de son ancien ami presque coupées par Kimberley. Pour se venger, il s'associa à Alf White, qui était en liberté sous caution, James Harper, Matthew McCausland et deux inconnus, afin de punir Homer, l'ami de Kimberley. Le 20 mai, ils l'agressèrent à son domicile. Sa femme, Kitty, était en train de préparer le dîner lorsque McCausland arriva à la porte. Elle le vit frapper son mari avec un marteau. Homer essaya de fermer la porte, mais McCausland, Solomon et les deux autres hommes le suivirent dans la maison, le firent tomber et le rouèrent de coups de pied. Kitty Homer se souvient :

« J'ai couru avec mon bébé pour appeler la police et dehors, j'ai vu White et un autre homme près d'un taxi. J'ai dit à White : "Allez-y et arrêtez ça, ils sont en train de le tuer, il n'a rien fait." Il a répondu : "Très bien. Câlinez votre bébé et entrez. Je vais les arrêter." Il a monté les marches et les a appelés, et les quatre hommes sont sortis. Je suis entrée et j'ai trouvé mon mari allongé sur le sol, le visage tuméfié et la tête en sang. Je l'ai relevé et j'ai couru chercher la police. »

White, Solomon et Harper furent initialement accusés d'avoir causé des lésions corporelles graves, tandis que McCausland fut également accusé d'avoir tenté d'obtenir 20 £ par des menaces. Une fois de plus, la police eut du mal à obtenir des déclarations de témoins, tandis que Homer lui-même présentait les agresseurs sous un jour plus positif. En témoignant, il déclara que lorsque McCausland était arrivé, il lui avait parlé de s'entendre, comme s'il voulait la paix, alors que c'était Homer qui avait d'abord poussé McCausland à la faute. Harper fut libéré avant que l'affaire ne passât devant la cour d'Old Bailey, où White et Solomon furent déclarés non coupables. McCausland fut reconnu coupable de voies de fait. Étonnamment, l'inspecteur de police qui avait apporté les preuves informa le tribunal que les querelles entre les gangs des courses avaient été plus ou moins éliminées, et que tous les intéressés étaient redevenus amis.[485] Ils n'étaient pas devenus amis et le Sabini Gang n'avait certainement pas été éliminé ; en fait, il était à l'apogée de sa puissance. Une déclaration aussi positive, mais inexacte, fit naître des soupçons d'« étroites relations » entre certains officiers et les Sabini, d'autant plus que de graves allégations de corruption de la police et du gang allaient bientôt être formulées.

Quinze jours après le passage à tabac de Homer, Darby et Harry Sabini, ainsi qu'un dénommé George Dido, furent accusés d'avoir blessé Maurice Fireman, alias Jack Levine. Ancien boxeur professionnel, Fireman était assistant d'un bookmaker ; il déclara que le 4 juin, alors qu'il installait un emplacement sur Epsom Downs, un autre homme le prévint que l'endroit lui appartenait. Les deux hommes entrèrent dans une tente où l'on servait de la bière et Fireman fut frappé à la mâchoire à coup de poing américain par Darby Sabini, après quoi Dido fit de même. Il fut également frappé à l'arrière de la tête par Harry Sabini, qui sortit un canif en disant : « J'ai bien envie de t'arracher l'œil », et qui effleura l'œil de Fireman avec l'arme.[486]

Une version différente des événements fut donnée par la défense des Sabini. Lorsque la dispute avec l'autre homme au sujet de l'emplacement avait commencé, Fireman s'était approché en demandant : « Qui dit que mon patron n'a pas droit à un emplacement ? Je me battrai contre n'importe quel soûlard pour l'emplacement du patron. » Dido et lui engagèrent alors un combat prétendument équitable – du moins selon l'ancien sergent-major Michael O'Rourke. Le sergent-major avait servi pendant les campagnes d'Égypte et d'Afrique du Sud, ainsi que pendant la Grande Guerre, et avait obtenu deux fois la croix de Victoria et la Médaille de conduite distinguée. En tant que héros de guerre, ses

« pertinentes » indications eurent de l'influence, d'autant plus qu'il fut démontré que Fireman avait un mauvais dossier. O'Rourke était présent à la rencontre avec d'autres membres de l'hôpital du ministère des Pensions ; « en tant qu'Irlandais », il était entré après avoir entendu une dispute dans l'une des cabines. Il avait vu Fireman « brandir son poing et s'en prendre à Dido. C'était un combat assez chaotique », que Darby Sabini avait essayé d'arrêter. Comme on pouvait s'y attendre au vu de ces preuves, les accusations furent rejetées.[487]

Cet événement donna lieu à une autre lettre anonyme adressée au ministre de l'Intérieur. Reçue le 11 juin 1923, elle était écrite d'une main différente de celle de Tommy Atkins et de l'autre lettre anonyme envoyée pendant la guerre des champs de courses avec le Birmingham Gang ; celle-ci était bien rédigée, sans fautes d'orthographe. L'auteur demandait une action contre les Sabini. Les brutes des hippodromes étaient « poussées par ce voyou d'Edward Emanuel, l'homme qui était responsable de toutes les perturbations qui survenaient à toutes les rencontres hippiques ».

« Cet homme, Edward Emanuel, est également le propriétaire de la maison de jeu d'Edgware Road connue sous le nom de Titchbourne Club. Cet endroit est le repaire de criminels de toutes sortes et l'on y joue au *faro** jour et nuit. J'écris cette lettre parce qu'il est vraiment remarquable de voir le nombre d'officiers de police et d'hommes de la CID qui fréquentent continuellement cet homme tout en sachant qu'il est un ex-condamné, un criminel et un voyou. Ils savent aussi que c'est lui qui finance les Sabini. Il les paie bien pour se promener dans le seul but de faire du chantage, et les garde à proximité immédiate dès qu'il découvre une nouvelle victime. Il a dirigé un combat à Epsom le lundi du 4 courant. Il n'était pas là, mais ses confédérés l'étaient – les Sabini. J'ai distinctement entendu Darby Sabini dire qu'Edward Emanuel

* En français « pharaon », un ancêtre du poker.

lui avait dit de le faire quand on lui a demandé pourquoi il avait attaqué un homme. Il ne les emploie que pour se venger de ceux qui osent le défier. Neuf hommes de courses sur dix vivent dans une terreur absolue à leur égard et les dénonceraient volontiers, mais ils craindraient alors quotidiennement pour leur vie. Et c'est pour cette raison que j'ai également peur de divulguer mon nom, cependant vous pouvez me croire, Monsieur, chaque mot que j'ai écrit est parfaitement vrai. »[488]

La plainte selon laquelle Emanuel payait des officiers de police était bien avérée. Arthur Harding était certain qu'il le faisait. Il affirmait que l'un de ses copains « avait l'habitude de donner à la police sa part hebdomadaire » de la part d'Emanuel, qui buvait avec les meilleurs détectives de Scotland Yard au pub Three Tuns à Aldgate.[489] Avec pertinence, l'*Empire News* avait révélé que ce pub était le repaire de criminels juifs, dont le chef était « un homme intelligent et clairvoyant, le roi habituel de la pègre de Whitechapel ».[490] Il ne fait guère de doute que ce « roi » était Emanuel, mais, malgré toutes les allégations de corruption de la police à son encontre, rien n'avait été prouvé. Dans ses lettres, Tommy Atkins avait également prétendu que la brigade volante était soudoyée par le Sabini Gang pour protéger ses intérêts, donnant douze exemples d'attaques sans intervention de la police. En conséquence, un rapport détaillé fut établi sur ces accusations, en décembre 1922. Il démontra que quatre cas étaient insignifiants et/ou n'avaient jamais été signalés ; dans trois autres cas, les personnes agressées avaient refusé d'identifier les agresseurs ou d'aider la police de quelque manière que ce soit ; et dans cinq cas, des arrestations avaient été effectuées, mais seulement deux d'entre elles avaient abouti à des condamnations, car deux des victimes avaient catégoriquement refusé d'engager des poursuites, tandis qu'une autre était devenue un témoin hostile. En dehors de ces cas, la police avait procédé à dix-sept arrestations pour des affaires de gangs de courses, dont douze avaient été jugées, menant, pour huit d'entre elles, à des condamnations. Le rapport concluait que les arrestations et les condamnations avaient été réparties de manière tout à fait impartiale entre les membres des Sabini et leurs ennemis.[491]

Le même mois que ce rapport interne, le prestigieux *New Statesman* terminait une série publiant de graves accusations à l'encontre d'une minorité de la police métropolitaine pour avoir fait chanter des contrevenants à la loi, tels que des bookmakers illégaux de rue, des marchands ambulants et des prostituées. Ce système était supposé avoir pénétré jusqu'à des cercles relativement éminents, permettant les opérations d'environ une demi-douzaine de gangs notoires de brutes et de truands des hippodromes. Le Sabini Gang était le plus tristement célèbre d'entre eux, et le commentateur se demandait si ses membres étaient tous connus de la police et pourquoi ce groupe existait. Il fut ensuite avancé que le Sabini Gang payait des officiers de police corrompus plus de 5 000 £ par an pour son immunité. Le *New Statesman* admettait que cette somme pouvait être inexacte, mais était certain que le chiffre réel devait être élevé, sinon aucun membre du gang n'aurait été autorisé à fréquenter les hippodromes – et le journal disposait de dix fois plus de preuves pour étayer ses accusations.[492]

Ces preuves ne furent pas rendues publiques, mais Harry Daley, qui était policier dans l'East End à cette époque, insista dans ses mémoires sur le fait que la corruption de la police métropolitaine remontait jusqu'au sommet. Certains éléments indiquent que c'était peut-être le cas. En février 1923, un agent de police accusé d'avoir accepté des pots-de-vin d'un bookmaker illégal déclara au tribunal qu'il n'avait pas informé un certain inspecteur en chef qu'on lui avait offert l'argent parce qu'il ne lui faisait pas confiance. En fait, il y avait des personnes bien plus haut placées que cela en qui il n'avait pas confiance.[493] Comme nous le verrons, cinq ans plus tard, une affaire de corruption policière largement médiatisée allait faire la une des journaux ; elle concernait le propriétaire d'une boîte de nuit qui, selon toute vraisemblance, versait également de l'argent pour sa protection aux Sabini. Dans ces circonstances, il serait donc insensé de rejeter les affirmations selon lesquelles certains policiers recevaient des paiements de la part du Sabini Gang et d'Emanuel – ou, du moins, étaient de connivence avec eux. Il est certainement remarquable que Darby et Harry Sabini aient réussi à échapper à des accusations sérieuses tout au long des guerres des hippodromes de 1921 et 1922, alors qu'Emanuel était depuis longtemps considéré comme une influence corruptrice de la police. Et les déclarations faites par les officiers supérieurs de la police, dont il a été question précédemment, indiquent qu'ils avaient accepté l'ascendant du Sabini Gang sur les hippodromes du Sud parce qu'il avait mis fin aux guerres de gangs et apporté une certaine « paix ». Pourtant, il serait tout aussi insensé de suggérer que tous les policiers de Londres pensaient de la sorte ou qu'ils étaient tous corrompus, étant donné les tentatives faites par certains d'entre eux pour démanteler le Sabini Gang, comme en témoigne l'emprisonnement de Joe Sabini et d'Alf White.

LES BOÎTES DE NUIT ET LES SABINI

Souverains sur les hippodromes, les Sabini prélevaient également des droits sur certaines des boîtes de nuit qui, comme l'exprimait un journal à la fin de 1919, avaient « poussé comme des champignons » dans le West End, entre Piccadilly et Soho.[494] Il s'agissait d'endroits où les gens pouvaient boire illégalement en dehors des heures d'ouverture, jouer illégalement aux cartes et danser « jusqu'au petit matin ». Mais leurs principaux clients étaient des hommes et des femmes issus de la racaille de la pègre, dans leur pays et à l'étranger : escrocs, cambrioleurs, voleurs, truqueurs de cartes, imposteurs, dégénérés, drogués et maîtres-chanteurs trouvaient leur proie parmi d'autres habitués des boîtes de nuit, tels que des combattants distingués, des politiciens, des acteurs et des écrivains. L'un des clubs de ce type était un manoir résidentiel d'apparence tranquille dont les stores étaient tirés et les lumières obscurcies. On y entrait grâce à une petite carte portant un numéro, puis il fallait passer par un étroit escalier en colimaçon menant à un sous-sol. Venait ensuite un autre passage, faiblement éclairé par un brûleur à gaz vacillant, menant à une salle spacieuse, où les couples dansaient sur les airs de la dernière musique de jazz. De chaque côté de la piste se trouvaient de petites tables, auxquelles étaient assis des hommes et des femmes, certains en tenue de soirée, d'autres non.[495]

En 1922, il y avait au moins vingt boîtes de nuit « douteuses » dans et autour de Soho, bien que d'autres fussent de véritables lieux de rencontre pour les « travailleurs tardifs » qui voulaient avoir un peu de temps libre et profiter d'une danse – des activités qu'ils n'auraient pas pu faire autrement. Et puis, il y avait les boîtes de nuit « les plus récentes et les plus chics », notamment une, gardée par un commissionnaire en uniforme à la porte et dont la clientèle était plus exclusive. Ici, les couples dansaient avec agilité et légèreté sur un plancher magnifiquement poli sur la musique d'un groupe de jazz composé de musiciens noirs sur une scène décorée de palmiers. D'autres clients étaient assis contre les murs, décorés de frises pleines de goût. Mais même ici, de jeunes femmes en coûteuses robes de soirée parisiennes « se dopaient » à la cocaïne, tandis que d'autres buvaient un brandy « des plus empoisonné » à des prix exorbitants.[496]

Les clubs de ce type attiraient les gangs de courses, et Harry et Gus Cortesi les trouvaient particulièrement séduisants, dépensant librement leurs gains mal acquis – à tel point que lorsqu'ils furent emprisonnés à la fin de 1922, on regretta que les clubs eussent été privés de deux de leurs figures les plus familières et les plus caractéristiques.[497] D'autres gangsters, en particulier les Sabini, se concentraient sur les clubs non pas tant pour le plaisir que pour l'opportunité d'en faire chanter les propriétaires, dont la plus célèbre était Kate Meyrick. Surnommée « la reine des boîtes de nuit », elle ouvrit son premier club, le Dalton's, en 1919, à l'âge de quarante-trois ans. Irlandaise, elle était séparée de son mari et mère de huit enfants avec un revenu dérisoire. Elle s'aperçut rapidement qu'elle pouvait gagner des sommes considérables en vendant des boissons sans licence dans un cadre peu meublé avec un orchestre de jazz. Et dès que l'un de ses clubs était fermé par les autorités, elle en ouvrait un autre ; rien d'étonnant à cela, car il était communément admis qu'elle pouvait gagner jusqu'à 1 000 £ par semaine.[498]

Comme Meyrick l'a expliqué dans ses mémoires, pendant les cinq ou six années qui suivirent la Première Guerre mondiale, Soho connut un règne de terreur. Un groupe de « gentlemen » entrant dans un club pouvait se révéler être l'un des nombreux gangs de brutes ou de terroristes des champs de courses qui régnaient à l'époque. Bien sûr, admet-elle, en évoquant « les gangs du West End, le nom de Sabini vient presque automatiquement à l'esprit ». Ce gang croisa son chemin presque immédiatement après son entrée dans le West End : « Ils ont été responsables de certaines de mes expériences les plus palpitantes. » Il était de bon ton d'attribuer aux Sabini la plus grande part de responsabilité dans le terrorisme qui sévissait alors à Londres, et s'il était absurde de les dépeindre comme des anges, Meyrick voulait montrer qu'ils souffraient souvent des méfaits des autres, car il était facile de les blâmer. En fait, elle n'avait aucune rancune envers les chefs du Sabini Gang, car ils étaient venus à son secours à deux reprises, lorsque ses locaux étaient menacés d'attaque par d'autres membres du gang.

Au Dalton's, elle remarqua pour la première fois des problèmes avec les gangs des courses lorsque les serveurs se plaignirent un soir qu'un groupe de « gentlemen » ne voulait pas payer leurs boissons. Cela devint un phénomène régulier, et lorsque Meyrick allait les voir, il s'agissait invariablement de membres de gangs dont l'intention expresse était de boire aux frais du club. Pensant mettre fin au problème, elle demanda une fois à être payée et on lui rit au nez. Elle envoya alors un serveur chercher un policier. Il revint en disant qu'il n'avait pas pu le faire. Envoyé de nouveau, il disparut, apparemment effrayé par ce qui lui arriverait s'il amenait la police au gang. Meyrick se résigna à la situation, réalisant que si elle ne voulait pas que son club soit saccagé, la meilleure chose à faire était de subir l'intimidation.

Malheureusement, les boissons gratuites n'étaient pas la fin de l'affaire, et une nuit, les événements prirent une tournure dangereuse. Des gangsters que l'on croyait être des Sabini entrèrent et, lorsqu'on leur demanda de payer leurs boissons, ils proposèrent de se battre contre quiconque leur demanderait de le faire. Un client ordinaire leur cria « mufles », et l'instant d'après, un gangster sortit un revolver. Il tira deux coups de feu à travers le club, brisant deux miroirs.

« En un instant, c'était le pandémonium – les femmes criaient et s'accrochaient à leurs compagnons, les hommes juraient et le personnel restait pétrifié. Par le plus grand des hasards, personne n'a été blessé par ces deux coups de feu, bien que l'un d'eux ait sifflé près de la tête d'un homme non loin de moi, et que l'autre ait ricoché du miroir brisé sur le pianoforte. Le groupe s'est mis à l'abri.

J'ai jeté des regards fous autour de moi. Le gangster au revolver était manifestement en état d'ébriété et il était aussi probable qu'il allait tirer à nouveau et qu'un meurtre serait commis. Les hôtes hommes semblaient aussi paniqués que les femmes et tout le monde semblait trop effrayé pour bouger.

Soudain, un jeune homme légèrement bâti, qui, je l'ai découvert par la suite, était un membre du Sabini Gang, et l'un des frères de l'homme au revolver, s'est glissé derrière le tireur et, saisissant la main qui tenait l'arme, a brisé la prise de son frère sur l'arme qui a volé sur le sol. Deux autres gangsters ont alors saisi le tireur et l'ont maintenu dans un étau. »

Meyrick courut chercher un policier, mais, lorsqu'elle revint avec lui, les gangsters avaient disparu. Bien que géants, ses portiers étaient aussi terrorisés que les autres par ces voyous, et une fois à l'intérieur, ils balayèrent tout le monde hors de leur chemin. Ceux qui restaient, c'était du gâteau. Il n'est pas surprenant que ces visites aient affecté les recettes, les personnes respectables restant à l'écart. En réponse, Meyrick décida de se tenir à l'entrée du club, jurant qu'aucun gangster ne devait être autorisé à entrer. L'une des premières nuits, elle dit à un groupe de Sabini et autres qu'ils n'entreraient sous aucun prétexte. Un type au front saillant, « dont le menton mal rasé gâchait l'effet de sa tenue de soirée » lui ordonna de les laisser passer. Après un nouveau refus de Meyrick, il tenta de la pousser sur le côté. Elle résista de toutes ses forces et le repoussa sur le trottoir. Le gangster vit rouge, il se précipita sur Meyrick en hurlant et lui asséna un violent coup sur le côté de la tête, la faisant tomber au sol. Elle cria en tombant et il la frappa de nouveau. Appelant à l'aide d'une voix perçante, « la brute » donna un coup de pied à Meyrick. Elle dut s'évanouir, car, l'instant d'après, elle était allongée sur un canapé dans le club et quelqu'un portait un verre de brandy à ses lèvres. Les gangsters s'étaient enfuis, poursuivis dans la rue par la moitié des hommes du club. Meyrick se demanda si elle devait signaler l'attaque à la police. Avant qu'elle ne se fût décidée, le lendemain soir, un membre du gang vint lui dire que tous les « garçons » étaient extrêmement désolés de ce qui s'était passé et que l'homme qui l'avait agressée était un étranger et seulement un ami occasionnel des gangsters. Il voulait qu'elle sache : « Darby Sabini l'a poursuivi hier soir et l'a battu à mort pour avoir osé frapper une femme. » Bien qu'il n'y ait aucune preuve que Sabini lui-même fréquentât les boîtes de nuit, cet événement et l'opinion positive de Meyrick sur les Sabini indiquent une étroite relation entre elle et eux.

Meyrick ouvrit ensuite le 43 Club à Gerrard Street en 1921 ; à ce moment-là, la menace des gangs était devenue si sérieuse qu'elle dut organiser les habitués comme une sorte de garde contre les raids inattendus. Ils se tenaient en groupe derrière la porte pour empêcher les brutes de la forcer, porte qui était immédiatement verrouillée lorsque des gangsters étaient repérés à l'approche. Mais cette stratégie ne pouvait être adoptée que lorsque le nombre d'habitués était suffisant, et même dans ce cas, les gangsters pouvaient toujours entrer par des subterfuges. C'est ce qui se passa lorsque quinze ou seize d'entre eux se présentèrent en tenue de soirée. Alertée par des bruits de désordre, Meyrick se rendit dans son bureau, que les gangsters étaient en train de fouiller. En la voyant, ils s'emparèrent de son sac à main contenant environ 50 £ et prirent la fuite.[499]

La croyance selon laquelle, pour mettre un terme au chantage et aux vols d'autres gangs, Meyrick versait de l'argent pour la protection du Sabini Gang est renforcée par le fait qu'ils escroquaient d'autres propriétaires de clubs, pour lesquels les preuves, bien que limitées, sont éloquentes. Dans la soirée du 1er décembre 1923, deux des principaux hommes de main des Sabini, George West et Jim Ford, furent mêlés à des troubles au New Avenue Club de Piccadilly. Ils prétendirent avoir été attaqués lorsqu'ils s'y rendaient, mais l'accusation fit valoir qu'ils avaient déclenché les perturbations en jetant des bouteilles, dont l'une d'elles blessa un homme. Reconnus coupables de divers chefs d'accusation, le jury recommanda la clémence en raison de la provocation dont les prisonniers avaient fait l'objet. West fut condamné à neuf mois de travaux forcés et Ford à six mois.[500] La police et d'autres personnes se demandèrent probablement comment le jury pouvait être convaincu qu'il y avait eu provocation, car le saccage d'un club était soit une punition pour le propriétaire qui ne payait pas la protection, soit un avertissement de ce qui arriverait si les locaux n'étaient pas « protégés ».

Quant à Meyrick, à partir de 1924 environ, elle soudoya également un officier de police, le sergent Goddard, pour qu'il la « prévienne » des descentes de police. Quatre ans plus tard, à la suite d'une lettre anonyme, son club fut perquisitionné par la brigade volante à l'insu de Goddard. Dans les procès très médiatisés qui suivirent, Meyrick fut reconnue coupable de corruption et de conspiration et condamnée à quinze mois de travaux forcés. Goddard fut également reconnu coupable et condamné à dix-huit mois de travaux forcés. Au cours du procès, il fut révélé que, bien que son salaire de policier eût été de 6 £ par semaine, il possédait des actifs d'environ 18 000 £, dont 12 000 £ en billets de banque, dont certains pouvaient être attribués à Meyrick.[501]

HOMICIDE INVOLONTAIRE À L'EDEN CLUB

La plupart des boîtes de nuit londoniennes étaient le repaire non seulement des gangsters, mais aussi de canailles, de personnes en quête de sensations fortes, de cocaïnomanes, d'hommes âgés prêts à exploiter les autres, de prostituées et de buveurs nocturnes. En janvier 1923, un journaliste visita l'un de ces clubs, qui venait de voir le jour dans les rues malfamées du West End. Il s'agissait d'une cave extraordinairement décorée, avec un bar et un orchestre de jazz. Le bar fermait à minuit, mais, dans une salle à l'étage, on pouvait acheter du mauvais whisky toute la nuit pour deux shillings le petit verre. Dans la langue raciste de l'époque, le journaliste constatait : « Une centaine de personnes, dont des nègres et des jaunes, s'amusaient sur la piste de danse. » L'entrée se faisait par ticket, acheté pour dix shillings dans une salle miteuse de l'autre côté de la rue. Ce repaire de jazz en particulier ouvrait à 23 heures et fermait à 6 h 30, et le petit-déjeuner était servi dans une pièce au-dessus de la salle de bal de la cave, à partir de 3 heures du matin.[502] De telles scènes se retrouvaient dans d'autres boîtes de nuit. Avec leurs sols polis, leurs tables, leurs chaises et leurs divans, c'étaient des endroits où les hommes étaient plus nombreux que les femmes, qui étaient toujours jeunes.[503]

Une boîte de nuit encore plus somptueuse est le théâtre d'un combat entre les frères Shelby et des gangsters londoniens dans la deuxième saison de *Peaky Blinders*. Appelée l'Eden Club, elle appartient au personnage fictif de Darby Sabini et présente un immense plafond bas peint en or, un orchestre de jazz, de jeunes filles habillées à la mode, des danseurs se trémoussant avec énergie, des sniffeurs de cocaïne, des hommes en costume élégant et des serveurs en tenue de service.[504] Le véritable Eden Club était très différent. Ce n'était pas une boîte de nuit et il n'appartenait pas non plus à Sabini. Le propriétaire était Isidore Hyams, et bien qu'il fût enregistré comme un club de rencontres, c'était un *spieler*, une salle de jeu illégale. Les membres jouaient à des jeux de cartes comme le *faro* et pouvaient également parier sur des courses de chevaux par téléphone, tandis qu'une machine à bande magnétique donnait les résultats. Installé sur deux étages au 5 Eden Street, au-dessus d'un garage automobile, on y accédait par un escalier depuis la rue. Au premier étage se trouvaient une salle de billard et une cuisine, tandis qu'au deuxième étage était aménagée une salle pour les jeux de cartes et une salle à manger avec un bar. C'est ici qu'Alfie Solomon tua Barney Blitz, également connu sous le nom de Buck Emden.

Blitz travaillait pour le propriétaire du club en tant que parieur de chevaux. Arthur Harding le connaissait comme « un gars juif, un type charmant » et un peu bagarreur, qui se mêlait aux Sabini.[505] Blitz était un homme dur, ayant été condamné pour blessures avec une bouteille, et pour avoir frappé un officier de police au cou avec une baïonnette. Il était aussi un homme de courses et cela conduisit à une inimitié entre lui et Emanuel. Blitz avait commencé à vendre des listes de courses, une activité qu'Emanuel monopolisait. À Epsom, en juin 1923, Blitz fut arrêté en tant que personne suspecte, et il pensa que la police avait été soudoyée par Emanuel pour l'empêcher de vendre ses listes. La rancune de Blitz conduisit à son assassinat. Il se trouvait dans la salle à manger de l'Eden Club, tard dans la soirée du 22 septembre 1924, lorsqu'Emanuel, Solomon et deux amis entrèrent. Ils jouèrent aux cartes, puis Emanuel se rendit au bar. Il fut suivi par Blitz, qui voulait savoir pourquoi Emanuel ne le laissait pas tranquille. En réponse, Blitz fut insulté de « tapette qui louche » (un homme au regard envieux, vivant de la prostitution). Il rétorqua qu'Emanuel était une « tapette » et un « flic » (informateur de la police), jurant « Je vais te casser la gueule ». Emanuel jeta le contenu de son verre sur Blitz, qui le frappa immédiatement à l'arrière du crâne avec son verre.

S'attaquant l'un à l'autre, ils tombèrent au sol en se débattant et furent séparés par plusieurs membres du club. Alors qu'il saignait abondamment et était plus âgé, Emanuel proposa d'aller dehors et de combattre Blitz, qui accepta sans hésiter. Alors qu'ils se disputaient pour savoir qui devait commencer, quelqu'un entendit Emanuel dire : « Fais-le, Alf. »[506] Un témoin vit ce qui se passa ensuite.

« Salomon a soudainement pris un couteau à découper sur la table où se trouvait la nourriture. Je l'ai vu brandi en l'air, dans sa main, et j'ai vu la lumière sur le couteau. Je ne l'ai pas vu frapper Blitz, mais immédiatement après, j'ai vu Blitz saigner de la tête ou du visage. À ce moment-là, Emanuel était le plus proche de la porte et Salomon était arrivé par-derrière Blitz quand il a saisi le couteau. Tous les membres se sont précipités vers la porte, et au même moment, j'ai perdu Blitz et j'ai vu Solomon, toujours le couteau à la main, se précipiter après quelqu'un vers la table à manger. »[507]

Ce quelqu'un était Mick Abelson, le portier, qui avait donné un coup de poing au menton de Solomon après que Blitz avait été poignardé. Dans la poursuite, Abelson tomba sur le canapé, et bien qu'il eût essayé de repousser Solomon d'un coup de pied, il fut poignardé. Couvert de sang autour du cou et sur sa chemise, Solomon dit à un membre de son groupe : « Regardez dans quel état je suis. » Tous les autres se précipitèrent dans la rue, où ils trouvèrent Blitz allongé face contre terre. Il fut retourné sur le dos par l'un des membres, qui cria à l'aide et appela Blitz par son nom. Celui-ci se contenta de gémir. Deux policiers arrivèrent et l'emmenèrent en taxi à l'hôpital, où il fut déclaré mort.[508]

Un télégramme d'« avis de recherche pour crime » fut envoyé par la police pour deux hommes. Edward Emanuel était décrit comme étant bien habillé, au teint foncé et de forte corpulence. Il marchait en boitant. Alfie Solomon était de corpulence moyenne, vêtu d'un costume sombre et d'un chapeau melon et, comme Emanuel, il avait une « apparence étrangère ».[509] Emanuel fut arrêté à son domicile de Golders Green, mais les preuves étaient insuffisantes pour l'inculper. Les proches de Blitz étaient si en colère que son beau-frère se rendit au ministère de l'Intérieur, avançant qu'Emanuel était la cause de tous les problèmes et qu'il avait ordonné à Solomon de commettre l'attentat.

Au cours de l'enquête sur la mort de Blitz, le médecin légiste reçut deux lettres anonymes, dont l'une était censée provenir d'une femme pauvre qui avait souffert des tripots d'Emanuel. Elle prétendait qu'il « se vantait dans tout l'East End que son argent le tiendrait à l'écart de cette affaire. Je le connais et je sais qu'il a payé Solomon pour faire du mal à ce pauvre homme. » Emanuel prétendait « être un homme très bon en aidant les pauvres juifs et c'était pourquoi ils ne disaient jamais rien à propos de lui ».[510] Dans son rapport sur ces accusations, l'inspecteur en chef Brown déclara qu'il existait une forte animosité entre les partisans de

Solomon et ceux de Blitz, qui étaient devenus obsédés par l'idée qu'Emanuel devait être accusé du meurtre.[511]

Solomon fut inculpé, et lorsqu'il se présenta au tribunal en novembre 1924, on rapporta que c'était un jeune homme d'apparence juive, élégamment vêtu d'un long pardessus bleu, d'un chapeau gris et de chaussures brunes.[512] Des cicatrices sur son poignet droit, son pouce gauche, à l'arrière de son cou et sur sa lèvre supérieure témoignaient des attaques de Kimber et d'autres personnes. Solomon avait également des tatouages. Sur son bras gauche figuraient un coquillage, un lion et une femme japonaise avec un éventail, et sur son bras droit, une autre femme japonaise. Contrairement aux témoignages, Solomon invoqua la légitime défense. Son avocat était le célèbre sir Edward Marshall Hall, un orateur et un homme du barreau acclamé. Il attira l'attention sur le casier judiciaire de Blitz, sa violence antérieure et son attaque « meurtrière » sur Emanuel. Son ami étant gravement blessé et pensant qu'il était sur le point d'être à nouveau attaqué, Solomon avait « ramassé une arme mortelle à portée de main et, voyant rouge, son sens du bien et du mal étant affaibli par la boisson, il avait plongé le couteau dans le cou de Blitz et l'avait tué. » Mais c'était un homicide involontaire et non un meurtre, déclara Marshall Hall. Le jury acquiesça.

Avant que la peine ne fût prononcée, l'avocat de l'accusation souligna l'appartenance de Solomon au Sabini Gang et son implication dans de précédentes attaques violentes, même s'il n'avait jamais été condamné pour celles-ci. Cependant, étant donné son association avec des hommes comme Alf White et Harry et Joe Sabini et sa propre réputation, il n'était pas surprenant que d'autres membres du club se fussent précipités à l'extérieur à la vue de son couteau. Marshall Hall répliqua en montrant les médailles de Solomon et ses papiers de démobilisation de l'armée et en déclarant que quatre entreprises de Covent Garden lui avaient donné de bonnes recommandations. Par ailleurs, il avait lui-même été instruit de cela par « des membres de la grande communauté juive, qui fournissaient les fonds pour la défense ». Cela démontrait que Solomon ne pouvait pas être le vaurien que l'on avait suggéré. Il était fort probable que « la grande communauté juive » en question fût en fait un seul homme, Emanuel, mais avec un témoignage aussi élogieux, Solomon fut condamné à seulement trois ans de servitude pénale.[513] La police pensait qu'il était extrêmement chanceux de ne pas avoir été reconnu coupable de meurtre, ce pour quoi il aurait été pendu.

Dans un article intitulé « La joie du Sabini Gang », le *People* annonça que la légèreté de la sentence de « Solly » suscitait pour le gang une grande allégresse. Solomon avait été le protagoniste de nombreuses scènes horribles contre leurs plus grands rivaux, les Brummagem Boys de Birmingham, mais ses seules condamnations antérieures ne concernaient qu'un délit relativement mineur de resquillage. Cela parce que « nous avons toujours bien défendu nos garçons » et, comme s'en vantaient les membres du gang, l'argent n'était pas un problème. Si l'un d'entre eux avait des ennuis, on s'occupait bien de lui et il n'avait pas à s'inquiéter de sa défense, car on lui trouvait le meilleur avocat et on intimidait les témoins. De ce fait, il était presque impossible pour la police d'engager des poursuites contre l'une des victimes du gang. Pendant des années, la police, le Jockey Club et les bookmakers avaient été en guerre contre les gangs des hippodromes, mais comme le soulignait le journal, rien n'avait été fait pour les supprimer et ils continuaient de prospérer.[514]

Contrairement à ce qui fut rapporté dans le *People* au sujet de la puissance continue du Sabini Gang, quelques mois auparavant, la dissolution des gangs de rue avait bel et bien été acclamée, grâce aux efforts de l'inspecteur-détective John Ferrier, de la police métropolitaine. Lors de son départ à la retraite en août 1924, il fut salué comme « un ennemi impitoyable des brigands des hippodromes ». Ses tactiques courageuses avaient semé la terreur dans le célèbre Sabini Gang et les Birmingham Boys, les poussant hors de leurs repaires et les rassemblant, malgré le fait qu'ils étaient armés de fusils et de couteaux. Il y était parvenu par sa bravoure personnelle et en apportant de nouvelles tactiques. En particulier, il maintenait ses hommes aussi près que possible des parasites des hippodromes, à tout moment et en tout lieu. Des dizaines d'agents en civil avaient été chargés de visiter leurs clubs préférés et de mettre la main sur la plupart des membres mineurs des gangs. L'inspecteur Ferrier s'était ensuite attaqué aux « cerveaux » des bandes et, malgré des menaces contre sa personne, avait réussi à mettre leurs organisations hors d'état de nuire.

Mais bien que plus calmes, les deux principaux gangs ne furent pas mis hors circuit. Le gang des marteaux de Birmingham, comme on le surnommait désormais, restait chargé de collecter les « péages » auprès des bookmakers des Midlands et du Nord, jusqu'au territoire des Newcastle Boys, quand les Sabini étaient « occupés ».[515] Les Sabini, quant à eux, continuaient à gérer leurs affaires. C'est-à-dire des actes d'intimidation et de violence, mais, en l'absence d'opposition de la part d'autres gangs, leurs agissements étaient rarement rapportés. L'exception fut l'attaque du 29 septembre 1924 aux courses de Wye, mais elle ne fit l'objet que de brèves mentions. Environ douze membres du Sabini Gang avaient encerclé deux bookmakers londoniens qui les avaient croisés. L'un d'eux fut frappé et l'autre réussit à s'enfuir, mais il fut rattrapé, renversé et sauvagement agressé. Un homme lui tint la tête, tandis qu'un autre le frappa au visage de plein fouet. La victime reçut ensuite quatre ou cinq coups de pied dans les côtes avant d'être secourue par la police.[516] Quatre hommes furent accusés d'agression, dont Harry Sabini. Il continua à dire qu'il n'était qu'un vendeur de fruits, et fut une nouvelle fois acquitté, probablement parce que les trois autres prouvèrent qu'il n'était pas impliqué. Chacun d'entre eux fut condamné à un mois de travaux forcés. Parmi eux se trouvait Thomas Mack, qui avait récemment été libéré de prison pour son rôle dans la fusillade avec le gang de Camden Town. Les deux autres étaient Pasqualino (Pasquale) Papa, plus connu sous le nom de Bert Marsh, dont nous parlerons plus tard, et Antonio Mancini.[517] Commissionnaire, Mancini sera pendu pour meurtre en 1941 après avoir poignardé un homme dans un club du West End.[518]

À la fin de 1924, le Sabini Gang était le gang racial le plus redouté du pays, comme l'affirmait le *People*. Faisant la loi, ils avaient été les protagonistes de nombreux actes peu glorieux dans leur longue querelle avec leurs plus grands rivaux, les Brummagem Boys. Les Sabini bafouaient ouvertement la loi, vivant d'une manière plus audacieuse, quoique moins pittoresque, que n'importe quel bandit de grand chemin ou paria. Bien que le tir ne fût pas leur moyen favori de se battre, « ils ne s'arrêtaient pas à cela s'ils le jugeaient nécessaire ». Mais le plus souvent, les nombreuses victimes qui avaient eu peur d'engager des poursuites avaient été « mutilées à vie par d'effroyables attaques au rasoir, arme avec laquelle la plupart des gangsters étaient des experts ». En soi, c'était une preuve, s'il en était besoin, de l'origine étrangère du Sabini Gang.[519] Cette attention sur le caractère étranger du gang ignorait les réalités de ce qui était en fait un gang anglais combattant ses rivaux anglais. Le fait de taillader un ennemi avec un rasoir n'était pas le signe d'une venue depuis l'étranger ; c'était un phénomène essentiellement britannique. Les rasoirs étaient utilisés par des gangsters écossais à Glasgow et par des gangs anglais à Londres, ainsi qu'à Sheffield, qui allait bientôt être propulsé sur le devant de la scène en tant que ville tristement célèbre pour sa guerre entre gangs des hippodromes.[520]

CHAPITRE 6

LA GUERRE DU GANG DE SHEFFIELD

LES RINGS DE LANCER ET LE GANG DE MOONEY

Le lendemain de Noël 1924, au lieu d'être pétri de bonnes intentions, le *People* annonçait en première page : « Un nouvel acte dans la querelle des gangs des champs de courses ». L'événement était centré sur Sheffield, qui, comme Londres et Birmingham, était meurtri par les nuisibles des gangs de courses. Terrifiant les citoyens et les chauffeurs de taxi par leurs bagarres et leurs tactiques de « brutes », ils avaient nécessité une surveillance spéciale dans le centre-ville et une vigilance policière en général. Une querelle entre deux gangs faisait rage depuis plusieurs années, mais récemment, les conflits étaient devenus plus fréquents et désespérés : « Les gangs utilisent des revolvers, des matraques et des rasoirs. La police sait que de nombreux hommes ont reçu des blessures terribles à la suite d'attaques au rasoir, mais elle n'a pas le pouvoir d'engager des poursuites parce que les victimes ont peur et n'osent pas témoigner contre les assaillants. » La rivalité avait éclaté pour le commandement du premier gang de courses de Sheffield, et la querelle était si âpre que plusieurs membres originaux avaient fui le pays. Le plus inquiétant, c'était que le gang des marteaux de Birmingham, probablement le gang le plus connu de tous les voyous des champs de courses du pays, était soupçonné « d'être impliqué » dans la guerre de Sheffield.[521]

En dépit de son caractère sensationnaliste, l'article était correct. Il y avait une féroce guerre des gangs à Sheffield entre le gang de Mooney, dirigé par George Mooney, et la Park Brigade dirigée par Sam Garvin. Tous deux étaient des hommes de courses et avaient auparavant été partenaires dans le crime, mais après qu'ils s'étaient brouillés, leur animosité ne connut aucune limite. Pour aggraver les choses, le redouté Thomas Armstrong, du Birmingham Gang, était arrivé à Sheffield pour soutenir Mooney. Mais contrairement à d'autres conflits de gangs existant à travers le pays à cette époque, cette guerre n'était pas menée pour des rackets de protection sur les hippodromes, mais pour le contrôle d'un site de jeu lucratif à Sky Edge, une haute crête de terrain vague surplombant le centre-ville de Sheffield.

Le jeu consistait ici à lancer des pièces de monnaie. Vieux de plusieurs siècles et facile à pratiquer, ce jeu était profondément ancré dans la culture de la classe ouvrière masculine et était répandu en Angleterre, en Écosse, en Irlande et au Pays de Galles, ainsi qu'en Australie, où il était appelé *two-up*. Aussi illégal fût-il, on y jouait en petit groupe d'hommes après avoir quitté le pub, ou en grand nombre, dans ce que l'on appelait une *école*, généralement située dans des endroits reculés, qui offraient plus de sécurité face à la police. Souvent, ces grandes écoles de jeu étaient contrôlées par de durs hommes du coin, qui prenaient une part des gains des joueurs ; et ces parts étaient très rentables, ce qui conduisait parfois à des affrontements lors de tentatives de prise de contrôle. La guerre des gangs à Sheffield fut le plus sanglant et le plus infâme de tous ces conflits et fut l'une des raisons qui poussèrent le ministre de l'Intérieur à déclarer la guerre contre les gangs des courses en 1925, une décision qui sera discutée dans le chapitre suivant.

Pour lancer la pièce, des hommes se rassemblaient en cercle autour d'un large espace dans lequel l'un d'entre eux, le banquier, pénétrait. Il pariait qu'il pouvait lancer deux demi-pennies ou deux pennies en l'air pour qu'ils atterrissent face vers le ciel. S'ils retombaient côté pile, il perdait, tandis que si l'un tombait côté face et l'autre côté pile, il pouvait effectuer un autre lancer. Le banquier lui-même pouvait miser n'importe quelle somme, en fonction de la taille de l'école. Cette somme pouvait être couverte par une ou plusieurs personnes de la foule, et des paris secondaires pouvaient également être engagés par les spectateurs. Avant chaque lancer, les pièces étaient examinées afin de s'assurer qu'elles n'étaient pas bifaces ou lestées. Elles étaient ensuite placées, pile vers le haut, sur l'index et le majeur d'une main, bien que dans certaines écoles de lancer, notamment en Irlande, elles fussent posées sur un morceau de bois appelé bâton de *feckin** (lancer). Lorsqu'elles étaient lancées, les pièces devaient tourner en permanence, à une hauteur raisonnable, pour éviter toute tricherie. En effet, certains hommes « flambaient » subrepticement, c'est-à-dire qu'ils mettaient leur pouce sur le côté d'une pièce pour l'empêcher de tourner et s'assurer qu'elle reste face vers le haut.[522] En cas de doute sur le lancer, n'importe qui dans le ring pouvait crier « lancer banni » avant que les pièces ne touchent le sol, et il fallait procéder à un nouveau lancer. Les paris étaient payés à parité.

En Écosse, il existait de nombreuses grandes écoles de « tournoiement » le long du fleuve de la Clyde, ainsi que dans les bois et les arènes du Lanarkshire ; tandis que les joueurs de Swansea se réunissaient sur la plage ou dans les carrières locales. Dans les

* Le reste du temps, ce terme signifie « putain de… », « satané… ».

Midlands et le Nord, il y avait également de grandes écoles de lancer, dans des endroits isolés, près des centres urbains. Coldwell, sur les landes de l'est du Lancashire, était tristement célèbre au début des années 1920. À un peu plus de cinq kilomètres de Nelson, on y trouvait de grands et de petits cercles en fonction des enjeux. La plupart du temps, une centaine d'hommes et de jeunes gens y assistaient, certains s'y rendant en sabots et en tenue de semaine, d'autres arrivant en voiture ou en bus spécial. Les joueurs pouvaient même acheter des tartes, des gâteaux, des cigarettes et du thé chaud comme collation.[523] Parmi les cercles isolés, ailleurs en Angleterre, citons Tudhoe Wood dans le comté de Durham. Ici, le jet des pièces était assuré par une personne appelée « le trembleur », un tournoyeur professionnel payé par les gagnants. Pour garantir le fair-play, il lançait ses propres *jubes* – les demi-pennies du jubilé de diamant de la reine Victoria. Ces grandes écoles étaient protégées des descentes de police par des « corbeaux » ou des « piquets » (des éclaireurs), souvent payés dix shillings par jour, et étaient gérées par des « collecteurs » qui prélevaient une taxe d'environ une demi-couronne par livre auprès des parieurs gagnants.[524] Ces « maîtres » du ring, des durs à cuire, étaient comme « Two Ton Titley », un homme de Cannock, dépeint de manière frappante par Arthur Hopcraft, un enfant d'une famille respectable et pratiquante de la classe ouvrière.

« Il détenait de l'argent en grande quantité. C'était le pivot autour duquel les autres hommes agissaient. Ils lui apportaient des pièces et des billets, et parfois, il leur en rendait. Il poursuivait en éructant une plaisanterie encourageante, son visage cramoisi hérissé de gouttes de sueur comme des têtes d'épingle nichées dans ses rides. "Allez les gars, z'êtes chanceux. Soyez pas flippés. Vot' bonne femme le saura pas." Il avait de l'argent dans les mains, dans les poches et souvent entre les dents ou à la ceinture de son pantalon contre son ventre gonflé.... Il était l'image de l'impiété, noyé par la bière et son amour immodéré de l'argent – de sa sensation, de son attrait corrupteur. Il était l'arrogance personnifiée. Il était méchant. Two Ton semblait gigantesque et inattaquable dans ce décor. Il était à l'œuvre, vendant du péché avec un don grandiose. »[525]

La prédominance du jeu de pile ou face au cours de cette période est évidente au vu de l'étendue de cette activité. Elle était également très populaire en Irlande et les grands rassemblements étaient monnaie courante à Dublin, contrairement aux grandes villes d'Angleterre. Mick Doyle se souvient de plusieurs écoles de lancer dans les ruelles près de Townsend Street, en bas des quais, au sud de la rivière Liffey, très présentes même pendant les dures journées des années trente, lorsque le chômage sévissait. De grosses sommes d'argent étaient impliquées et ces écoles étaient très bien organisées, chacune d'entre elles ayant un chef de file qui contrôlait tout.

« C'était un dur, et il surveillait bien. Oh, il avait une ceinture, qu'il balançait, enlevait et balançait, pour maintenir l'ordre. Ils lui donnaient tellement, en fonction de ce qu'ils gagnaient. Toujours des d'mi-pennies, et ils ne disaient pas pile ou face comme on dit [en Angleterre], ils disaient harpe ou face. Harpe ou face. “Harpes, harpes pour cent livres. Face pour cent livres.” Si tu avais ton argent à mettre, tu pouvais entrer. Tant que tu avais ton pari, il le couvrait, c'était d'accord. C'est bon, c'était sur le terrain... Tu mets ton argent, disons vingt livres, et il le couvre. L'homme qui lance, je veux dire, il le couvre. L'homme du ring, c'était le boxeur, il veillait sur tout. »[526]

L'un des boxeurs les plus connus de Dublin était Sartini. Avec son partenaire, il dirigeait l'école du quartier de Greenhills, au-delà de Griffith Bridge. Máirín Johnston l'évoque comme s'il était le Monsieur Loyal d'un cirque... : « Il tempêtait au centre du cercle de l'école de lancer en brandissant un court fouet de cocher. La lanière du fouet mesurait environ un mètre de long, et Sartini l'utilisait impitoyablement pour agrandir le cercle, ou permettre aux autres boxeurs de noter les mises pour le lanceur, qui jetait alors les deux *makes* [pièces] posées sur le *feck* [bâton] ».[527]

Le contrôle exercé par Sartini était lucratif ; une fois, il dut refuser un défi lancé par le célèbre gang Animal des Corporation Buildings* et du quartier environnant au cœur du nord de Dublin.[528] Des événements similaires se produisirent dans le Yorkshire, où les Mexborough Boys, des voyous des hippodromes, tentèrent de s'emparer des écoles de lancer près de Huddersfield, tentative qui fut déjouée avec succès.[529] Mais les pires conflits eurent lieu entre 1923 et 1925 pour le contrôle de Sky Edge, ce qui fit de Sheffield le « petit Chicago de Grande-Bretagne ».[530] Cette guerre des gangs fut inhabituelle, tant par son intensité que par sa durée, car la plupart des collecteurs abandonnèrent le contrôle de leurs cercles face à l'arrivée d'hommes plus jeunes et plus durs, ou à l'issue d'un combat en un contre un. Sky Edge accueillait à la fois de grands et de petits cercles, et était connu depuis un certain temps, car le site avait été perquisitionné en 1917 par la police et l'armée à la recherche de déserteurs.[531] Les enjeux étaient élevés et plusieurs centaines de livres furent gagnées et perdues, si bien que des mesures extraordinaires furent prises pour protéger l'école des mauvaises surprises. Payés jusqu'à cinq livres sterling par semaine, les « corbeaux » furent postés à tous les accès importants. Conscients de cela, un grand nombre de soldats et de policiers s'approchèrent de l'école depuis dix directions différentes et réussirent à arrêter plus de cinquante hommes sur les deux cents qui s'y trouvaient. Le meneur du cercle fit une tentative désespérée, mais infructueuse pour s'échapper en sautant d'une douzaine de mètres depuis le haut de la crête jusqu'à une briqueterie adjacente, mais il se foula la cheville et fut capturé.[532] La plupart des personnes arrêtées étaient des ouvriers de Sheffield et des amendes de 3 £ chacune leur furent infligées.[533] Cette constitution se développa lors

* Logements sociaux construits à Dublin au début des années vingt.

du boom du jeu d'argent juste après la Première Guerre mondiale, le Sky Edge attirant des hommes d'affaires et d'autres personnes d'une région plus étendue. Il attira également le gang de Mooney, qui avait été impliqué, dans une moindre mesure, dans des rackets de protection dans les cercles de lancer de la ville.[534]

Le « généralissime » du gang, George Mooney, était d'ascendance irlandaise et venait du West Bar, un quartier situé juste au nord du centre-ville et associé aux Irlandais. En 1891, alors qu'il n'était qu'un bambin, il vivait dans un foyer avec sa mère et son frère aîné, mais sans père.[535] Dix ans plus tard, la famille était réunie, mais Mooney avait déjà entamé une vie de criminel. Mis à l'amende pour vol à l'âge de onze ans, il fut condamné au cours des douze années suivantes pour vol, effraction de magasin, complot, agression et vagabondage. Il fut également arrêté dix-sept fois pour ivresse et jurons, et fut libéré après son arrestation pour blessures illégales.[536] Marié à seize ans à Sarah Wigley, ils se séparèrent un an plus tard. Sa femme avait un enfant et en attendait un autre, mais elle craignait de vivre avec lui à cause de sa cruauté. Il la mit à la porte plus d'une fois en lui disant : « Barre-toi, je ne veux pas de toi. » Une fois, elle et le bébé furent même jetés dehors à moitié vêtus lors d'une nuit pluvieuse. Il la maintenait également dans le manque financier, lui donnant parfois un penny ou deux pour le petit-déjeuner, ou peut-être un penny pour le dîner.[537] Sarah retourna plus tard auprès de Mooney, mais elle mourut en 1921.

En 1911, alors qu'il était apparemment barman, il était impliqué dans le gang local de Spring Street, qui terrorisait les tenanciers de débits de boissons pour qu'ils leur offrissent des verres gratuits et parfois de l'argent. En l'espace de deux ans, ce gang devint « le célèbre gang de Mooney » lorsque lui et son acolyte, Peter Winsey, furent condamnés pour agression.[538] Cette année-là, en 1913, Mooney, qualifié de « personnage dangereux » fut emprisonné pour deux mois de travaux forcés pour avoir frappé une femme et l'avoir jetée à terre après avoir attaqué son mari.[539] Il semblait se délecter de sa notoriété de « hooligan des journaux ». Lors d'une autre agression, alors que ses diverses condamnations étaient récapitulées, il lança avec esprit : « Vous allez me réduire à un Dick Turpin* des temps modernes, si vous continuez. »[540] Ce à quoi l'on pouvait réduire Mooney, c'était à un combattant déloyal. En 1914, lors d'une bagarre en face-à-face à la sortie d'un pub, l'un des membres de sa bande tacla les jambes de son adversaire d'un coup de pied. Mooney arracha ensuite une partie de l'oreille de l'homme et, retournant dans le pub, il frappa l'ami de celui-ci avec une telle force qu'il lui cassa quatre dents. Malgré l'histoire bien connue des victimes qui retirent leurs accusations et des témoins qui changent d'histoire ou qui ont trop peur de témoigner, Mooney fut emprisonné pour deux mois de travaux forcés.[541] Quelques semaines après sa libération, il fut de nouveau incarcéré pour avoir frappé un policier avec une telle force qu'il l'assomma.[542]

Pendant la Première Guerre mondiale, Mooney déserta le régiment du York et Lancashire. En fuite, il fut arrêté en 1918 pour fréquentation à Liverpool et vol à la tire à Leeds. Présenté comme un commissionnaire, il mesurait un peu plus de 1,70 mètre et était marqué des tatouages d'une danseuse et d'un banjo sur son avant-bras droit.[543] L'année suivante, il était de retour à Sheffield et prenait le contrôle de Sky Edge. Il prit les commandes avec le soutien de son frère aîné, de John Thomas, d'Albert Foster et de William Furniss, trois durs à cuire aux antécédents scandaleux qui vivaient dans le quartier du Park, surplombé par Sky Edge.[544] Trois autres membres clés de la bande de Mooney étaient John James « Spud » Murphy, Frank Kidnew et son ami d'enfance, Winsey. Un autre était Sam Garvin, bien que cette relation allât bientôt devenir quelque chose de bien plus laid.

* Célèbre bandit de grand chemin du folklore britannique.

L'ASCENDANT DE LA PARK BRIGADE

Outre le contrôle de Sky Edge, Mooney extorqua également de l'argent pour leur protection à des bookmakers à crédit légaux qui œuvraient hors des hippodromes, et s'associa aux Mexborough Boys lors de courses locales telles qu'à Doncaster.[545] En septembre 1919, il y fut arrêté pour vagabondage et emprisonné pendant trois mois. En assistant à ces rencontres, Mooney connut Sam Garvin, un autre homme de courses, qui, en 1919, sera décrit comme l'un des membres du gang de Mooney.[546] Né en 1885, il était un peu plus âgé que Mooney ; enfant, il vivait à proximité de chez lui, à Acorn Street avec son oncle et sa tante maternels et ses deux jeunes frères. En 1911, les trois garçons retrouvèrent leur mère, mais leur père vivait à nouveau ailleurs. Garvin était alors un mineur travaillant sous terre, mais il devint rapidement un criminel de profession. En 1909, alors qu'il avait vingt-cinq ans et qu'il était un « individu à l'allure robuste » sans domicile fixe, il fut condamné pour agression.[547] Par la suite, il allait mener une vie de violence, d'intimidation et de vol. Il devint rapidement un voyou itinérant, et en 1910, il fut condamné à une amende pour fréquentation à Doncaster et pour avoir joué aux dés aux courses de Gosforth Park, près de Newcastle.[548] Un an plus tard, il vivait à Brightside, dans l'East End de Sheffield, avec sa femme dans la maison de ses parents, lorsqu'il fut désigné comme employé d'un bookmaker et figure de proue d'un « gang terroriste ». Comme la bande de Mooney, celle de Garvin se rendait également dans les pubs pour y semer la pagaille ou se faire payer. En cette occasion particulière, Garvin avait grièvement blessé un homme qui avait essayé d'aider le propriétaire à le mettre dehors. La victime ne comparut pas devant le tribunal et, bien qu'il fût reconnu comme une terreur pour tout le quartier et une menace pour la société, Garvin reçut simplement une amende pour avoir refusé de quitter les lieux.[549] Il n'eut pas autant de chance en 1912 lorsque, sans provocation, il poignarda Billy Foulkes, l'ancien gardien de but du Sheffield United, et fut condamné à deux mois de prison, à purger consécutivement à une peine similaire pour une autre agression. Méprisant la loi, certains des amis de Garvin menacèrent l'un des témoins avant qu'il ne quittât le tribunal et il dut être escorté chez lui par la police.[550]

Étrangement, trois ans plus tard, et se décrivant comme un homme de courses, Foulkes apparaît comme témoin en faveur de Garvin lorsqu'il fut accusé de cambriolage à Cardiff. La police ayant déclaré qu'il faisait partie d'une équipe d'experts en cambriolage, il fut reconnu coupable et emprisonné pendant douze mois.[551] Après sa libération, Garvin retourna en cavale pour éviter le service militaire, et en décembre 1917, un mandat d'arrêt fut émis contre lui à Liverpool. Mesurant environ 1,70 mètre, il était rasé de près et de taille moyenne, avec des cheveux châtain clair et des yeux bleus. D'apparence très élégante, il aimait à porter un costume en sergé, un pardessus en laine de Melton, un chapeau melon noir et un col amidonné bleu.[552] De retour à Sheffield après la guerre, Garvin s'associa à Mooney pour gérer les cercles de lancer de Sky Edge, mais il n'était pas le genre d'hommes à partager la propriété de quoi que ce soit, lorsque de grosses sommes d'argent étaient en jeu. Et il y avait beaucoup d'argent en jeu. L'école attirait des joueurs venus non seulement de Sheffield, mais aussi de Rotherham, de Barnsley et d'ailleurs, et l'on pouvait trouver 200 à 300 personnes dans un ring. Mooney lui-même avait déjà gagné 200 £ et il connaissait un homme qui avait ramassé 1 000 £. Après que Garvin en avait perdu le contrôle, les dix contrôleurs de Sky Edge gagnaient chacun 2 £ par jour, et ce après avoir payé deux shillings par tête aux rabatteurs et aux guetteurs, qui étaient pour la plupart des hommes sans emploi. Sur une semaine, cela donnait un total substantiel de 140 £, en plus de la grosse part prise par le chef du gang.[553]

Bien que vivant désormais à Crookes, de l'autre côté de la ville par rapport à Sky Edge, Garvin complotait pour évincer Mooney. Il rassembla des hommes durs dans le quartier de Park, attisant leur colère contre l'étranger de West Bar qui dirigeait ce qui aurait dû être leur école de lancer.[554] Parmi ces hommes se trouvait William Furniss, qui avait déserté le gang de Mooney. Avec le soutien de Furniss et d'autres combattants de la rue, Garvin rassembla une grande force connue sous le nom de la Park Brigade. En avril 1923, ils se rassemblèrent sur Sky Edge, repoussant facilement Mooney et sa poignée de gangsters. À cette occasion, il n'y eut pas de combat sérieux, mais cela n'allait pas durer.

Déterminé à riposter, le 29 avril, Mooney ordonna une attaque contre son ancien allié, Furniss. Sa maison fut cambriolée au milieu de la nuit et, alors qu'il était au lit, il fut violemment frappé avec un tisonnier par Spud Murphy et Frank Kidnew. Furniss refusa d'engager des poursuites, mais sa vengeance fut rapide : le 27 mai, Kidnew était retrouvé sur un terrain vague dans le quartier du Parc.[555] Selon un témoin oculaire, il « avait l'air de sortir d'un abattoir », son visage et ses mains n'étaient qu'un amas de sang et ses cheveux en étaient également couverts. Son manteau était en lambeaux et la jambe droite de son pantalon était fendue. Une blessure de 15 cm de long se voyait à travers l'ouverture : « C'était horrible, on aurait pu y mettre deux doigts. L'avant de son crâne était défoncé, on pouvait à peine discerner son nez à cause du sang. » Malgré ses blessures, Kidnew fut retrouvé fumant une cigarette, et observa nonchalamment : « Je crois qu'ils ont abîmé mon costume. » Grièvement blessé, il fut hospitalisé.[556] Il déclara à la police qu'il se promenait avec John Thomas Mooney et Spud Murphy, et qu'en tournant un coin de rue, il avait été frappé à la tête avec un instrument contondant et jeté à terre. Il nomma Garvin, son frère, Bob, et Furniss parmi les hommes qu'il avait vus, mais refusa de poursuivre aucun d'entre eux.

Le soir suivant le passage à tabac de Kidnew, la seconde épouse de Mooney, Margaret, appela la police pour demander qu'une attention particulière soit accordée à leur maison, car elle avait peur d'une attaque. Mooney envoya des messages similaires. La police obtempéra, mais « rien d'extraordinaire ne se produisit » jusqu'à environ une heure du matin le 16 juin, lorsque Furniss et d'autres membres de la Park Brigade tentèrent de prendre d'assaut la maison de Mooney à West Bar.[557] Comme on s'attendait à des problèmes, elle avait été barricadée et, à l'intérieur avec Mooney, sa femme et son frère, se trouvaient Winsey et Foster. On entendit des cris tels que « Sortez et battez-vous, espèces d'Irlandais », ainsi que des menaces de mettre le feu à la maison avec de l'essence. Des coups de feu furent tirés des deux côtés et l'un des attaquants fut blessé. Il s'agissait de George « Ganner » Wheywell, un homme extrêmement dangereux considéré par la police comme le chef du nouveau gang. Les fenêtres de la maison de Mooney furent brisées, ses portes défoncées et les grilles arrachées. Malgré la violence et les coups de feu, les deux groupes de gangsters furent simplement assignés à résidence par les tribunaux, le 26 juin.[558]

Cet après-midi-là, il y eut un « palpitant spectacle » lorsque « des femmes apparentées à des membres des deux partis prirent part au jeu ». Environ six d'entre elles se rendirent dans le quartier de Park pour affronter les épouses des ennemis de leurs maris. Elles étaient armées « de choses comme des meubles et des ustensiles domestiques, et une bataille eut lieu entre elles, qui dura près d'une heure ». Recevant un message urgent, la police envoya une force importante, dont trois officiers à cheval. Les femmes de la Park Brigade étaient les agresseuses, puisque la seule femme blessée fut une certaine Mme Smith, belle-mère de John Thomas Mooney. Elle eut le crâne ouvert par un coup de presse-purée, mais la blessure n'était pas grave.[559] Cette rixe entre des épouses de gangsters était une rareté. Il n'existe aucune preuve que les épouses de Kimber, de Sabini ou de tout autre chef de gang racial aient pris une part active à leur criminalité, et encore moins à leurs bagarres. L'étude intrigante de Brian McDonald, *Alice Diamond and the Forty Elephants*, met en lumière un gang de pickpockets entièrement féminin à Londres, mais l'affrontement à Sheffield rappelle davantage la façon dont certaines jeunes femmes s'associaient aux gangs de rue des Peaky Blinders de Birmingham et des *scuttlers* de Manchester et de Salford.[560] Un jour après la brouille entre les épouses, on reçut un rapport, le 27 juin, selon lequel Mooney avait tiré sur des membres de la Park Brigade près de sa maison. Cette information ne put être corroborée, mais conduisit la police à perquisitionner son domicile. Ils y trouvèrent une petite carabine, un fusil de sport, un revolver et des munitions. Mooney fut arrêté, ainsi que les autres hommes présents chez lui. Il s'agissait de Murphy, Winsey, Foster et Thomas Rippon, qui, dès qu'il fut libéré sous caution, fut agressé par Ganner Wheywell. Wheywell fut arrêté, mais Rippon retira l'accusation. Désormais en infériorité par rapport à la Park Brigade, qui était assez forte pour l'attaquer dans son propre quartier, Mooney décida d'une action radicale : relater son histoire au *Sheffield Mail*. Elle fut publiée le même jour que les arrestations, le 27 juin. Mooney révéla qu'il n'y avait que cinq personnes dans son gang, le même nombre que ceux qui dirigeaient la Park Brigade, mais que, comme ses chefs avaient peur, ils se déplaçaient en foule.

« Ils pensent que s'ils peuvent nous pousser à donner des coups de rasoirs, ou tuer, peu importe ce qui serait choisi – et ils s'efforcent pour cela de provoquer le conflit – nous serons hors course, que le cercle de jeux de Park leur sera laissé et qu'on ne falsifiera pas leurs déclarations. Mais nous ne voulons pas d'affrontement, et nous ne voulons pas interférer avec eux. Il n'y a pas besoin de conflit pour nous mettre dehors. Depuis quatre ans, nous essayons de faire oublier le titre du gang de Mooney. »

Le *Sheffield Independent* réagit avec ironie : « Le spectacle de Satan sermonnant le péché est toujours divertissant. » Mooney avait brossé le tableau séduisant de parias tentant de faire table rase de leur passé, empêchés en cela par les attentions importunes de leurs anciens, et temporairement victorieux, associés. Mais le correspondant se demandait si ce désir louable aurait été aussi évident si Mooney et ses amis n'avaient pas été mis dans une situation précaire et contraints de se retirer dans leur château.

Pour débarrasser la ville de ces gangs, le journal demandait aux autorités locales de suivre l'exemple de Birmingham, qui avait toujours traité cette anarchie avec sévérité. Vingt ans auparavant, les bandes de voyous avaient « inspiré la terreur par leurs opérations et les débordements de leur guerre ouverte, mais bien que leurs ramifications aient été particulières et étendues et que, pendant un certain temps, ils eussent incarné la loi, la police avait fini par en débarrasser la ville ». [561] Le chef de la police de Sheffield, le lieutenant-colonel John Hall-Dalwood, était en effet conscient du problème des gangs locaux, ayant déjà exprimé ses inquiétudes quant au nombre insuffisant de policiers dans la ville et à l'indulgence des magistrats.[562] Les mêmes questions avaient été soulevées à Birmingham dans les années 1890, lorsque le banditisme des Peaky Blinders semblait inarrêtable. La police de Sheffield estimait avoir pris toutes les mesures possibles et « en fait, elle était allée au-delà de ses pouvoirs strictement légaux en s'efforçant de faire face aux circonstances telles qu'elles s'étaient présentées ».[563]

Le 28 juin, le lendemain de l'interview de Mooney, Albert Foster, un autre membre de sa bande, fut agressé. Son agresseur fut condamné à deux mois de travaux forcés. Une fois l'affaire terminée, Foster entra dans un pub où il fut frappé par Wheywell, Furniss et deux autres hommes de la Park Brigade. L'un d'eux cogna Foster avec une queue de billard, lui causant une grave blessure et de nombreuses hémorragies. Les quatre agresseurs furent condamnés à deux mois de travaux forcés. Dans la langue des gangsters, « c'était le feu » pour le gang de Mooney et maintenant ses plus proches amis se retournaient contre lui pour avoir « fait le gendarme dans le journal » en les nommant. Le jour même où Foster était attaqué, le 28 juin, Mooney et son ami de longue date Spud Murphy se battirent dans la rue. Murphy fut le plus abîmé. Lui et Winsey furent ensuite accusés d'avoir jeté des briques sur la maison de Mooney, dont l'une avait touché sa femme. Reconnu coupable d'agression, Murphy, qui se disait alors bookmaker, fut condamné à six mois de travaux forcés. Après que la sentence fut prononcée, il y eut des troubles lorsque certaines femmes essayèrent de s'en prendre à Margaret Mooney et à ses témoins.[564] Il s'agit d'un autre rare exemple de femmes proches de gangsters qui se retrouvaient mêlées à des rivalités entre gangs.

Abandonné par ses camarades, au cours des mois suivants, Mooney resta principalement dans sa maison fortifiée, qui connut pourtant une violation la veille de Noël 1923. Il était malade et alité lorsque, vers 17 h 45, la fenêtre arrière et la porte verrouillée furent défoncées par plusieurs hommes. Dans la cuisine se trouvaient Mary, la fille de quinze ans de Mooney, son fils de seize mois, son bébé de dix jours, endormi dans un landau près du feu, et une certaine Mme Flynn, qui aidait sa femme. Le petit garçon jouait par terre, mais heureusement, lorsque le verre brisé et le cadre de la fenêtre s'écrasèrent dans la cuisine, il fut protégé des éclats. L'un des intrus déclara à Mary, d'un ton moqueur : « Je suis venu souhaiter un joyeux Noël à votre père. » Elle et Mme Flynn « essayèrent courageusement d'empêcher les intrus de monter à l'étage », mais furent repoussées. Mary tomba au sol, mais cria pour alerter son père. L'un des hommes s'exclama : « Fais-le tâter du rasoir », mais comme ils devaient monter deux incommodes volées de marches, Mooney eut le temps d'éteindre la lumière électrique et de se cacher dans une armoire. Contrariés de ne pas le trouver, les intrus brisèrent plusieurs images sacrées ayant appartenu à la mère de Mooney. Entendant que la police arrivait, ils s'enfuirent. Les quatre hommes furent rapidement arrêtés.

On comptait parmi eux Sam Garvin et l'un de ses meilleurs combattants, Charles « Sandy » McKay Bowler, du quartier de Park. Un autre était Frank Kidnew, qui avait été gravement blessé par la Park Brigade, mais qui avait depuis changé de camp. Tous les quatre furent accusés de dommages volontaires. Garvin fut acquitté tandis que Kidnew et Bowler furent condamnés chacun à trois mois de travaux forcés. Pour les agressions contre Mary Mooney et Mme Flynn, chacun fut condamné à une amende dérisoire de cinquante shillings.[565] De telles sentences justifiaient les plaintes de la police envers la clémence des magistrats.

Tout au long de la guerre des hippodromes entre le Birmingham Gang et le Sabini Gang, de la querelle des hippodromes entre le Camden Town Gang/les Titanics et le Sabini Gang, et enfin de la querelle entre les Cortesi et les Sabini, aucune attaque n'avait été lancée contre le domicile d'un des chefs de gang. L'entrée forcée dans la maison de Mooney était une autre caractéristique inhabituelle de la guerre des gangs de Sheffield et rappelait davantage la vendetta de Garrison Lane à Birmingham, menée par des personnes vivant à proximité les unes des autres. Elle soulignait également l'amertume entre Mooney et Garvin ainsi que la malveillance de Garvin et son désir de vouloir « gagner à tout prix », indifférent à l'idée de blesser des femmes et des enfants. Aucun des gangsters des années 1920 n'était digne d'admiration, mais Garvin était un homme particulièrement odieux.

Au début de 1924, le gang de Mooney avait éclaté. Deux de ses principaux combattants avaient retourné leur veste, il s'était brouillé avec ses meilleurs amis, son frère avait émigré en Amérique, et Foster s'était enfui à Birmingham. Dès lors, Mooney quitta Sheffield pour Glasgow.[566] Sans opposition et prenant l'ascendant, Garvin devait se sentir aussi intouchable qu'Alf White – et il agissait comme tel. En septembre 1924, il battit un homme qui refusa ensuite d'engager des poursuites, et lui et son gang volèrent 100 £ à un employeur alors qu'il quittait la banque avec l'argent pour payer ses employés. Retrouvés dans un pub en train de partager leur « butin », Garvin et ses complices furent arrêtés, mais, la victime ne parvenant pas à les identifier, ils furent relâchés. Ses hommes et lui bénéficièrent même d'un non-lieu après une accusation pour obstruction à la police en octobre.[567] Leur mépris absolu de la loi se manifesta le 8 décembre, lorsqu'ils se rassemblèrent sur la place Fitzalan, dans le centre-ville, et marchèrent sur plus d'un kilomètre pour attaquer la maison de Thomas Rippon à West Bar, où d'anciens associés de Mooney s'étaient réunis.

Astucieusement, Garvin et son frère restèrent en retrait, laissant les autres prendre l'initiative. Un coup de feu fut tiré, une brique jetée à travers la fenêtre et la porte d'entrée fut forcée. Alors que la Park Brigade chargeait à l'intérieur, une mêlée générale s'ensuivit. La plupart des membres du gang de Mooney réussirent à se mettre en sécurité à l'étage. Henry Dale ne put y parvenir, et fut sévèrement frappé avec le pied d'un tabouret. Sa femme était avec lui et s'écria : « Ne tuez pas mon mari. J'ai cinq enfants et j'en attends un autre. » On lui ordonna de s'écarter du chemin et on lui assura : « On ne vous fera pas de mal. » Par la suite, Sandy Bowler, visiblement un mineur, et trois autres membres de la Park Brigade furent arrêtés et accusés d'avoir causé des lésions corporelles graves. La police trouva un revolver et une balle ainsi que d'autres armes, dont une barre de fer, un rasoir et un marteau. Selon un officier, l'attaque était « un vieux bouillon qu'on réchauffait ».[568]

Cela ne mit pas fin à la violence. En fait, cela fut le catalyseur de son escalade. Ganner Wheywell, un ami de Garvin et l'un des principaux membres de son gang, avait refusé de participer au « rossage » de leurs ennemis de West Bar chez Rippon, déclarant qu'il devait s'occuper de trois enfants et qu'il rentrait chez lui. Enragé, Garvin l'avait menacé : « D'accord, t'es de leur côté. On va te passer un petit coup de rasoir. On va te réduire en pièces quand on en aura fini avec ces gens. »[569] Le lendemain soir, le 9 décembre, la bande essaya de mettre sa menace à exécution. Wheywell fut attaqué dans un pub par six hommes. On lui jeta du whisky dans les yeux et il reçut un coup de poing au menton. Il attrapa l'un de ses agresseurs, John « Jack » Towler, et, luttant, ils sortirent et tombèrent au sol. Towler prit le dessus, étranglant Wheywell, qui était frappé par d'autres hommes. Il réussit à se relever et à s'enfuir ; peu après, la police le trouva saignant d'une blessure à la lèvre supérieure. Il n'avait plus de manteau et son pantalon était très déchiré. Combattant redoutable, bien qu'en infériorité numérique, Wheywell avait infligé de graves blessures à Towler, dont certaines auraient été faites avec un couteau.[570] Accusé de coups et blessures, Wheywell fut déclaré non coupable, le jury estimant qu'il n'était pas l'agresseur. Un verdict auquel le juge agréa.[571]

Ce fut désormais au tour de Wheywell de changer de camp, se rapprochant rapidement d'anciens hommes de Mooney. L'après-midi du jour de Noël, il était avec Dale quand ils furent repérés et poursuivis par Garvin, son frère et une douzaine d'autres personnes. Ils furent attrapés et agressés. Pour se défendre, Wheywell sortit un revolver. La police arriva rapidement sur les lieux pour mettre fin à la bagarre. Plus tard, Wheywell fut disculpé pour la possession d'une arme à feu sans certificat tandis que Robert Garvin et un autre des hommes étaient condamnés chacun à un mois de travaux forcés pour agression. Le soir du jour de Noël, un bookmaker appelé Newbould fut accosté par les Garvin et trois autres personnes. On lui ordonna de remettre 10 £ afin d'obtenir un avocat pour certains membres de la bande qui avaient des problèmes. Le bookmaker refusa et lui et un de ses amis furent frappés. Newbould engagea des poursuites, mais fit également venir de Birmingham une brute pour exercer des représailles sur le gang de Garvin. Il s'agissait du redouté Thomas Armstrong du Birmingham Gang, qui se mit rapidement au travail, menaçant Sandy Bowler.

Compte tenu de ce regain de violence, la surprise fut totale pour le public lorsque, le 1er janvier 1925, le *Sheffield Daily Telegraph* annonça que, la veille au soir, les gangs de Sheffield s'étaient rencontrés et avaient mis fin à leur querelle. Le journal rapportait que tous les chefs responsables avaient été impliqués directement ou par l'intermédiaire de représentants. Après « autant de palabres que lors de la conclusion de la paix entre l'Allemagne et les Alliés », un armistice avait été conclu, à la suite duquel chaque partie devait nommer six hommes comme « délégués » et les deux gangs devaient partager les profits des cercles de lancer de Sky Edge.[572] C'était un rebondissement plutôt étrange. Une trêve n'était pas nécessaire, car Garvin et la Park Brigade avaient clairement gagné, et la police l'avait compris. Après s'être renseigné sur l'authenticité de l'arrangement, le chef de la police insista sur le fait qu'« aucune confiance ne pouvait être accordée à la parole ou à la promesse de ces hommes ».[573] Comme J. P. Bean le découvrit plus tard dans son travail sur les gangs de Sheffield, la trêve était une ruse. Quatre des meilleurs hommes de la Park Brigade devaient passer devant le tribunal pour l'attaque de Dale, tout comme Garvin et d'autres pour l'agression de Newbould. Ils risquaient tous la prison s'ils étaient reconnus coupables. Par conséquent, dans le cadre de l'accord entre les gangs, Newbould abandonna ses accusations.[574] Dans l'autre affaire, Dale, qui était le principal témoin à charge et un ami de Newbould, disparut. Malgré son absence, les quatre hommes de la Park Brigade furent reconnus coupables. Bowler fut condamné à neuf mois, deux autres à six mois et un quatrième à douze mois. Pourtant, même avec leur perte, le gang de Garvin restait le plus fort, et bien sûr, il renonça rapidement à l'accord pour le partage de Sky Edge.[575] C'est à juste titre qu'un juge le désigna comme le *deus ex machina* tirant les ficelles pour faire danser les marionnettes.[576]

Albert Foster, du gang de Mooney, était maintenant rentré à Sheffield, et le 22 janvier, Armstrong et lui se rendirent avec deux autres personnes à Sky Edge pour rencontrer le « chef du ring » et fixer un rendez-vous pour un partage, comme cela avait été convenu auparavant. Ils ne savaient pas que Garvin était revenu sur sa parole, mais ils le découvrirent rapidement lorsqu'on leur annonça avec insistance qu'il avait changé d'avis et qu'il allait gérer le ring lui-même. Les hommes de Mooney, furieux, lancèrent un défi aux hommes de Park : s'ils ne parvenaient pas à se mettre d'accord, ils régleraient l'affaire « lors d'un combat en face-à-face qui aurait lieu dans un endroit convenu à l'avance, quelque part dans le pays ». Les membres du gang de Mooney furent alors lapidés et mis à terre par une cinquantaine de jeunes gens liés à la Park Brigade. Armstrong, Foster et l'autre couple se défendirent, mais le nombre de leurs adversaires était écrasant et ils durent s'enfuir dans une maison voisine, « stupéfiant quelque peu son occupant », comme le rapporta un journal local. À l'intérieur, ils barricadèrent le haut de l'escalier, « rassemblèrent quelques bibelots et se préparèrent au pire ». L'escalier était très étroit, de sorte qu'un seul des assaillants pouvait y monter à la fois. Ce n'était pas pour les rassurer, étant donné l'effrayante réputation d'Armstrong. Rassemblés à l'extérieur de la maison, les membres de la Park Brigade furent dispersés par l'arrivée d'un groupe de policiers à pied et à cheval.

Peu après, le fils aîné de Mooney se vanta que son père était de retour en ville et qu'il allait éliminer tout le gang de Garvin.[577] C'était vrai : Mooney était de retour et il ne tarda pas à être mêlé à une altercation qui déclencha une série de conflits violents entre les deux gangs. Au début du mois de février 1925, Mooney était en compagnie d'Albert Foster, de Ganner Wheywell et de son frère lorsqu'ils tombèrent sur Frank Kidnew de la Park Brigade. Démolissant un panneau publicitaire, ils le menacèrent en tenant des propos obscènes. Quelques jours plus tard, en guise de représailles, un autre ancien membre du gang fut tabassé par Garvin et d'autres, mais, une fois encore, il s'en sortit sans être accusé d'agression. Alors qu'il quittait le tribunal, la Park Brigade s'aligna d'un côté de la rue. Face à eux, les membres du gang de Mooney ressuscités les confrontaient.[578] Le conflit s'intensifia. Le 1er mars, le bookmaker Newbould ouvrit la porte de sa maison de West Bar à trois membres de la Park Brigade qui frappaient. L'un d'eux était Jack Towler, l'homme qui s'était battu avec Wheywell. Ils demandèrent si Armstrong était là et, lorsqu'il leur répondit le contraire, Towler frappa Newbould à la tête avec une bouteille de bière avant de quitter les lieux. Towler fut rapidement arrêté et sa défense fit valoir que Newbould employait Wheywell, finançait le gang de Mooney et payait Armstrong pour les aider. Ayant été reconnu coupable, Towler fut condamné à quatre mois de prison. Un jour après l'agression de Newbould, l'un des principaux partisans de Garvin fut frappé si fortement à la tête avec un instrument lourd que sa vie fut en danger. Il s'en sortit, mais, en juillet 1925, son agresseur, Albert Foster, fut condamné à dix-huit mois de prison après avoir été arrêté à Birmingham, ce qui témoigne par ailleurs des liens entre le gang de Mooney et celui de Birmingham.[579]

La police décrivit les hommes impliqués dans la guerre des gangs de Sheffield en des termes désobligeants. Cette description aurait également été valable pour les membres du Birmingham Gang, du Sabini Gang et du Camden Town Gang.

« Ils fréquentent les réunions de courses à des fins diverses, s'adonnent au lancer de pièces, encouragent les concours de boxe et s'en prennent généralement aux bookmakers, aux débitants de boissons et autres personnes similaires qui, dans certains cas, sont trop facilement terrorisées par eux. Certains d'entre eux s'introduisent par effraction dans des magasins, des entrepôts, etc., et d'autres fournissent des moyens d'écouler les biens volés, Samuel Garvin étant soupçonné d'être particulièrement actif dans ce sens. À chaque fois qu'ils se présentent devant les magistrats, ils sont défendus de la plus compétente des manières ; les preuves tournées à leur avantage, provenant presque invariablement de membres de leur propre parti, sont souvent entachées de fraude, voire de parjure. Ils semblent avoir acquis un certain mépris pour les procédures du tribunal de police... Ces hommes ont commis de nombreux actes de violence ; presque toujours, les personnes qu'ils ont attaquées étaient des membres du parti opposé. »[580]

Alors que la violence entre les gangs était détestable et détruisait la paix dans la ville où ils vivaient, les événements prirent une tournure dévastatrice lorsqu'un homme qui n'était pas du tout impliqué dans la guerre des gangs fut attaqué.

LE GANG DE GARVIN ET LE MEURTRE D'UN HÉROS

William Plommer était l'antithèse des gangsters et le parfait exemple d'un père de famille dur et travailleur. Originaire de Glasgow, âgé de trente-trois ans, il était bien bâti et musclé et, jusqu'en 1912, il avait servi dans l'armée, où il présentait un bon palmarès de boxe. Deux ans plus tard, il fut appelé sous les drapeaux et servit pendant toute la guerre, devenant sergent. Après sa démobilisation, il eut toujours un emploi régulier et lui et sa femme, Elizabeth, s'installèrent à Princess Street, dans le quartier de Norfolk Bridge, dans l'East End de Sheffield. Dans la nuit du dimanche 26 avril 1925, leur ami Harold Liversedge se présenta chez eux couvert de sang. Il avait bu au Windsor, un peu plus loin dans la rue, et à l'heure de la fermeture, avait été frappé sans prévenir par Wilfred « Spinks » Fowler. Membre du gang de Garvin, Fowler avait fait partie du groupe qui avait assiégé Armstrong et Foster après qu'ils avaient été chassés du cercle de lancer de Sky

Edge. Retournant au pub avec Plommer, Liversedge défia Fowler à un combat à mains nues ; on entendit Plommer dire : « Laissez-les avoir un combat loyal. » Fowler fut mis à terre et, alors que le sportif Plommer l'aidait à se relever, il fut frappé à la tête par-derrière par un inconnu. Fowler s'en prit à Plommer et le maudit en disant : « Salaud d'Écossais. Tu vas te faire tanner le cuir demain. »

Tôt le lendemain soir, Sam Garvin et trois autres personnes se rendirent au Windsor. Garvin parla de Plommer et d'un autre homme, puis jura : « On va tuer ces salauds. » À ce moment-là, une partie de son gang paradait dans Princess Street et Lawrence Fowler fut entendu disant : « Il s'est fait notre fiston (petit frère). Il se l'est fait, et maintenant on va le buter. » Sachant que le malheur le guettait à l'extérieur, Plommer quitta pourtant sa maison seul et sans arme pour affronter courageusement les hommes qui le recherchaient. Visiblement inquiète, sa femme le surveillait et raconta ce qui se passa.[581]

« J'ai vu mon mari debout à l'intersection de Princess Street et Attercliffe Road. J'ai vu sept ou huit hommes remonter la rue vers lui et l'attaquer. J'étais à ma porte, à environ cinquante mètres. Il faisait jour. J'ai vu un homme à la tête bandée frapper mon mari, il semblait se détacher du groupe. Je ne peux pas dire avec quoi l'homme a frappé ni où il a frappé mon mari. J'ai commencé à courir dans la rue et, en arrivant, j'ai vu Lawrence Fowler frapper mon mari avec un tisonnier, le frapper à l'arrière de la tête.... Il portait un manteau léger en tweed et n'avait ni casquette ni chapeau.... Mon mari a alors essayé de monter dans une voiture qui passait et a été repoussé. Mon mari a alors tourné après le Rawson's Arms et est passé près de moi.

Je l'ai entendu crier aux hommes : "Venez un par un." Wilfred et Lawrence Fowler me retenaient et Lawrence Fowler a dit : "Butons-le pendant qu'on le tient." Mon mari a alors commencé à courir dans la rue. Les deux Fowler ont couru après lui.

Wilfred Fowler a ramassé un scooter et l'a lancé sur mon mari. Mais il ne l'a pas touché. J'ai vu mon mari entrer dans notre maison. Au bout de deux ou trois minutes, j'ai rejoint mon mari dans notre maison... Quand Wilfred Fowler a dit "Finissons-en avec lui", il tenait un rasoir à la main. »

Âgé de dix ans seulement, Thomas Plommer fut témoin de la lâche attaque contre son père. Sorti « pour voir ce que ces hommes qui marchaient dans la rue allaient lui faire », il dut être traumatisé de voir son père frappé avec un tisonnier, puis avec une matraque en cuir par Wilfred Fowler, dont la tête était bandée. En fait, tous les agresseurs étaient armés, y compris de lourdes chaînes et d'épais tubes de caoutchouc à l'extrémité enduite de plomb, tandis que l'un d'entre eux avait une baïonnette. Malgré cela, et malgré son infériorité numérique, un voisin déclara que Plommer « s'était comporté comme un héros et les avait tous combattus ». Il renversa Wilfred Fowler puis, glissant sur les rails du tramway, tomba au sol, où il fut battu par les autres et apparemment frappé au côté gauche par Lawrence « Lol » Fowler qui tenait quelque chose à la main. La police arriva peu après que Plommer avait réussi à entrer dans sa maison et avait été transporté d'urgence à l'hôpital, où il mourut tragiquement. Son gilet, son écharpe, sa chemise et sa veste étaient tous tachés de sang et ses vêtements étaient lacérés. Il avait subi trois blessures au crâne, une coupure à la main et deux entailles à l'estomac. Ce furent ces blessures abdominales qui le tuèrent ; elles avaient été causées par une baïonnette ou un instrument similaire. [582]

William Plommer fut enterré le samedi 2 mai 1925. Son cercueil était drapé de l'Union Jack et l'on estime que 20 000 personnes se rassemblèrent dans les rues et au cimetière pour lui rendre hommage.[583] Dix hommes furent jugés pour son meurtre. Au cours du procès, les témoins furent menacés et Elizabeth Plommer reçut une lettre anonyme lui annonçant qu'elle serait « trucidée ».

Courageusement, elle défia l'avertissement, déclarant : « Je suivrai l'exemple de mon mari. J'ai l'intention de continuer à vivre du mieux que je peux avec ma mère, qui a soixante-dix ans, et mes quatre enfants, âgés de quatre mois à onze ans. La police a été très bonne avec moi, et j'ai toute confiance en sa protection. »[584]

Trois des accusés furent libérés pour manque de preuves. C'était notamment le cas de Bob Garvin et Frank Kidnew. Sam Garvin et un autre homme furent acquittés. Le 31 juillet, trois autres personnes étaient reconnues coupables d'homicide involontaire : deux d'entre elles furent condamnées à dix ans de servitude pénale et la troisième à sept ans. Bien qu'ils eussent protesté en disant que William Plommer avait été l'agresseur et qu'eux-mêmes n'avaient pas infligé les blessures mortelles, les deux frères Fowler furent reconnus coupables de meurtre et condamnés à mort. Tous deux étaient originaires de Brightside, un quartier ouvrier de l'East End jouxtant le quartier de Norfolk Bridge. Wilfred Fowler, le frère cadet, avait un très mauvais dossier, avec des condamnations pour vol et agression depuis l'âge de dix ans. À quinze ans, il avait été envoyé en maison de redressement. Après sa libération, il récidiva et fut envoyé à Borstal pour trois ans. Il fut libéré au début de l'année 1922, considéré comme une personne fiable qui devrait réussir. Néanmoins, on s'inquiéta de son retour dans la localité de ses parents et on tenta de l'installer ailleurs. Cela échoua, et, après être retourné vivre avec sa femme et sa jeune fille chez ses parents, Fowler ne trouva pas de travail. Comme on le craignait, il replongea dans la criminalité. Selon la police, il n'était pas connu pour faire un travail honnête et était continuellement vu en compagnie de voleurs. La compagnie dans laquelle il fut attiré était celle du célèbre Sam Garvin.

Lawrence Fowler avait deux ans de plus que son frère et était soupçonné de l'avoir détourné du droit chemin. Employé d'un bookmaker, il avait été condamné pour vol, agression, blessure volontaire et paris de rue, et on le soupçonnait d'être un receleur de biens volés. Lorsqu'il fut condamné, il s'écria : « Je suis absolument innocent. Tout ça est impossible. »[585] Les deux frères firent appel de leur condamnation, sans succès. Wilf Fowler adressa alors une pétition au ministre de l'Intérieur. Il souligna qu'il n'avait jamais eu l'occasion de prouver qu'il était un bon citoyen, car il n'avait pas pu profiter de l'influence d'une bonne formation comme la plupart des jeunes. Après sa sortie de Borstal, il avait trouvé du travail (ce qui contredit les rapports officiels), mais la police avait informé son employeur qu'il était un garçon de Borstal et il avait été immédiatement renvoyé. Il conclut : « Je peux vous assurer que je n'ai pas eu la moindre chance. Je vous prie humblement, Monsieur, au nom de ma femme et de mes deux petits enfants, de me donner une chance de vivre la vie d'un citoyen honnête et respectable. »[586] Son plus jeune enfant était âgé de quelques jours. La pétition échoua.

Dans des lettres adressées à sa femme et à ses amis, Lawrence Fowler espérait que des personnes bien informées divulgueraient le nom de l'homme qui avait réellement poignardé William Plommer. Il semble qu'elles l'aient finalement fait et que son avocat ait envoyé cette information et les documents pertinents au ministre de l'Intérieur. Dans ses dernières lettres, Fowler écrivait également que son innocence pourrait être prouvée par son frère, qui allait tout raconter. Juste avant son exécution, Wilfred Fowler révéla le nom du meurtrier à son avocat. Il s'agissait de l'un des hommes qui avaient été condamnés pour homicide involontaire. Déclarant qu'il était le plus aimable époux qui soit, la femme de Fowler expliqua qu'il n'avait pas révélé cette information au tribunal parce que cela aurait signifié vendre un copain et qu'il ne pensait pas que l'affaire prendrait une tournure aussi grave pour lui. Sa déclaration fut également envoyée au ministre de l'Intérieur, qui nia ensuite en avoir eu connaissance.[587] Wilfred Fowler fut pendu le

3 septembre et Lawrence Fowler le jour suivant. Les trois hommes reconnus coupables d'homicide involontaire étaient George Wills, Stanley Harker et Amos Stewart. Tous trois avaient une vingtaine d'années et, comme les Fowler, vivaient dans l'East End de Sheffield, dans la basse vallée de la rivière Don.[588] Cette vaste zone industrielle, qui comprenait Brightside, Attercliffe, Norfolk Bridge, Darnall et Tinsley, était saturée d'usines polluantes et de maisons mitoyennes insalubres et mal construites. De fait, cette zone avait beaucoup de points communs avec les vieux quartiers centraux de Birmingham, dont étaient issus les membres du Birmingham Gang. Mais, tout comme ces quartiers, l'East End de Sheffield n'était pas un abîme uniquement habité par une population effrayante et criminelle. Comme le rappelle un ancien habitant de l'East End, le quartier « avait peut-être son côté sombre, mais je ne me souviens pas qu'il était désagréable ou dangereux », tandis qu'un autre souligne que, malgré la terrible pauvreté des années 1920, « les habitants du quartier avaient un esprit et une indépendance remarquables. »[589] Né en 1904, Frank Harris venait également de l'East End et était associé au gang d'Alfred Road, qui se distinguait par le fait que ses membres portaient un foulard en soie blanc noué sur le devant, contrairement au foulard en soie rouge de la Park Brigade.

Harris avait fréquenté les Fowler et se souvenait que Lol Fowler avait été impliqué dans la gestion d'un cercle local de lancer de pièces pendant la Première Guerre mondiale. Par la suite, lui et son frère Wilf avaient tenu des paris illégalement dans les rues pour le compte d'un bookmaker, et avaient également participé à des courses. Toujours bien habillés, ils n'étaient pas vraiment des durs, et l'après-midi où Plommer avait été tué, Wilf Fowler s'était rendu aux courses d'Uttoxeter. Harris se souvient que lorsque Fowler était rentré chez lui, Amos Stewart lui avait dit : « Va à Norfolk Bridge. Le fiston a des problèmes. » Les deux hommes s'étaient joints à d'autres pour soutenir Lawrence Fowler contre Plommer, qui était seul.

C'était un homme rude et un « combattant en un contre un ». Harris est certain qu'« il les aurait tous les deux tabassés » sans le gang.[590] Au tribunal, Wilfred Fowler avait déclaré qu'il était allé aux courses d'Uttoxeter, puis à Norfolk Bridge avec Amos Stewart, identifié par Thomas Plommer comme l'un des hommes qui avaient attaqué son père. Lorsqu'il fut condamné pour homicide involontaire, Stewart s'inclina avec une fausse politesse, remercia le juge et quitta le banc des accusés en riant – manifestement satisfait d'une peine de dix ans et non de la peine de mort.[591] Il était issu d'une famille violente ; en 1934, peu de temps après avoir été libéré de la prison de Dartmoor en conditionnelle, il fut reconnu coupable d'agression et envoyé en prison pour vingt-deux mois supplémentaires.[592]

Quel que fût le meurtrier de William Plommer, beaucoup de gens à Sheffield pensaient que Garvin était derrière ce meurtre. Harris était l'un d'entre eux, soulignant que Garvin avait appris que Plommer tenait une école de lancer locale sous le pont de Norfolk. Garvin « voulait s'occuper d'tout le monde ou en obtenir quelqu'chose », mais Plommer « ne voulait pas cracher », et les Fowler et leurs amis avaient été envoyés lui régler son compte. Garvin et son frère, Rob, avaient peut-être sauté dans un tram avant l'attaque, mais « ils étaient les instigateurs et les Fowler n'étaient que des outsiders. Ils n'auraient pas dû être pendus. Les Garvin étaient inutiles seuls, ils le savaient. Avec la bande, ils étaient comme des lions. Ils régnaient par la force, la peur. D'homme à homme, Plommer les aurait battus. » Contrairement à lui, les Garvin auraient utilisé des rasoirs et d'autres armes, une chose méprisable, car « si tu peux pas te battre avec tes poings, à quoi tu sers ».[593]

L'avocat de l'accusation dans le procès pour meurtre soutint également l'importance du « roi » Garvin, comme il le surnomma, dans le meurtre. Cependant, dans son résumé, le juge informa le jury que, puisque Garvin n'avait pas été accusé d'avoir assisté à la rixe elle-même, s'il devait être déclaré coupable, lui-même devait être convaincu qu'il avait été « complice de l'instigation ou du commandement de l'agression ».[594] Bien qu'il eût été acquitté sur cette base légale, il ne fait aucun doute que Garvin était le maître du ring, non seulement de l'école de lancer de Sky Edge, mais aussi d'autres activités criminelles à travers Sheffield. Depuis le début de la guerre des gangs, il avait étendu ses activités et avait la réputation d'être un receleur de biens volés. La Park Brigade avait été essentielle pour prendre le contrôle de Sky Edge et elle était également incontestée dans le centre-ville. Mais elle n'était plus qu'un élément de ce qu'était devenu le gang de Garvin. Il vivait pourtant loin de la guerre des gangs, dans une maison mitoyenne de trois chambres à Walkley, à plus de cinq kilomètres du centre-ville, où le niveau de vie était bien meilleur que dans l'East End et le quartier de Park. Pourtant, aussi loin qu'il fût de ces pauvres quartiers ouvriers, c'était d'eux qu'il tirait les jeunes hommes crédules et enclins à la criminalité. Garvin donnait les ordres, mais quand cela l'arrangeait, il s'éloignait – comme il le fit avec les Fowler, car au tribunal il déclara qu'il ne leur avait parlé que quelques fois.

Garvin était rusé et il était bien connu que, même s'il n'avait pas été condamné pour des agressions commises par sa bande, il se trouvait parfois dans les parages.[595] Cependant, le lendemain de son acquittement pour meurtre, il était enfin poursuivi pour actes de violence. En quittant Princess Street peu avant le meurtre de William Plommer, Garvin avait été vu avec un rasoir dans la poche et on l'avait entendu dire qu'il allait se faire Spud Murphy du gang de Mooney. Lui et son frère Rob quittèrent alors les lieux et, peu de temps après, rejoignirent d'autres membres du gang. En tombant sur Harry Rippon, un autre des hommes de Mooney, Garvin sortit son rasoir et essaya de lui taillader le visage. Rippon repoussa le coup de sa main, qui fut entaillée, puis fut ensuite violemment frappé à la tête avec un gourdin par Bob Garvin. Étourdi, Rippon fut transporté à l'hôpital avec de graves blessures au crâne. Les Garvin furent accusés de blessures volontaires. Comme d'habitude, Sam Garvin nia toute implication et les témoins de la défense déclarèrent qu'il se trouvait dans un autre endroit au moment de l'attaque. Mais leurs témoignages étaient contradictoires et, sans se retirer pour délibérer, le jury déclara les frères Garvin coupables le 1er août 1925. Sam Garvin, l'un des criminels les plus intelligents de Sheffield et le cerveau de la bande, fut condamné à vingt et un mois de travaux forcés. Son frère Bob fut condamné à neuf mois de travaux forcés parce que son « tempérament était très bon jusqu'à récemment et que sa chute était due à la mauvaise influence de son frère ».[596]

Bien qu'ils se détestassent, les vies de Garvin et Mooney étaient inextricablement liées. Ils en étaient venus aux mains lors des courses de Lincoln en mars 1925 et voilà que Mooney était emprisonné peu après son ennemi.[597] Le 1er août, le jour du procès de Garvin, Mooney se battit dans un train avec un bookmaker de Sheffield appelé William Cowen. Mooney protesta en déclarant qu'il avait été attaqué le premier, mais le jury préféra la preuve des témoins et de Cowen, qui n'avait pas voulu porter plainte et avait été forcé de se présenter au tribunal par une citation à comparaître. Il avait reçu des coups de poing, avait été jeté à terre, avait reçu plusieurs coups de pied, avait eu trois côtes cassées et une partie de son oreille gauche arrachée à coup de dents. Mooney fut condamné à neuf mois de travaux forcés.[598]

Le meurtre de William Plommer et les problèmes persistants causés par la guerre des gangs conduisirent à une action radicale de la police. En mai 1925, le chef de police Hall-Dalwood forma une brigade volante à Sheffield dans l'unique but de supprimer les gangs. Dirigée par le sergent William Robinson, elle se composait de douze policiers robustes et forts.[599] Des plaintes concernant leurs tactiques brutales ne tardèrent pas à être déposées lorsque des prisonniers se présentèrent au tribunal, les yeux au beurre noir, le nez bandé et présentant d'autres blessures. En janvier 1926, un avocat affirma que l'escouade avait été créée pour donner « un rossage » aux « nuisibles ».[600] C'était le cas, et quelques mois plus tard, le nouveau chef de la police, Percy Sillitoe, lui donna carte blanche et jura de combattre le feu par le feu. Les membres de la brigade volante apprirent le ju-jitsu et d'autres méthodes d'attaque et de défense, mais, comme le souligna Sillitoe, « il était surprenant de constater qu'ils n'avaient pas besoin de beaucoup d'enseignement ».

Divisés en petites équipes pour les patrouilles, l'un des binômes les plus célèbres était celui de Loxley et Lunn. Walter Loxley mesurait 1,80 mètre et pesait 81 kg. Selon les mots de Sillitoe, il n'y avait « pas une once de chair tendre sur lui. Il était dur comme du granit, et le frapper, même avec des gants de boxe, était comme frapper un mur de briques. »[601] Herbert « Jerry » Lunn était un héros de guerre. Sergent de la Royale Garrison Artillery, il avait été gazé et avait reçu la Médaille militaire en 1917 pour avoir maintenu les communications intactes et sauvé des hommes blessés sous un feu nourri d'obus.[602] Pas tout à fait aussi grand que Loxley, c'était « un homme magnifiquement équilibré qui pouvait frapper aussi fort que le coup de sabot d'une mule ». Lorsqu'ils marchaient tous les deux dans les rues, « ils ressemblaient à un cuirassé accompagné d'un destroyer ».[603] Une autre équipe célèbre était celle du sergent Robinson et de Patrick Geraghty, « un géant » qui était « la terreur des malfaiteurs ».[604] Comme Frank Harris s'en souvient, « Geraghty et Lunn venaient en taxi et les désintégraient tous. Ils s'en prenaient à eux. Si les gangs étaient dans un pub, le proprio appelait. Deux entraient et leur ordonnaient de sortir et deux restaient dehors et leur donnaient du marteau. Ça décomposait les gangs. Les gens appréciaient ça. Les flics, c'étaient tous des gaillards. 1,80 mètre, 90-95 kg. Ils n'allaient pas les laisser se reposer. »[605] C'était tout à fait vrai, et la police se délectait de l'opportunité de combattre les gangsters.

De tous ses souvenirs de ces années troublées, le sergent Robinson se souvient surtout de la nuit où la brigade volante défia l'une des bandes, probablement celle de Mooney.

« Nous avons appris qu'ils allaient nous tomber dessus parce que nous les avions chassés d'un pub la nuit précédente. J'ai décidé de ne pas attendre qu'ils viennent à nous et j'ai emmené Loxley et Lunn dans un pub de West Bar. Bien sûr, ils étaient là, une douzaine d'entre eux. Je savais que nous aurions des ennuis, alors je leur ai dit que j'allais les fouiller. Nous avons trouvé des rasoirs et des matraques sur eux, mais ils savaient que nous voulions régler l'affaire une fois pour toutes. C'est alors que la fête a commencé. C'était une sacrée prise de bec, et je ne l'oublierai jamais. C'était le seul moyen de s'occuper d'eux, et nous trois, nous avons montré aux douze ce qu'il en était. C'est comme ça qu'on a fait cesser le gang. Nous les avons poursuivis tout le temps. Je leur ai dit qu'à trois ou plus, c'était une foule et que je ne les laisserais pas se réunir dans les bars. Si je les trouvais réunis, mes gars les séparaient. Nous les avons harcelés jusqu'à les avoir à l'usure. »[606]

Les récits de ce type sont essentiels pour illustrer la manière dont la police traitait les gangs. Cependant, tous les policiers n'étaient pas aussi bien informés que Robinson. Dans l'histoire à la gloire de sa vie, Sillitoe prétend que les gangs de Mooney et de Garvin comptaient chacun des centaines de membres.[607] Comme les nombres supposés dans les gangs des hippodromes, ceux-ci étaient exagérés. L'évaluation de Robinson, qui parle d'une douzaine d'hommes principaux dans chaque gang, est plus réaliste, bien que certains profiteurs qui gravitaient autour des gangs aient pu augmenter ce total de vingt à trente.

Les tactiques qui visaient à combattre le feu par le feu de la brigade volante semblaient fonctionner, mais, avec la sortie de prison de Garvin, la guerre des gangs semblait prête à éclater à nouveau en 1927. Mooney était déjà sorti de prison et lui et son vieil ami, Spud Murphy, avaient réglé leurs différends ; ce fut alors, en mars, qu'ils entrèrent avec Ganner Wheywell dans un pub où les frères Garvin buvaient. Des insultes et des menaces furent proférées et Wheywell cria aux frères : « Vous avez deux jeunes pendus, maintenant, on va voir. ». On appela la police et les deux hommes partirent, mais plus tard dans la soirée, Mooney et Murphy furent arrêtés pour avoir agressé le sergent Robinson. Chacun d'eux fut condamné à deux mois d'emprisonnement. Il est plus probable que ce soient eux qui aient été agressés, leur avocat affirmant :« À une époque, Sheffield était connue pour ses gangs, mais aujourd'hui, elle est plus célèbre pour ses bandes organisées de policiers, qui poursuivent ces hommes d'un débit de boissons à un autre, et ne les laissent pas se comporter correctement quand ils le veulent. »[608]

Pourtant, les tactiques brutales de la brigade volante permirent d'éviter le réveil de la guerre des gangs après la libération de Garvin, mais, vers la fin de l'année suivante, les craintes se ravivèrent. Le 18 novembre 1928, Mooney, Spud Murphy et un troisième homme pénétrèrent de force dans la maison de Sandy Blower, une figure clé du gang de Garvin. Il était sorti, mais sa femme fut avertie par Murphy : « On va l'avoir. On va l'assassiner. » Paniquée, elle s'enfuit dans la rue en criant « Au meurtre ! ». Son fils de quinze ans courut après elle pour la protéger et on dit qu'il fut frappé par Murphy et Mooney, qui portait un morceau de plomb.[609]

Le 12 décembre, le chef de police Sillitoe convoqua Mooney et Garvin et les avertit qu'il ne tolérerait pas une guerre de gangs. L'après-midi même, les gangs de Mooney et de Garvin s'affrontèrent, mais ce fut pour la dernière fois. Mooney et Murphy étaient avec Gilbert Marsh et George Sawdon, qui avaient tous deux fait partie de la Park Brigade, mais avaient changé de camp. Ils croisèrent Garvin et Bowler avec « un juif de Londres », prétendument « importé » pour attirer des ennuis à Mooney. Quand il vit Mooney, Garvin s'approcha de lui en disant : « Tu as profité de moi hier, et je vais t'avoir aujourd'hui. » Il frappa Mooney, qui répliqua, mais Garvin lui décocha un coup de pied, puis Mooney le repoussa. L'homme juif sortit un couteau, qui lui fut arraché de la main par Sawdon avec son parapluie. Mooney et ses hommes ainsi que Garvin et Bowler décidèrent alors de s'unir pour la paix.[610] Ainsi se termina la guerre des gangs de Sheffield et la brigade volante fut dissoute à la fin de l'année 1928.[611]

Un an plus tard, Mooney fut impliqué dans une altercation avec la police lorsque son ami, Spud Murphy, fut violemment battu par des officiers ; et en 1930, il fut condamné à trois mois d'emprisonnement avec travaux forcés à Dublin pour avoir vagabondé lors d'un match international de rugby.[612] Par la suite, il semble être devenu respectueux de la loi. En 1939, il vivait avec sa femme et leurs plus jeunes enfants dans une maison mitoyenne de Rose Street (aujourd'hui Roselle Street) à Hillsborough. Se présentant auparavant comme un commis de bookmaker, il était désormais ouvrier dans une fabrique de classeurs. Il décéda en 1961.[613] Sillitoe avait reconnu une certaine morale chez Mooney, mais aucune étincelle chez Sam Garvin. Il semble qu'il n'y en avait pas et qu'il ne changea pas.[614] Il continua à parcourir le pays, parfois en faisant des paris et souvent en volant à la tire, ce pour quoi il fut condamné à six mois de travaux forcés à Nottingham en 1930.[615] Et il était toujours vindicatif et vengeur. Il se brouilla avec William Furniss de sa bande et l'attaqua, ainsi que son ami, en octobre 1931. Comme d'habitude, Garvin n'agit pas seul, ayant avec lui son gendre et Bowler. Il ne combattit pas non plus loyalement. Il frappa Furniss avec un verre de bière et le roua ensuite de coups de pied alors qu'il était au sol, tandis que Bowler utilisait un rasoir. Garvin et Bowler furent condamnés chacun à six mois de travaux forcés. Âgé de quarante-sept ans, Garvin vivait désormais dans le quartier de Park, dans une maison mitoyenne comme celle de Mooney. Incorrigible comme il l'était, en avril 1937, Garvin fut condamné à dix-huit mois de travaux forcés à Lincoln pour vol.[616] Deux ans plus tard, il se déclarait employé d'un bookmaker et sa femme et lui réussirent à s'installer dans un logement social de Cemetery Road, probablement dans le cadre de la première phase de destruction des mauvais logements du quartier de Park. Il mourut en 1952.[617]

Ni Garvin ni Mooney n'avaient tiré suffisamment d'argent de leur criminalité pour devenir prospères et installer définitivement leurs familles dans un style de vie de la classe moyenne. À cet égard, ils avaient beaucoup en commun avec les chefs des petits groupes de voyous qui composaient le Birmingham Gang. À l'inverse, Billy Kimber achèterait la respectabilité de ses enfants grâce à ses revenus criminels. Il en serait de même pour Harry et Darby Sabini. En 1925, au plus fort de la guerre des gangs de Sheffield, Darby Sabini avait commencé à s'éloigner de son gang pour se rapprocher d'une semi-légitimité. Cette évolution sera bientôt suivie d'un déménagement de Londres à Brighton et Hove, sur la côte sud. Ce changement lent, mais marqué dans les conditions de vie de Sabini ouvrit des opportunités à ses ennemis. Une alliance des Elephant Boys et de la bande de Bethnal Green profita rapidement du relâchement de son emprise sur les gangs de la capitale, entraînant une nouvelle guerre entre gangs de courses, qui attira promptement l'attention des journaux.

CHAPITRE 7

LA GUERRE CONTRE LES GANGS DE COURSES

LES ELEPHANT BOYS & LA BANDE DE BETHNAL GREEN

Mis à part l'affaire de corruption de Joe Sabini et le meurtre de Barney Blitz, les activités des gangs des champs de courses avaient fait l'objet d'une certaine accalmie en 1923 et 1924. Avec la trêve entre le Sabini Gang et le Birmingham Gang, et la défaite des ennemis londoniens des Sabini, il n'y eut pas d'affrontements majeurs entre gangs et peu d'événements dignes d'intérêt. Le Sabini Gang, en particulier, était en position de force. Les bookmakers qui les payaient pour leur protection étaient intimidés, le Jockey Club n'avait apparemment pas la volonté de débarrasser les hippodromes des « indésirables » et la police semblait incapable de démanteler les Sabini. Leur criminalité n'était pas entravée et leur mainmise sur le racket des hippodromes dans le Sud semblait inattaquable. Pourtant, en l'espace de deux ans, le pouvoir des

Sabini et du Birmingham Gang commença à décliner et, à la fin des années 1920, tous deux n'étaient plus qu'une force épuisée sur les champs de courses d'Angleterre.

Ce rapide revirement de situation était inattendu, mais il fut provoqué par une réaction à la domination des deux principaux gangs.

En effet, lassées de leur règne de banditisme, les associations de bookmakers eurent l'idée de donner aux principaux membres de la bande des « emplois » pour fournir les « services » qui avaient été extorqués. Le Jockey Club, enfin poussé à l'action par le poids des preuves de la filouterie, organisa une forte organisation pour débarrasser les hippodromes des pickpockets, des resquilleurs et des maîtres-chanteurs. De plus, embarrassé par la frénésie des gros titres sur les gangs de courses qui avaient éclaté au printemps et à l'été 1925 en raison de la guerre des gangs de Sheffield et de la recrudescence des rivalités entre les gangs de Londres, le ministre de l'Intérieur déclara la guerre aux gangs des champs de courses, en envoyant la brigade volante de la police métropolitaine sécuriser les hippodromes de la capitale. Leurs efforts furent soutenus par ceux de la police de Birmingham contre le Birmingham Gang. Cette combinaison de facteurs fut renforcée par le désir de certains chefs de gangs de s'éloigner du gangstérisme et de se rapprocher de la légalité afin de pouvoir acheter une respectabilité pour leurs enfants. Le plus notable d'entre eux était le plus improbable : Darby Sabini.

Le déclin des gangs de courses ne semblait toutefois pas possible, et encore moins probable lorsque, au printemps 1925, des rapports firent état de l'annulation de l'accord entre les Sabini et le Birmingham Gang. Ils envahissaient leurs domaines respectifs, tandis que « le danger et la confusion » étaient exacerbés par l'émergence de nouveaux gangs indépendants. On exagéra parfois le terrorisme qu'ils pratiquaient sur les hippodromes en les présentant comme « une réplique moderne du "fenianisme*", ou de la camorra et la mafia italiennes ».[618] D'autres articles soulignaient que le nombre de Boys, « comme on appelle la brigade du quoi-qu'il-en-coûte, avait augmenté de cent pour cent ». Les gradins bon marché étaient remplis d'anciens détenus et de coupeurs de gorges. Le vol à la tire était monnaie courante et, lors d'une modeste rencontre de sauts d'obstacles, « plusieurs char-à-bancs furent braqués à environ 800 mètres de la course, et les passagers furent dépouillés de leur argent aussi totalement que dans les films ou des voleurs dévalisent les trains ». Dans le passé, les détectives avaient empêché ce genre de choses en se tenant aux portillons des trains et en empêchant les suspects de voyager, mais désormais, le trafic automobile s'était tellement développé qu'il était « impossible de limiter les vols à la source, pour ainsi dire ».[619]

Le *Daily Express* était à l'avant-garde de l'intérêt ravivé pour les gangs. Le 16 février 1925, le journal rapporta un « Affront dans les gangs de course », relatant une mêlée sauvage survenue l'après-midi précédent, lorsque des gangs rivaux censés provenir de Londres et de Birmingham s'étaient affrontés à la station d'Aldgate East. Au cours d'une bagarre animée impliquant une douzaine d'hommes, l'un d'entre eux s'était écrié : « Ils m'assassinent ! » avant de recevoir une sévère entaille au rasoir allant de la tempe à la bouche. Son agresseur s'enfuit, mais, sous les yeux de la foule qui se pressait sur les trottoirs, la victime fut jetée à terre et rouée de coups de pied au corps et à la tête par cinq autres hommes, qui s'engouffrèrent ensuite dans une rue latérale. Les gangs de courses étaient tellement redoutés dans l'East End que des dizaines d'hommes, de femmes et de jeunes filles qui avaient été témoins de ce qui s'était passé ne répondirent aux questions de la police qu'en disant « Je n'ai rien vu ».[620,] Mais il ne s'agissait

* Les fenians étaient des nationalistes irlandais qui luttaient avec violence contre la présence britannique.

pas en fait d'un affrontement entre bandes rivales, car l'homme blessé était un bookmaker indépendant. Il avait eu une dispute aux courses de Lewes et, selon Greeno, l'un des policiers présents sur les lieux, six ou sept membres de la bande de Bethnal Green s'étaient lancés à sa recherche. Après la lacération, son visage était « quadrillé comme un rideau de dentelle » et il resta marqué à vie.[621] Le bookmaker s'appelait Moses « Moey » Levy, un homme qui avait été « la terreur d'Aldgate », avec de nombreuses condamnations pour agression ou port de revolver, mais dont le pouvoir faiblissait. Ami d'Alfie Solomon, son frère, Bobby, était associé au Sabini Gang et cette entaille était le premier signe d'un nouveau défi pour les Sabini.[622] Cinq hommes furent arrêtés, dont Jack « Dodger » Mullins, chef de la bande de Bethnal Green, et Thomas « Monkey » Benneworth des Elephant Boys. Lorsqu'il fut accusé de coups et blessures, Mullins qualifia de façon désobligeante Levy de « roi des juifs ». Chaque homme dut payer une caution de 500 £, ou « un singe » dans le jargon des bookmakers, puis tous furent libérés.[623] Comme l'a fait remarquer Brian McDonald, c'est le fait que Benneworth ait été en mesure de payer cette lourde somme qui lui valut son surnom.[624]

Bien qu'il ne fît pas 1,70 mètre, Dodger Mullins avait une présence intimidante. En plus des cicatrices au-dessus des yeux et du bras gauche, en plus de son nez cassé, il était couvert de tatouages : un « en mémoire de [sa] mère », une dague, un boxeur, des mains jointes et Britannia*. Arthur Harding, lui-même un bandit, détestait Mullins, qu'il qualifiait « d'ignorant et de brutal ». Une vraie terreur, qui vivait en soutirant de l'argent à des gens qui avaient peur de lui ; Harding avait une fois vu Mullins battre à mort un petit chien blanc qui l'avait mordu.[625] L'ancien détective Greeno avait une opinion différente de Mullins. Un des chefs de gang les plus durs, c'était « l'original, le gamin fou et perturbé ; un petit

* Représentation allégorique de la Grande-Bretagne.

voyou génial – seulement 1,67 mètre et légèrement bâti – qui avait reçu la DCM (Médaille pour conduite distinguée*) pendant la Grande Guerre et pouvait se transformer en un combattant sans scrupules en un claquement de doigts ».[626]

Harding pensait que Mullins était le fils d'un père irlandais et d'une mère juive, mais il fut baptisé à l'Église d'Angleterre par ses parents.[627] Son père était un homme violent, condamné en 1898 pour avoir intentionnellement blessé une femme ; sa mère était morte cinq ans plus tard.[628] Mullins, son frère et sa sœur semblent avoir été abandonnés par leur père, et en 1911, ils vivaient avec leur grand-mère veuve à Bethnal Green. Elle avait soixante-neuf ans et devait encore travailler à la maison comme tailleuse de finissions. Un métier pénible, qui l'aurait obligée à travailler longtemps et sans relâche pour un maigre salaire. Mullins était apparemment fabricant de pâte pour un confiseur, avant de devenir ouvrier et criminel à plein temps. Qu'il ait ou non été décoré de la DCM pendant la Première Guerre mondiale, la police le considérait, ainsi que son acolyte Timothy Hayes, une autre terreur, comme le chef et le précurseur de la guerre des gangs sur les champs de courses.[629] À cette époque, Mullins vivait avec Minnie Cooper et leurs enfants. Ils avaient une relation tumultueuse ; un soir de mai 1920, après être rentrée à la maison, elle refusa de lui faire du thé, lui disant de « se casser ». En réponse, il la frappa au cou avec un objet pointu et elle s'enfuit. Mullins fut inculpé pour coups et blessures, mais il écrivit à Cooper pour s'excuser. Elle déclara à la cour qu'elle ne voulait pas poursuivre l'accusation, qu'elle avait du caractère et qu'elle savait comment mettre Mullins dans les ennuis plus rapidement que n'importe qui. De plus, il aimait beaucoup leurs enfants et « c'était un bon défaut chez lui ».[630] Son changement d'avis fut ignoré et Mullins fut emprisonné pour six mois de travaux forcés. Décrit comme

* En anglais *Distinguished Conduct Medal.*

un homme très dangereux dont le gang était la terreur du quartier, son emprisonnement mit également fin à son implication dans le racket des hippodromes dans le Sud, facilitant la prise de contrôle par Kimber et le Birmingham Gang. [631]

Après sa libération, Mullins s'associa à Henry Bargery, l'un des leaders des Titanics de Hoxton, puis fit équipe avec Thomas « Monkey » Benneworth des Elephant Boys.[632] Né en 1894 et originaire de Bermondsey, Benneworth était ouvrier imprimeur comme son père et son frère aîné, un autre criminel. En 1922, lorsque Benneworth fut condamné à huit mois de prison à Wormwood Scrubs pour recel de marchandises volées, il était décrit comme mesurant un peu plus de 1,60 mètre et ayant une cicatrice au-dessus de l'œil droit. Deux ans plus tard, en juin 1924, il plaida coupable pour vagabondage aux courses d'Epsom. Il fit valoir aux magistrats qu'il avait essayé de se tenir à carreau et que « s'il était condamné maintenant, il perdrait sa carte syndicale d'imprimeur et il lui serait pratiquement impossible de retrouver du travail dans son métier. Il avait une femme et quatre enfants, dont le plus jeune n'était âgé que de quelques jours. » Le plaidoyer de Benneworth tomba dans l'oreille d'un sourd et il fut emprisonné pendant trois mois.[633] Compte tenu de ses antécédents, on peut douter du fait qu'il aurait de toute façon renoncé à la criminalité.

Le chef des Elephant Boys s'appelait désormais Wal McDonald ; son neveu, Brian McDonald, estime qu'en raison des problèmes persistants avec les Sabini, la section combattante du gang avait dû à cette époque être ressuscitée.[634] Benneworth fut recruté pour la diriger. Rapidement, il se rapprocha de Mullins, cependant leur alliance se manifesta pour la première fois non pas à Londres, mais à Leeds, suggérant un soutien à Mooney dans la guerre des gangs de Sheffield. Tard un soir de janvier 1925, Mullins, Benneworth et quatre autres Londoniens se battirent dans les rues de Leeds avec Sam Garvin et les membres de son gang. Chacun d'entre eux fut condamné à une amende.[635] Puis, à la fin du printemps, de nombreux journaux rapportèrent que le soir du 20 mai, dix hommes armés dans un grand taxi bleu avaient fait plusieurs visites mystérieuses dans le West End de Londres. Le chauffeur était passé prendre deux hommes d'apparence étrangère et bien habillés dans l'est de Londres, qui lui avaient demandé de se rendre à Epping Forest, puis à Walworth, où il avait pris d'autres hommes près de l'Elephant and Castle. On lui avait ensuite ordonné de se rendre à Aldgate, où d'autres personnes étaient venues s'entasser dans le véhicule.[636]

Étant donné les lieux de ramassage, il était évident qu'il s'agissait des Elephant Boys et de certains membres de la bande de Bethnal Green. C'est aujourd'hui un fait, et le groupe comprenait Benneworth et Mullins, ainsi que John Jackson. Il se trouvait avec eux lors de lacération de Levy et, en tant que membre du Camden Town Gang, son frère Joe Jackson avait été emprisonné pour son rôle dans l'affaire de la fusillade.[637] La police pensait que les dix hommes dans le taxi cherchaient l'un des Sabini. Ils le trouvèrent dans un petit club de paris au-dessus d'un magasin à Paddington. C'était Alf White, et il fut sévèrement battu. Il en alla de même pour un joueur juif, à qui l'on demanda s'il était italien et qui répondit bêtement oui. Les hommes se rendirent ensuite dans un club sur Tottenham Court Road.[638] Dans ses mémoires, Greeno a écrit que dans l'un de ces clubs, un membre du Sabini Gang fut poignardé à mort et qu'un autre fut jeté dans un feu.[639]

Il n'existe aucune preuve de l'agression au couteau, mais Brian McDonald a révélé qu'au club de paris, l'ami d'Alf White avait été maintenu contre un poêle ouvert jusqu'à ce qu'il donnât à Benneworth et Mullins l'adresse de Harry Solomon, le frère d'Alfie, qui était toujours en prison.[640] La destination suivante était Maiden Lane, Covent Garden, où huit des hommes se rendirent à l'entrée d'un club de sport. Le portier les arrêta et l'alarme dut être donnée, car trente à quarante membres « firent une retraite précipitée à l'arrière de la maison et dévalèrent l'escalier de secours ». Les hommes défoncèrent ensuite la porte d'un autre immeuble de la rue, où l'on pensait qu'un chef de gang rival se cachait, et les coups réveillèrent le locataire de l'appartement du dessus. Il passa la tête par la fenêtre et cria : « Qu'est-ce que vous voulez ? » L'un d'entre eux répondit « Nous sommes les amis de Nobby », et ils partirent.[641]

Suite à ce saccage, Benneworth et un autre Elephant Boy furent rapidement arrêtés. Le 25 mai, ils furent accusés d'être entrés par effraction dans une maison. La liberté sous caution fut refusée et ils furent placés en détention provisoire pendant une semaine.[642] Ils ne pouvaient donc pas se rendre à la réunion du derby d'Epsom, où l'on craignait que n'éclate la tempête grandissante d'une nouvelle guerre des hippodromes.[643]

Alors que les autres chefs de gangs se cachaient, Scotland Yard surveillait et fouillait leurs lieux de prédilection et était prêt à « balayer tous les indésirables ».[644] Le jour même du derby, le 28 mai, la police ne laissa rien au hasard. Chaque wagon des trains quittant Londres fut passé au crible des détectives ; des patrouilles motorisées défilèrent sur les routes menant à Epsom « pour se mettre sur la piste de ces hommes désespérés prêts à tout » ; et sur le parcours lui-même, on trouva plus de quatre cents policiers à cheval, « ainsi qu'un nombre extraordinaire d'agents, de détectives et d'hommes de réserve de la police métropolitaine ».[645] Avec de telles précautions, il n'y eut aucun problème. Mullins et deux autres Elephant Boys furent à leur tour inculpés par la suite. Comme c'était la norme, les témoins ne se présentèrent pas et, sans preuve d'effraction, tout ce que les magistrats purent faire fut d'assigner les hommes à une obligation de maintien de la paix.[646]

LA QUERELLE DU BIRMINGHAM GANG

Mais la paix ne fut pas au rendez-vous et, quelques semaines plus tard, la violence éclata à Birmingham. Dans sa version romancée de la vie de Darby Sabini, Edward Hart écrivait que des représailles avaient été ordonnées à l'encontre du Birmingham Gang dans leur propre territoire, suite au viol d'une jeune femme italienne enlevée lors de la rencontre d'Epsom. Dirigée par Harry Bates, la section exécutive des Birmingham Boys jouait au *snooker** dans une salle à l'étage du George sur Radley Street, lorsque les Sabini entrèrent avec des fusils de chasse. Ils ordonnèrent à leurs ennemis de s'aligner contre le mur, mais le chef des Sabini déclara gaiement que les fusils n'étaient là qu'au cas où. L'intention était de trancher – « le rasoir affûté était déjà dans sa main, et cette main était aussi ferme qu'un roc ».[647]

En réalité, cependant, il n'y avait pas de Radley Street, pas de Harry Bates, et aucune attaque de la part des Sabini. Au lieu de cela, il y eut des combats *au sein* du Birmingham Gang. Le 16 juin, les journaux relatèrent une affaire sensationnelle qui s'était produite la veille dans un pub du centre-ville de Birmingham. Thomas MacDonald, âgé de quarante-neuf ans, avait été hospitalisé après avoir été tailladé au visage. La plaie s'étendait au côté gauche, de l'oreille à la lèvre supérieure, et il avait également reçu deux coups violents sur le crâne. Fait mystérieux de l'affaire, la victime refusa de faire toute déclaration compromettante.[648]

Originaire de Hockley, MacDonald était une sérieuse brute des courses. Né en 1877, il était connu sous les noms de Thomas McDonough et George White. Mesurant environ 1,70 mètre, il avait des cheveux bruns clairsemés et des yeux noisette. Il lui manquait l'index gauche et il avait des cicatrices de combat sur la tête et les jambes. Comme beaucoup d'autres membres

* Sorte de billard anglais.

du Birmingham Gang, il avait été un Peaky Blinder et, dès l'âge de treize ans, fut condamné pour de nombreux délits, dont des agressions, des dommages volontaires et des jeux de hasard.[649] Il commit une infraction plus grave en 1895, lorsqu'il fut emprisonné pendant dix-huit mois pour avoir blessé quelqu'un avec l'intention de lui causer un préjudice corporel grave. Cela faisait suite à un tapage dans un pub lors duquel il avait frappé un homme, qui était alors en train de rentrer chez lui. En tombant, il fut cogné à la tête avec une pierre, soit par MacDonald, soit par son compagnon. La victime eut une fracture du crâne et sa vie fut mise en danger. L'homme s'en sortit, mais fut définitivement handicapé, avec des pertes de mémoire et une perte partielle de la parole.[650] En 1904, MacDonald avait également purgé une peine pour vol à Sheffield, et cette année-là, il fut condamné à six ans pour un cambriolage à Birmingham. En liberté conditionnelle, il continua à récidiver et, en 1912, il fut de nouveau reconnu coupable de lésions corporelles graves, cette fois à Londres. On peut supposer qu'il rejoignit Billy Kimber, mais il n'existe aucune preuve solide permettant de le prouver. Après une peine de trois ans, MacDonald retourna à Birmingham, trouva du travail dans une usine de munitions et rejoignit le régiment du Devonshire ; en 1917, alors qu'il portait l'uniforme, il fut arrêté à Derby pour avoir fabriqué des pièces de monnaie contrefaites. Cambrioleur et faux-monnayeur invétéré, il fut emprisonné pendant cinq ans.[651]

La violence et la criminalité avaient pénétré l'être de MacDonald, et en 1922, peu de temps après sa libération, il fut de nouveau accusé de lésions corporelles graves, mais eut la chance que l'affaire soit retirée.[652] Deux ans plus tard, lui et James Cope furent cités à comparaître pour avoir illégalement exigé de l'argent avec menaces d'un bookmaker à temps partiel, lors des courses de poneys de Tamworth. Lorsqu'il avait refusé de payer, MacDonald lui avait asséné un coup de poing sur le côté de la tête. Visiblement effrayée, la victime fit comprendre qu'elle n'éprouvait aucun désir de vengeance et qu'elle ne souhaitait pas que des mesures trop sévères fussent prises à l'encontre de MacDonald, qui fut simplement assigné à l'obligation de maintenir la paix. Les charges contre Cope furent également retirées.[653] Autre homme de pointe du Birmingham Gang, il avait été voleur à la tire avec Billy Kimber à Dublin en 1917.[654] Désormais, en mai 1925, Cope était désigné comme le chef de file de sept hommes qui avaient terrorisé et fait chanter des bookmakers aux courses de Chester. Ils furent arrêtés après « un conflit passionnant » au cours duquel on utilisa un marteau et on lança des bouteilles. Cope fut condamné à douze mois de travaux forcés pour avoir volé un bookmaker londonien qui avait fui, terrorisé.[655]

Le Birmingham Gang avait toujours été un rassemblement instable de petits groupes de voyous des hippodromes comme celui de Cope. Kimber avait réussi à les rassembler en un corps féroce lors de la guerre des hippodromes de 1921, mais après une décennie passée à Londres et après la trêve avec le Sabini Gang, son autorité avait dû s'émousser. Le Birmingham Gang s'effondra, redevenant les Birmingham Boys, un ensemble disparate de petites bandes. MacDonald appartenait à l'une d'entre elles et ses agresseurs à une autre. Décrit comme un gang de courses très dangereux, ce groupe était dirigé par Ike Kimberley et comprenait ses frères, Mo, William et Charles, ainsi que deux autres hommes de Birmingham. Ike Kimberley était en fait venu de Londres pour se battre avec un ami de MacDonald, « Cunny » Cunnington, avec qui Mo Kimberley avait été vu lors de la bataille d'Epsom Road. Depuis, ils étaient devenus ennemis et la bande de Cunny avait tailladé Kimberley avec un verre à pinte brisé dans un club de Londres. Quand Ike Kimberley arriva à Birmingham pour la prise de bec avec Cunnington, il fit équipe avec ses frères et se rendit dans un pub, proche des marchés du Bull Ring, qui était populaire auprès des hommes de courses de la ville. MacDonald était déjà là, seul, et il fit face à Ike Kimberley. Ils commencèrent à se battre et le reste de la bande de Kimberley les rejoignit. L'un d'entre eux possédait « un dangereux instrument », un « bâton plein » avec une courroie, deux d'entre eux avaient des armes en fer, et un autre un rasoir coupe-gorge. Après ce combat inéquitable, MacDonald fut retrouvé dehors dans Smallbrook Street, étourdi et ensanglanté.

Cinq membres du gang de Kimberley furent arrêtés et accusés de coups et blessures. Au tribunal, MacDonald, bandé, fut désigné comme l'un des combattants et l'une des brutes les plus notoires des gangs de courses des Midlands. Admettant faire partie d'un gang rival des Kimberley, il refusa de témoigner. Les charges pour coups et blessures furent abandonnées et les accusés assignés à l'obligation de maintenir la paix. MacDonald fut alors accusé d'être un « perturbateur de la paix et susceptible de persévérer dans une telle conduite ». Il promit de ne rien tenter à Birmingham, mais jura : « J'ai décidé, je me moque de qui le sait, de me venger. Ce ne sont que des lâches. » MacDonald fut également mis en liberté conditionnelle. [656]

On disait que les Birmingham Boys devenaient de plus en plus dangereux et imprudents.[657] Ils l'étaient, surtout des hommes tels que Thomas Armstrong. L'agressivité bouillonnait en lui, toujours prête à déborder, comme ce fut le cas le 29 juillet 1925, lorsque lui et deux autres personnes attaquèrent cruellement quatre hommes. N'ayant plus besoin d'être garde du corps à Sheffield, Armstrong se trouvait désormais à Brighton avec le pickpocket Sidney Payne et le voleur violent William Glynn. Payne était allé à la boîte de nuit Embassy et, de retour à leur hôtel, s'était plaint d'avoir été insulté par Isaiah Elboz, un parieur professionnel des courses de chevaux, juif, originaire de Whitechapel. Sans hésiter, les trois gangsters de Birmingham se vengèrent au club.[658] Elboz s'en allait et, voyant le trio arriver, demanda à Payne : « À quoi tu joues ? Pourquoi tu as amené ces deux-là avec toi ? » Aussitôt, Payne leva la main et frappa Elboz, qui s'effondra dans une mare de sang en s'exclamant : « Ils m'ont eu. Je suis foutu. » Il venait d'être tailladé en travers du visage, d'une oreille à la lèvre : une blessure d'une douzaine de centimètres de long. En essayant de parer le coup, son avant-bras droit avait reçu une coupure de cinq centimètres de long. Un employé voulut arrêter l'agression, mais Armstrong lui donna un coup de pied et le fit tomber. En essayant de se relever, il fut frappé jusqu'à perdre connaissance. Deux autres hommes tentèrent de l'aider, mais l'un d'eux reçut une entaille au poignet et l'autre au-dessus de l'oreille gauche.

Les trois agresseurs furent arrêtés à leur hôtel et amenés au tribunal le lendemain. L'entrée était étroitement surveillée par la police et aucun membre du public ne fut admis. Le procureur déclara qu'il n'avait jamais eu connaissance « d'une tentative plus froide de mutiler et de défigurer d'autres hommes par pure méchanceté ». Les témoins terrifiés durent presque être traînés sur place et Elboz, en particulier, eut peur de témoigner.[659] Lorsque l'affaire passa devant une instance supérieure, il maintint qu'il ne se souvenait pas que quelqu'un d'autre eût été avec Payne. Le juge n'avait aucun doute qu'Elboz avait été incité à prétendre qu'il ne se souvenait pas de tout ce qui s'était passé. Malgré cela, Armstrong, Payne et Glynn furent reconnus coupables et condamnés à dix-huit mois de travaux forcés.[660] Armstrong avait cinquante ans. Il mourut six ans plus tard, en 1931, à Birmingham.[661] Il semble que son décès n'ait pas été pleuré par les nombreuses personnes qu'il avait blessées et terrifiées.

DÉCLARATION DE GUERRE CONTRE LES GANGS DE COURSES

« Cinquante hommes se battent avec des rasoirs. Bataille des gangs de courses à Aldgate. » était ainsi intitulé le le *Daily Express* du vendredi 21 août 1925. L'article rapportait que la veille au soir, à Aldgate East, de nombreux hommes avaient été blessés dans l'une des plus grandes bagarres de gangs de courses de ces dernières années. Selon l'article, tout commença dans un pub à cause d'un différend concernant les courses de Lewes : « Soudainement, sans avertissement, une cinquantaine d'hommes se séparèrent en deux groupes rivaux, on sortit des rasoirs et les deux bandes commencèrent à se battre. » Une scène de confusion étonnante s'ensuivit, alors qu'« une cohue d'hommes en lutte et en frénésie sortit de la taverne dans la rue, où ils furent rejoints par une centaine d'autres personnes ». Les combattants furent encerclés par une grande foule qui observait la bataille, bloquant la circulation. Des renforts de police de tous les postes voisins se précipitèrent sur les lieux. Mais l'article rapporte qu'à leur arrivée, « le combat avait pris un aspect si sérieux que la foule qui s'était rassemblée s'était enfuie pour se mettre à l'abri, et qu'on avait incontestablement abandonné la possession du terrain aux deux bandes ». Cependant, après l'arrivée de dizaines de policiers, les gangs se séparèrent et disparurent dans les ruelles ; tandis qu'ils couraient, on pouvait voir beaucoup d'entre eux essayer de panser leurs blessures.[662]

Pourtant, cette histoire était une invention. Aucune bataille n'avait eu lieu à Aldgate East. La police de la ville de Londres enquêta sur ces allégations et signala qu'ils avaient trouvé un homme inconscient près d'un pub et qu'il avait été emmené à l'hôpital. La foule habituelle s'était effectivement rassemblée pour regarder, mais il n'y eut pas de désordre. Lorsque l'homme revint à lui, il expliqua qu'il avait bu et qu'il s'était blessé en tombant dans la rue. Cet incident ne pouvait « en aucun cas expliquer les reportages sensationnels des journaux ». En fait, il était impensable qu'une telle scène eût pu se dérouler à l'insu de la police, qui était nombreuse dans les environs, notamment pour assurer la circulation. La police interrogea également le gérant du pub, qui leur déclara que rien de tel que ce qui était décrit dans la presse ne s'était produit.[663]

La bataille d'Aldgate, qui n'existait pas, était l'un des dix incidents des gangs de courses répertoriés par le *Daily Express* pour 1925. Comme les meurtres de Levy et de MacDonald, certains d'entre eux avaient eu lieu, mais d'autres étaient « grossis ». Parmi eux, une bagarre entre vingt hommes à Hampstead Heath le 3 août, qui, selon la police, n'était qu'une dispute ordinaire pendant ce jour férié, sans aucune preuve de l'implication de gangs de courses. Le 16 août, vingt autres hommes se seraient battus à coups de rasoir dans Shaftesbury Avenue, blessant quatre d'entre eux. Rien ne fut signalé à la police et, pour autant qu'elle le sût, il s'agissait d'une pure invention. Mais face à la pression croissante de la presse, le 24 août, quelques jours après la bataille inexistante d'Aldgate, sir William Joynson-Hicks, le ministre de l'Intérieur, déclara la guerre aux gangs des champs de courses.

« J'ai l'intention de les détruire. La bagarre entre les gangs de courses rivaux à Aldgate East jeudi soir montre l'existence d'un état de fait qui ne peut être toléré dans une communauté civilisée. À Sheffield, on s'est occupé des gangs de courses efficacement. Il y a actuellement deux hommes condamnés à mort, et trois ou quatre autres ont été condamnés à de longues peines d'emprisonnement. Si l'on me faisait remarquer que la police des quartiers infestés par les gangs se laisse influencer par des menaces de vengeance, je prendrais immédiatement des mesures pour augmenter les effectifs de la police dans ces quartiers. Il sera peut-être difficile de se débarrasser de ces bandes d'un seul coup. Mais donnez-moi du temps. C'est ma responsabilité. J'ai l'intention de l'assumer. »[664]

De façon embarrassante, le lendemain de cette déclaration largement médiatisée sur l'éradication des gangs, le *Daily Mail* avait pour titre : « Quarante hommes dans une bagarre entre gangs de courses ». La veille, disait-on, une bataille rangée avait eu lieu entre les gangs du nord et du sud de Londres à Waterloo, au cours de laquelle on avait brandi des rasoirs, des pieds de biche et des barres de fer.[665] Les révélations de la police furent moins mélodramatiques. Dans un pub, Benneworth et deux autres hommes s'étaient disputés avec un pickpocket, qui avait traversé la rue pour se réfugier dans un salon de coiffure. Benneworth avait alors brisé la vitrine du magasin avec le pied d'un tabouret du pub. Comme l'indiquait la police, même s'il faisait partie d'un dangereux gang de courses, rien ne prouvait que l'attaque s'inscrivît dans le cadre d'une querelle pour les champs de courses ou qu'un rasoir ou toute autre arme meurtrière eût été utilisé. Quoiqu'il en soit, lorsqu'il avait été arrêté par deux policiers, Benneworth avait brandi les poings et avait prévenu : « Arrêtez ou p***** je vous louperai pas » ; il menaça ensuite de les tuer et de les poignarder. Reconnu coupable uniquement de dommages intentionnels, il fut condamné à une amende.[666] Benneworth était un autre individu qui semblait commencer à se croire invulnérable, mais quelques semaines plus tard, il était de nouveau arrêté. Cette fois, lui et deux associés furent accusés d'avoir intentionnellement lacéré et blessé deux frères italiens, propriétaires d'un club à Soho, mais sans lien apparent avec les Sabini.[667] Comme cela devenait une habitude en de tels cas, les victimes ne furent pas en mesure d'identifier les agresseurs et les autres témoins ne voulurent pas témoigner. La police ne fournit aucune preuve et les charges furent abandonnées.

La déclaration de guerre du ministre de l'Intérieur contre les gangs de courses avait déjà reçu un large soutien. L'*Evening News* de Londres avait mis l'accent sur les problèmes causés par les voyous des hippodromes depuis avant la Première Guerre mondiale, et il salua sa détermination à mettre un terme, une fois pour toutes, à la guerre organisée entre les gangs. Le journal supposait qu'une approche en trois axes serait adoptée : une plus grande coopération entre la police de Londres et les autres forces de l'ordre dans toute l'Angleterre ; une action conjointe entre la police et les compagnies de chemin de fer pour empêcher les voyous de se rendre aux rencontres ; et la formation d'un corps spécial de détectives en civil qui apprendraient à connaître les bandits.[668] Le *Daily Express* rapporta également qu'une loi pourrait être adoptée « autorisant les magistrats à infliger de lourdes peines sur la seule base des preuves fournies par la police dans le cas de gangs de hooligans traduits en justice ».[669,] Mais le ministre de l'Intérieur lui-même ne précisa pas ce qu'il ferait, se contentant de déclarer qu'il était favorable à des peines plus sévères et qu'il utiliserait plus vigoureusement la structure existante pour faire face à la nuisance des gangs des courses.[670] Cette structure existante comprenait la surveillance policière des gangs, des trains à destination des courses et des entrées des hippodromes, la détention des « indésirables », des patrouilles de police lors des rencontres et l'échange d'informations entre la police londonienne et les autres polices.[671,] Mais la principale réponse du ministre de l'Intérieur fut d'envoyer la brigade volante de la police métropolitaine.

Aucun des dix incidents énumérés par le *Daily Express* ne s'était en fait produit sur les hippodromes, puisqu'ils avaient eu lieu à Londres, Sheffield et Birmingham. Mais le ministre de l'Intérieur était convaincu que toute bande était un gang de courses. Déterminée à « écraser les gangs », comme le rapportait l'inspecteur en chef Fred « Nutty » Sharpe, la brigade volante reçut l'ordre de conduire les gangs depuis les hippodromes jusqu'à la circonscription de Londres. Sharpe lui-même joua un rôle crucial dans cette stratégie, devenant presque une légende pour des bookmakers comme Sam Dell.[672]

« Il y avait un flic, le plus célèbre, c'était Nutty Sharpe, et quand il entrait dans l'hippodrome, tous les méchants couraient pour sauver leur peau. Et je me souviens d'un incident une fois où Nutty Sharpe a vu une bande monter dans un bus, vous savez, une ruée [groupe de pickpockets], ce qu'ils appellent une ruée, dans le bus. Et il a réquisitionné le bus et l'a conduit au trou [poste de police], il les a tous épinglés. Nutty Sharpe était un policier célèbre et il avait l'habitude de parler avec nous tous, mais tous les escrocs venaient le voir, c'était un homme d'une grande honnêteté. Un homme honnête qui détestait les vauriens. Et il n'avait peur de rien. »[673]

Cette réquisition de l'autobus, le chauffeur le conduisant au poste de police sous les ordres de Sharpe, se produisit à Shoreditch. Reconnaissable par le port élégant de son chapeau melon, Sharpe était facilement remarqué et, en une occasion à Epsom, son approche fut signalée par les tic-tac des bookmakers, des hommes employés pour transmettre des informations sur les paris par des signes de la main. Ainsi avertis, les pickpockets sautèrent par-dessus les palissades pour lui échapper. Sharpe était réputé sans peur ; chaque fois qu'il voyait une bande de gangsters, on disait qu'il s'avançait seul et leur ordonnait de « dégager ». Ceux qui contestaient étaient frappés d'un puissant coup de poing.[674]

Le nettoyage des hippodromes ne fut ni facile ni rapide. Il fut progressif et ne fit pas l'objet des gros titres, néanmoins, à la fin des années 1920, les bookmakers et les turfistes constataient une nette amélioration de la situation.

C'était un changement pour le mieux, grandement aidé par la police de Birmingham. De manière presque imperceptible, elle avait pratiquement mis fin aux activités du Birmingham Gang. En mai 1931, l'un des chefs du gang fut interviewé par le *Daily Herald*, et malgré le ton désinvolte de l'article, celui-ci traitait implicitement d'un point important : la prévention policière. Le chef du gang de courses expliquait que Birmingham était la ville industrielle la mieux élevée du pays : « Nos gars sont aussi saints que des enfants de chœur dans leur propre ville. C'est la police que vous devez remercier. » Ils avaient envoyé des détachements dans la plupart des hippodromes et :

« [...] alors que vous vous rendiez à l'hippodrome, un brave type, que vous alliez reconnaître comme un flic de Birmingham, s'approchait de vous et vous disait : "Bonjour, Joe, il y a un bon train pour rentrer à la maison qui part dans une demi-heure, avec wagon-restaurant et tout le reste. Je suis sûr que tu aimerais le prendre." Qu'est-ce que vous pouviez faire d'autre que d'accepter le conseil ? Vous seriez repéré, et c'est tout. Vous vous retrouviez à vous pencher par la fenêtre du wagon pour lui serrer la main pendant qu'il criait "Bon voyage". Parfois on allait vous convaincre avant même de quitter Birmingham. Aussi sûr que vous vous étiez en route pour une honnête journée de courses, ils allaient venir et dire, "Bonjour, Bill, ici pour un petit pari, j'espère" et vous vous retrouviez engagé sur l'honneur. »

Le chef de bande terminait en annonçant : « Les gangs de courses sont à peu près éliminés maintenant. »[675] Ils le furent, et leur disparition devait beaucoup non seulement à l'action de la police, mais aussi à celle du Jockey Club, qui joua son rôle en veillant à ce que, à la fin des années 1920, « les bandes de brutes ne passent plus violemment leur colère aux abords des hippodromes et ne fassent plus sentir leur présence dans l'enceinte de n'importe quelle rencontre ».

Après des décennies d'inaction, le club avait enfin fait quelque chose de constructif. Suite à une longue période de discussions avec le ministre de l'Intérieur, le commissaire de la police métropolitaine et les chefs de police de toute l'Angleterre, le département du personnel des hippodromes du Jockey Club et de la National

Hunt fut créé, afin de superviser les tribunes. Dirigé par un ancien soldat, le major Wymer, ce service comptait trois superviseurs principaux : un pour le Nord, un pour les Midlands et un pour le Sud. Ils engagèrent une soixantaine d'inspecteurs de réseaux en tant que détectives des hippodromes, la plupart d'entre eux étant des officiers supérieurs de la police criminelle à la retraite provenant de diverses forces de police. Leurs tâches étaient triples : surveiller les portes d'entrée et empêcher les « indésirables » d'entrer ; patrouiller dans les gradins pour repérer les tricheurs et les personnes connues pour leur mauvaise réputation ; et surveiller les cas suspects de paris contestés. Les superviseurs et les inspecteurs furent chargés de travailler en étroite collaboration avec la police, tandis que le bureau central du département devint rapidement « un Scotland Yard miniature où étaient soigneusement compilés les dossiers des mauvais personnages qui fréquentaient les hippodromes ».

Les opérations commencèrent au début de la saison des courses de plat, en 1925. Dans la région la plus problématique, le Sud, le superviseur principal était un autre ancien militaire, William Bebbington.[676] La situation à laquelle il était confronté était sinistre.

« Nous assistions alors à des batailles rangées sur nos propres hippodromes entre bandes rivales. En ces temps sombres, les bookmakers avaient peur de se rendre aux rencontres sans s'entourer de bandes de « gardes du corps » ; et ces gardes du corps étaient souvent recrutés dans les gangs et amenés là de la même manière que les troupes de mercenaires de l'époque médiévale étaient enrôlées. Il y avait des hordes de pickpockets, de tricheurs aux cartes et d'escrocs. »

Rapidement, Bebbington découvrit que certains portiers, officiels des pistes et responsables du personnel gagnaient beaucoup d'argent en vendant des emplacements à des bookmakers, en admettant des voleurs connus et en pratiquant un vaste trafic de billets offerts avec des « indésirables ». La première mesure à prendre pour lutter contre le « gangstérisme » fut d'éliminer ces fonctionnaires corrompus un par un et de les remplacer par des hommes intègres.[677] Tout comme les initiatives de la police, il s'agissait d'un processus lent, de même que l'éradication des voyous, mais ce fut un succès. Comme l'affirmait un correspondant du *Daily Mail* en 1931, « le Sabini Gang a disparu, tué par les agents secrets du Jockey Club et les hommes en civil de Scotland Yard ».[678] Le gang avait disparu, mais on avait négligé un des facteurs clés de sa disparition : l'abandon du banditisme par Darby Sabini.

SABINI QUITTE LONDON

La guerre des gangs de Sheffield et la fracture du Birmingham Gang furent des facteurs importants dans la recrudescence des activités des gangs de courses en 1925. Il en fut de même pour la position affaiblie de Darby Sabini. Au cours des deux années précédentes, il avait été « l'empereur des hippodromes » du sud de l'Angleterre, et personne n'avait osé l'attaquer personnellement sur le turf.[679] À présent, à Ascot, il fut pourtant agressé par l'un des garçons de Hoxton avant que huit de ses propres hommes ne pussent se précipiter à la rescousse. Ils l'emmenèrent dans les toilettes du rez-de-chaussée, suivis par l'inspecteur Greeno. Celui-ci relate que les gangsters étaient en train de tordre les oreilles de Sabini, « une façon douloureuse, mais efficace de réveiller un homme rendu inconscient par les coups de poing. Je l'ai attrapé, je l'ai poussé dans les escaliers, dans la galerie et sur les pistes, avec sa clique de voyous de toutes sortes qui suivaient en marmonnant. » Se comparant à un shérif du Far West, Greeno ordonna à Sabini et à ses hommes d'embarquer à bord du prochain train pour Londres. C'est ce qu'ils firent, comme un troupeau de moutons moroses, traînant à moitié leur chef derrière eux.[680]

Après l'emprisonnement des Cortesi, Darby Sabini semblait invulnérable. Pourtant, en 1925, les Elephant Boys et la bande de Bethnal Green sentirent l'opportunité de défier son gang à Londres, si ce n'était sur l'hippodrome. C'était une opportunité que Sabini avait lui-même laissé advenir, car il avait des problèmes judiciaires, même si ce n'était pas avec la police. Aussi habile qu'il fût à éviter les arrestations, il commit une grave erreur de jugement lorsque, sous le nom de Charles Sabini, il poursuivit le *Topical Times* pour diffamation pour l'avoir associé au Sabini Gang, ces parasites des hippodromes. Cet hebdomadaire au contenu majoritairement sportif appartenait à D. C. Thomson, l'une des plus importantes sociétés de presse de Grande-Bretagne. Au printemps 1924, il publia la série des « Confessions d'un escroc du turf », prétendument rédigées par un journaliste appelé Ted McLean. Un article soulignait que les gangs des hippodromes londoniens comptaient de nombreux égorgeurs italiens, et que le Sabini Gang était le plus puissant du pays. Comptant soi-disant plus de cent membres, il était suffisamment important pour faire cavalier seul alors que d'autres gangs londoniens devaient conclure des alliances. Plus de détails furent donnés le 12 avril :

« Aucune histoire des gangs du turf ne saurait être complète sans une référence à un ou deux des hommes dont les activités dans ce sens les ont rendus célèbres. J'ai rencontré la plupart d'entre eux. Les frères Sabini, Harry et Charles ("Darby Sabini"), se sont fait suffisamment de publicité.

Les Sabini sont des têtes brûlées, et il y a peu d'hommes parmi ceux qui les ont suivis qui ne connaissaient pas de A à Z le jeu dangereux des armes à feu.

C'était le Sabini Gang qui avait le premier eu l'idée d'aller à la rencontre des bookmakers à la descente du train, lorsqu'ils rentraient en ville. Le "truqueur" de Sabini leur disait : "Crachez tout !" en dévoilant au bookmaker la crosse d'un revolver dans sa poche. Invariablement, le bookmaker "crachait tout", car le Sabini Gang ne portait pas d'armes pour faire joli. »[681]

Deux ans auparavant, Darby Sabini s'était délecté de l'image héroïque qu'il avait dépeinte dans l'*Empire News*. Les affirmations du *Topical Times* détruisirent cette représentation. Pourtant, il aurait pu ignorer les articles, comme il l'avait fait pour les rapports précédents qui le liaient à la direction d'un gang des hippodromes notoire. Il ne le fit pas, et se tourna plutôt vers la loi, peut-être poussé par sa vanité, ou peut-être, comme Alf White, convaincu de l'invincibilité du nom de Sabini. Quelles que fussent ses motivations, il dut consulter des avocats au printemps et à l'été 1925, car au début du mois d'octobre, son procès pour diffamation était inscrit à la Cour de justice. Il était suffisamment intéressant pour être cité avec une seule autre affaire d'importance dans la *Westminster Gazette*.[682] Toute idée, cependant, d'un procès d'hippodrome sensationnel fut dissipée lorsque l'affaire passa devant le tribunal le 15 décembre. D. C. Thomson avait rassemblé « d'amples renseignements » pour sa défense confirmant la véracité substantielle des articles, mais Sabini ne se présenta pas.

Il fut suggéré qu'après avoir entamé l'action en justice, il avait pu penser que les éditeurs n'allaient pas la défendre et qu'ils allaient y inclure des excuses, pour donner l'impression que les allégations étaient fausses. Lorsqu'il se rendit compte que D. C. Thomson n'allait pas reculer, Sabini essaya d'interrompre la procédure, mais elle était allée trop loin. L'affaire ne pouvait être réglée que par un jugement de la Cour, ne fût-ce que parce que les défendeurs pourraient alors recouvrer leurs frais. Sabini dut réaliser qu'il allait perdre et se retira, d'où sa non-comparution. Sur la base des preuves présentées, le lord juge en chef se prononça en faveur de l'éditeur et accorda les frais. Il déclara également que la diffamation présumée était justifiée et ordonna que les documents de l'affaire soient envoyés au directeur des poursuites publiques.[683]

L'action fut un désastre pour Sabini. Il dut 737 £. Comme on pouvait s'y attendre, cette somme ne fut pas payée et une procédure de faillite fut engagée. Il n'assista pas à la première réunion de ses créanciers le 10 juin 1926, où l'on apprit que son adresse était inconnue, car il avait quitté Collier Street, à King's Cross. Pourtant, on le voyait toujours aux hippodromes et on disait qu'il gagnait de fortes sommes en vendant des listes de courses. Une résolution de faillite fut adoptée et l'affaire fut transmise à l'administrateur judiciaire.[684] Menacé d'un mandat d'arrêt, Sabini finit par sortir de sa cachette et se présenta au tribunal des faillites de Londres, le 29 juin. Décrit comme un homme de forte corpulence, il vivait désormais dans des appartements de Russell Street, à Brighton, avec sa femme et ses trois enfants. Il protesta que l'article du *Topical Times* lui avait fait beaucoup de mal et nia être le roi du Sabini Gang ou avoir menacé les bookmakers qui refusaient de payer pour des emplacements particuliers – dont le tarif courant se situait entre 5 et 20 £ par jour. Enfin, il expliqua qu'il n'avait pas poursuivi son action, car il n'avait pas trouvé les 75 £ pour payer son avocat, ajoutant qu'il n'avait aucun actif.[685]

Il est très improbable qu'il n'ait pas pu se permettre cette dépense et sa décision de ne pas poursuivre les poursuites judiciaires coïncidait avec un surprenant agissement : en effet, il quittait le Sabini Gang et le monde des gangs de Londres. Sabini avait toujours été plus malin que ses rivaux et il devait être pleinement conscient des pressions qui commençaient à s'exercer sur les gangs de courses à partir de 1925. Ces pressions apparaissaient à un moment où lui et sa femme prenaient une décision importante concernant l'avenir de leurs enfants. Ils ne voulaient pas qu'ils grandissent dans un environnement de gangsters ; ils voulaient qu'ils aient une vie respectable. Pour cela, ils devaient s'éloigner de Londres, d'où le déménagement à Brighton et Hove, sur la côte sud. En 1940, Ann, la femme de Sabini, écrivait que leurs enfants avaient été « éduqués dans les meilleures traditions anglaises possibles ». Les filles étaient de brillantes oratrices, l'une d'entre elles ayant obtenu « la médaille d'or d'anglais et étant la seule fille à avoir passé cet examen précis avec les honneurs et les distinctions ». La même année, Sabini soulignait sa propre fierté à l'égard de ses enfants : une des filles travaillait dans le camp forestier de Suffolk dans le cadre de l'effort de guerre ; une autre, oratrice, espérait devenir actrice et jouait dans de petits spectacles pour les fonds pour l'effort de guerre* ou l'association chrétienne de la jeunesse**, où jouait également sa fille cadette, musicienne. Quant à son fils, il avait fréquenté l'établissement d'enseignement secondaire de Hove et avait l'ambition de s'engager dans la Royal Air Force.[686]

Sabini se rendit probablement compte que s'il poursuivait son procès pour diffamation, la publicité qui en résulterait aurait un impact négatif sur ses enfants à un moment où il s'installait à Brighton et Hove. Ce qui est le plus parlant, c'est que ses tentatives de s'éloigner du banditisme se manifestaient par son désir de changer de nom. Bien qu'il continuât à être connu sous le nom de Darby dans les cercles de course, il insista plus tard sur le fait qu'il s'agissait d'un surnom.

« J'ai dit que je ne voulais pas qu'on m'appelle comme ça. J'ai dit : "Ne m'appelez plus Darby, appelez-moi Fred"... On m'appelait Fred parce que j'utilisais le nom de Fred Handley. Je voulais me débarrasser de Darby, parce que je n'aimais pas ce nom, et quand je suis allé à Brighton, et que je me suis mêlé à différentes personnes, je ne voulais pas utiliser ce nom.

Je ne voulais pas me présenter sous le nom de Sabini. C'est pourquoi j'ai utilisé le nom de Handley... Fred était mon nom de boxe... »[687]

* Spitfire funds.

** YMCA.

Cet éloignement du banditisme fut progressif et fut rendu possible par son nouveau rôle au sein de l'Association pour les bookmakers. Bien qu'il eût été démis de ses fonctions d'intendant en chef à la fin de 1922, il est évident que des liens étroits subsistaient puisque, quelques mois plus tard, l'avocat de l'Association avait proposé de payer la caution de White et de Drake lorsqu'ils avaient été arrêtés pour la première fois dans l'affaire de corruption liée à l'emprisonnement de Joe Sabini. Cette relation permanente prit rapidement un caractère officiel. Lors de son audience pour faillite, Darby Sabini mentionna que, depuis la fin de 1924, il était employé par l'Association pour vendre les listes des chevaux attendus dans chaque course.[688] Pour chaque vente à cinq shillings pièce, lui et un autre homme gagnaient cinq pence, tandis que l'imprimeur de Portsea Press gagnait un shilling. Bien sûr, cet imprimeur était Emanuel. Sabini nia que les bookmakers eussent été intimidés pour acheter ces listes. Ils le faisaient parce qu'ils étaient membres de l'Association et, en riant, il réfuta l'idée selon laquelle il aurait gagné entre 20 000 et 30 000 £ par an en tant que chef de la bande de Sabini. Il ne gagnait que 8 £ par semaine grâce à sa commission sur la vente des listes. De cette somme, il payait une livre et cinq shillings par jour pour les frais de déplacement, et cinq shillings supplémentaires par jour pour la nourriture et la boisson – et il assistait aux courses presque tous les jours.[689] De tels chiffres n'étaient pas réalistes, car ils auraient signifié qu'il ne gagnait rien ou presque. Il gagnait manifestement plus, car il continua de vendre les listes pour l'Association avec la même commission jusqu'en 1940, date à laquelle il déclara qu'il pouvait en vendre une centaine par jour lors de petites réunions, mais mille par semaine lors de grandes courses comme Ascot.

Sabini n'était pas le seul à s'éloigner du banditisme. C'est également ce que fit Andrew Towey du Birmingham Gang. Jim Cooper était un bookmaker dans les Midlands et dans le Nord à partir de 1926 ; il explique clairement le processus.

« Il y avait des gangsters quand j'ai commencé, plus ou moins… l'APB (Association pour la protection des bookmakers) a été créée lorsque j'ai commencé à fréquenter les hippodromes. Pour se débarrasser des gangsters, tu sais ce qu'ils ont fait avec eux ? Ils leur ont donné du travail. Ils ont créé des emplois pour eux. Il y avait le Birmingham Gang avec un gars nommé Andrew Towey... Ils leur ont donné du travail. Ils allaient dans les trois gradins et recevaient une demi-couronne, ce qui était beaucoup d'argent à l'époque, de chaque bookmaker, ce qui leur permettait d'avoir de l'argent... Sachant qu'il pouvait y avoir jusqu'à soixante bookmakers dans des réunions comme celle de York, c'était beaucoup d'argent... Ils ont fait venir les gangs, pour leur donner du travail. Celui de Towey était le meilleur gang. Quand ils leur ont donné du travail, eh bien les autres gangs n'arrivaient plus à vivre. Quand Towey était le gangster en chef... ils empêchaient les autres gangs d'entrer. »[690]

La création de l'Association pour les bookmakers dans le Sud fut rapidement imitée dans les Midlands et dans le Nord, chacun ayant une Association pour la protection des bookmakers dès 1922. Les principaux bookmakers de ces organisations avaient manifestement compris que pour mettre fin à l'intimidation et à la violence des deux principaux gangs, ils devaient offrir quelque chose en retour à Towey, à Sabini et aux autres.[691] Tranquillement, presque secrètement, ils légalisèrent les « services » autrefois extorqués par le Birmingham Gang et les Sabini dans leurs territoires respectifs, les remettant aux mains des chefs de gangs et de leurs proches associés.

Comme l'explique le fils de George Langham : « Ils ont fourni un service parce qu'ils devaient avoir les coureurs. Si personne ne connaissait les coureurs, les bookmakers ne pouvaient pas les inscrire, ils devaient donc engager quelqu'un pour le faire. »[692] Cette « légalisation » ne fut pas enregistrée officiellement, mais son existence fut révélée en 1940, lorsque l'APB du Nord annonça qu'il était tout à fait facultatif de payer pour les cartes à points et à tirets et l'appel des numéros, et qu'après la mort d'Andrew Towey, les deux opérations cesseraient dans sa région.[693] Pour Towey, Sabini et quelques autres, le nouvel arrangement était bénéfique, car ils étaient maintenant d'âge mûr et sans doute fatigués de combattre d'autres gangsters et d'éviter la police. La distribution des emplois laissa de côté certains membres du Sabini Gang et de Birmingham et de toutes les autres bandes. Cette exclusion encouragea une alliance improbable entre le Nord et le Sud : Benneworth et les Elephant Boys furent rejoints par les Mexborough Boys du Yorkshire dans une vaine tentative de prendre le contrôle de rackets qui se transformaient déjà en opérations légales. Il en résultera la dernière bataille des hippodromes entre les gangs de courses des années 1920.

LA DERNIÈRE BATAILLE

Au début de la saison des courses de plat, en mars 1926, on espérait que l'on entendrait moins parler des gangs, grâce aux mesures énergiques adoptées par le Jockey Club et les autorités des hippodromes.[694] Et on en entendit beaucoup moins parler. En 1925, on dénombrait des centaines de reportages dans les journaux à propos des gangs de courses, même si beaucoup d'entre eux n'avaient rien à voir avec de tels gangs et que d'autres histoires étaient inventées. Mais un an plus tard, on observait une baisse substantielle et le *People*, écrivant sur les gangs, fit même référence aux courses envahies par les gangs comme un événement ayant eu lieu « quelques années auparavant ».[695] C'était un peu trop optimiste, car en 1926, si l'activité des gangs avait effectivement connu un net déclin, les conflits n'étaient pas encore tout à fait terminés, comme le prouva une confrontation majeure aux courses de Yarmouth le 3 juin. Pourtant, la rareté d'un tel événement est mise en évidence par le fait qu'il ne fut couvert que par le journal local. L'affrontement fut provoqué par les Elephant Boys, menés par Benneworth et John Jackson, et la bande de Mexborough, dirigée par John Tingle. Homme particulièrement dur, Tingle présentait un mauvais dossier, avec une quarantaine de condamnations pour vol, jeu, agression de la police, échauffourée et vol par ruse.[696] Mineur à l'origine, il appartenait à une famille violente. À l'âge de dix-sept ans, lui et son frère furent arrêtés pour avoir participé à une grave agression contre deux policiers. On disait qu'ils appartenaient au tristement célèbre gang de la « Fraternité rouge », qui était la terreur de Mexborough, et leur père menaça l'un des témoins. À cette occasion, Tingle fut condamné à six mois de travaux forcés.[697] Plus tard, il s'associa à d'autres pour former la célèbre bande de Mexborough, qui pratiquait surtout le jeu du bonneteau.[698] Désormais, ils s'étaient déplacés vers le sud.

Bebbington avait été prévenu de la probabilité d'une bagarre à Yarmouth entre les Elephant Boys, également connus sous le nom de bande de Walworth Road, et leurs alliés de Mexborough, contre les « éléments restants d'un gang d'Italo-juifs qui étaient alors employés pour diverses compétences ». Le ressentiment à l'égard du gang d'Italo-juifs, comme il appelait le Sabini Gang, était né du fait qu'ils « avaient réussi à obtenir de nombreux emplois lucratifs sur les hippodromes, tels que ceux d'annonceurs de numéros ou de vendeurs de cartes "à points et tirets" aux bookmakers ». Ces observations renforcent l'interprétation selon laquelle non seulement Darby Sabini, mais aussi d'autres membres de sa bande étaient devenus « légaux ». Alerté par le danger, Bebbington avait renforcé le quota habituel d'inspecteurs des gradins et d'officiers de la police judiciaire dans les tribunes moins chères, tandis que le chef de la police locale était présent avec une force d'officiers. Les troubles attendus commencèrent pour de bon alors que la deuxième course était sur le point de commencer. Il y eut de l'agitation chez les bookmakers : « Des barres de fer et des clés à molette volaient dans tous les sens et les Italo-juifs ont rapidement battu en retraite. » Lors de l'attaque contre eux, Tingle s'était écrié : « Les Anglais ont combattu les Allemands. Nous sommes tous Anglais. Maintenant, ce sont les juifs. Laissez-nous régler nos comptes. »

Les Sabini furent escortés loin de la bagarre et la bande adverse se sépara. Peu de temps après, une autre dispute éclata entre ce qui restait des deux groupes, et cette fois, les Elephant Boys et les Mexborough Boys reçurent de mauvais coups. Il est révélateur qu'aucun des hommes de Sabini n'ait été arrêté, cela nous indique une fois de plus que leur présence était désormais officiellement acceptée sur les hippodromes du Sud. En revanche, sept Elephant Boys et membres de la bande de Mexborough comparurent devant le tribunal. Deux d'entre eux avaient les mains plâtrées et les jambes des autres avaient été gravement blessées à coups de pied. Tingle, Benneworth et son homme de main, John Jackson, furent condamnés chacun à trois mois de prison.[699] Leur compagnon habituel, Mullins, ne les avait pas rejoints à Yarmouth, car il faisait déjà l'objet d'une grave accusation pour avoir exigé de l'argent avec menaces. Le 9 juillet, ce « capitaine » du gang et « cauchemar de l'East End » fut condamné à quatre ans de prison. Son bras droit, Timothy Hayes, que même Harding détestait, fut également reconnu coupable d'agression et emprisonné pendant neuf ans.[700] De manière surprenante, bien que Mullins fût clairement un homme vil, il était admiré par les gangsters les plus infâmes des années 1960 : les frères Kray. Dans leur propre histoire, ils le présentaient comme quelqu'un qui adhérait à un code de conduite criminelle, affirmant : « Il avait toujours respecté les règles, ce qu'on admirait. Ils ne faisaient jamais fait de mal aux femmes, aux enfants ou aux vieillards – ils n'ont jamais fait de mal qu'à leur propre espèce. »[701] Cette belle image contredit la plus désagréable des réalités. Mullins et ceux de son acabit s'en prenaient à leurs semblables, et ne jouaient que selon leurs cruelles règles.

Lorsqu'il fut envoyé en prison, Mullins protesta que l'affaire avait été « montée » par les Sabini et « certains de ces yiddishs afin de les mettre, Hayes et lui-même, hors de leur chemin ».[702] Une fois emprisonnés, ils furent effectivement hors du chemin, et Benneworth et Jackson avaient perdu deux alliés cruciaux dans la guerre contre les Sabini. Après leur libération, suite à deux mois d'emprisonnement, les deux Londoniens du Sud reprirent leurs intimidations dans leur propre territoire. En mars 1927, ils furent reconnus coupables d'être des voyous incorrigibles. Terrorisant les commerçants, les gérants de pubs et les hôtes des clubs pour les hommes d'affaires, ils commandaient à boire et refusaient de payer, ou se querellaient avec des innocents à qui ils exigeaient de l'argent. Si leurs victimes refusaient, ils les attaquaient à coups de verre brisé et de rasoir. Chaque fois que l'un ou l'autre membre de leur gang était accusé, les deux hommes faisaient la quête alentour en demandant des souscriptions pour la défense, mais la plus grande partie allait dans leurs propres poches. Jackson fut condamné à neuf mois de travaux forcés, mais Benneworth fut mis en liberté sous caution jusqu'au 16 juin pour voir comment il se comportait. Il dut se comporter de manière satisfaisante, car il n'y a aucune preuve qu'il ait finalement été emprisonné.[703]

La « bataille tranchante » de Yarmouth, fut la dernière grande flambée de violence dans les guerres des hippodromes des années 1920. Benneworth était trop affaibli sans Mullins, Hayes et Jackson pour lancer d'autres attaques, tandis que le Sabini Gang et le Birmingham Gang s'effaçaient des champs de courses. Mais, exclues de la légalisation des services des bookmakers, de plus petites bandes de pickpockets, d'escrocs et de persécuteurs continuaient de sévir. En 1928, Bebbington fut confronté à des problèmes à Folkestone et Chelmsford.

Un an plus tard, le 4 septembre 1929, les turfistes du derby furent invités à se méfier de près de vingt-cinq pickpockets et truqueurs de cartes de Birmingham qui venaient d'arriver pour les courses. Bien qu'ils eussent été dispersés, leurs mouvements furent suivis de près tout au long de l'après-midi, à l'extérieur et sur le parcours, par des hommes en civil.[704] Il est probable qu'à part Towey et quelques autres, la plupart des membres du Birmingham Gang étaient également exclus de l'arrangement avec les bookmakers. Parmi eux se trouvait Philip Thomas, qui avait été arrêté avec Kimber pour l'attaque du commis d'Alfie Solomon, Bild, lors de la « bataille de Bath » et qui était également lié aux Elephant Boys. Le 16 juillet 1929, lui et trois autres personnes agressèrent deux bookmakers et essayèrent de leur voler entre 600 et 700 £ après une course à Newmarket. Thomas et un autre homme furent arrêtés, mais les jugements furent légers : Thomas fut libéré et son associé mis en liberté conditionnelle.[705]

Cependant, cette attaque semble avoir été plus qu'un simple vol. L'un des bookmakers, Benjamin Yeadon, était un membre éminent de l'Association pour les bookmakers, qui jouait un rôle actif en poursuivant les maîtres-chanteurs et les truqueurs, et en débarrassant lentement les hippodromes des voyous comme Thomas, qui se sentaient lésés.[706] Entre-temps, les diverses associations de bookmakers avaient également supprimé un autre racket lucratif – la vente d'emplacements. Coopérant par l'intermédiaire d'un comité national informel, ils formèrent des comités d'emplacement pour protéger et sauvegarder les droits des bookmakers sur les hippodromes et obtinrent la coopération du Jockey Club en 1929. Dorénavant, les bookmakers n'avaient plus à payer pour leurs emplacements, même aux anciens gangsters, qui ne pouvaient plus les leur vendre. Au lieu de cela, ils étaient attribués par le personnel de l'hippodrome, en collaboration avec l'association locale pour la protection des bookmakers. Lorsqu'il demandait un emplacement, un bookmaker devait avoir deux bookmakers établis prêts à se porter garants. Son nom était alors inscrit sur une liste et celui qui était le plus ancien sur cette liste avait droit à un emplacement lorsque celui-ci se libérait.[707] Avec des actions de ce type, les associations de bookmakers jouèrent un rôle aussi important dans le déclin des gangs de courses que le personnel des hippodromes du Jockey Club et la brigade volante. Comme le reconnaissaient les commentateurs avertis, en 1931, dans les faits, le Birmingham Gang et le Sabini Gang avaient disparu.[708] Que cette réalité reflète ce qui a été raconté au fil des ans dans le cadre des mythes et légendes derrière les gangs et leurs héritages est, cependant, une tout autre affaire.

CHAPITRE 8

GANGSTER : MYTHES ET RÉALITÉ

LES MYTHES DISSIPÉS

« Je suis le gangster qui dirige la pègre londonienne », était le titre du *People* en première page, le 5 septembre 1954. L'article principal présentait une photo de Billy Hill, le premier gangster « célèbre » d'Angleterre. Alors qu'il était jusque-là inconnu du public, le journaliste en criminalité Duncan Webb s'exclamait que Hill était « en fait l'Al Capone de ce pays – le gangster le plus prospère et le plus prêt à tout de l'histoire du crime britannique ». En maniant le couteau et la matraque mieux que ses rivaux, il avait écrasé tous les autres gangs de Londres, les soudant en une grande fraternité dont il était le chef. Forceur de coffres-forts le plus habile, jamais démasqué par Scotland Yard, et cerveau derrière la plupart des grands braquages de ces dernières années, il se prélassait désormais à Cannes, sur la Côte d'Azur. Caressant sa bague en diamant de six carats, il annonçait qu'il se retirait de son poste de « Gangster n° 1 » et qu'il était prêt à raconter son histoire.

Ses « confessions » révélèrent un monde souterrain londonien « tout aussi organisé et résolu que celui de Dillinger et Capone ». Dans une publication en série qui dura quatre semaines, dans un journal qui se vendait à 4,5 millions d'exemplaires par semaine, Hill raconta comment, en 1947, il s'était emparé du pouvoir du Black Gang lors d'« une nuit de terreur ». Il s'agissait en fait du White Gang, dirigé par l'un des fils d'Alf White. Personnage clé du cercle restreint de Darby Sabini, White avait fini par devenir le chef du gang après que Sabini avait quitté Londres, et participait activement à ses activités. Hill ignorait cette réalité, faisant de Sabini une figure légendaire.

« Ne croyez pas, cependant, que j'ai inventé le système des gangsters à Londres. C'était la création du célèbre Darby Sabini. Il a commencé à la fin des années 1920 quand il a sorti une bande de coupeurs de gorge italiens de Saffron Hill et Clerkenwell et a pris le contrôle du West End. Sabini était le gros bonnet de la pègre quand je suis sorti de Borstal en 1931, et il est resté au sommet pendant des années. Soho était aussi impitoyable que Chicago à cette époque. C'était une jungle sans loi où le crime et le vice étaient concentrés et où l'on pouvait boire et jouer 24 heures sur 24 si l'on connaissait les bons endroits.

Les machines à sous... le jeu... l'alcool et les filles : c'est la combinaison qui a rendu Al Capone riche. Et Darby, tapi comme une grosse araignée dans la même toile dorée, à Londres, ne pouvait pas se tromper non plus. Avec les revenus de son hippodrome et de ses courses de chiens, sa part personnelle s'élevait à des centaines de livres par semaine. Ce genre d'argent est synonyme d'ennuis et il y avait de terribles bagarres de gangs presque tous les soirs lorsque des rivaux ambitieux tentaient de s'imposer sur le terrain de Darby.

Mais les garçons de Sabini ont toujours été les meilleurs, et le dur et impitoyable Darby a fait la loi jusqu'à l'explosion de la Seconde Guerre mondiale. Là, presque du jour au lendemain, son pouvoir a été brisé. Sabini et des dizaines de ses hommes ont été internés du jour au lendemain... Le Sabini Gang a été dissous, et ses plus grands rivaux ont pris la relève... Cette bande était dirigée par un homme que j'appellerai Bill Black. »[709]

Tâchant de se comparer à un chef de la mafia, Hill voulait être considéré comme le successeur de l'« Italien » Darby Sabini. Mais ce portrait passionné de la puissance de Sabini n'avait que peu de rapport avec la réalité. Les White (les Black dans le récit de Hill) n'étaient pas les rivaux du Sabini Gang, puisqu'ils en étaient issus. Et les Sabini avaient été les plus puissants au début et non à la fin des années 1920. Sabini et son frère, Harry, avaient été internés pendant la guerre en raison de leur origine jugée hostile – mais ils n'avaient pas été rejoints par leurs frères ou des dizaines de membres de leur bande. Et il n'existe aucune preuve reliant Sabini à Soho après son déménagement à Brighton et Hove en 1926. Les officiers du CID local avaient appris à bien le connaître, rapportant qu'en dehors des courses, il ne semblait pas avoir d'autres intérêts et qu'on ne pouvait plus le décrire comme un dangereux gangster et racketteur de la pire espèce. Lorsqu'il était en état d'ébriété, il pouvait devenir violent, mais ces cas étaient très rares et un inspecteur de police faisait remarquer que « de tels comportements pouvaient être évités en faisant preuve de tact et de fermeté ».[710]

Ignorant ces réalités, le « mythe de Sabini » se répandit. En 1957, le *New York Times* publiait un « article haut en couleur » expliquant que la Brighton d'aujourd'hui était « bien loin de l'époque du Sabini Gang, deux décennies plus tôt ». Ces racketteurs de protection avaient « terrorisé la ville par des entailles au rasoir et pire encore, depuis la piste de course sur les collines de craie au-dessus de Black Rock, jusqu'au front de mer », mais leur violence avait finalement pris fin lorsqu'ils avaient été chassés par la police.[711] Pourtant, le Sabini Gang n'avait pas terrorisé la ville, et Darby Sabini ne fut pas chassé, vivant là jusqu'à sa mort en 1950.

Huit ans plus tard, à la suite d'un meurtre à Clerkenwell, le sang aurait coulé à nouveau dans la Petite Italie pour la première fois depuis 1925, date à laquelle le Sabini Gang s'était battu pour contrôler les hippodromes. Un habitant raconta au correspondant du *Daily Mirror* chargé des affaires criminelles qu'il se souvenait de l'époque où le Birmingham Gang était venu combattre les Sabini : « Les rues étaient couvertes de sang. Ils avaient des rasoirs, des couteaux et des pistolets. »[712] Même à son apogée, le Birmingham Gang n'avait jamais affronté les Sabini dans la Petite Italie, où il n'y avait pas eu de violence majeure entre gangs, hormis la fusillade des rivaux locaux, les Cortesi.

Une partie essentielle de l'exagération de Billy Hill concernant le pouvoir de Sabini était la comparaison avec Al Capone et Chicago ; même dans la mort, les « origines étrangères » de Sabini l'emportaient sur sa nationalité anglaise. En 1963, l'auteur de romans policiers Norman Lucas écrivait que Sabini était « réputé être un membre de la célèbre mafia ».[713] Ce qu'il n'était pas. Il n'était pas non plus le « chef d'un gang de "rasoirs" siciliens » qui avait importé plus de 300 hommes de Sicile comme hommes de main, comme certains comptes rendus l'ont affirmé.[714] Mais le lien avec la mafia s'est imposé. En juin 1971, Joe Colombo, « le chef mafieux le plus célèbre d'Amérique », était abattu lors d'un rassemblement. L'Anglais George Sewell se trouvait à quelques mètres de lui. Ce n'était pas un passant ordinaire, comme l'a raconté un journal : il avait été le lieutenant et le garde du corps du chef de gang italien Darby Sabini dans les années 1920 et 1930, lorsque le Sabini Gang régnait sur la pègre britannique. Après la Seconde Guerre mondiale, de nombreux Sabini étaient partis à New York et avaient été adoptés par la famille mafieuse de Joseph Profaci, mais Sewell, « abandonnant ses habitudes violentes, était resté à Londres pour devenir un citoyen repenti et très respecté ». À cette occasion, il prenait en fait de brèves vacances « pour rencontrer de vieux compagnons d'armes ».[715]

Ceci, encore une fois, est faux – aucun des frères Sabini ou membre de leur cercle proche n'est allé à New York et n'a rejoint la mafia. Et George Sewell n'avait pas été lieutenant dans le Sabini Gang. Comme l'a dit Brian McDonald, « Sewell, que certains qualifiaient d'exécuteur, était plus souvent forcé à exécuter que l'inverse ».[716] Boxeur de Hoxton, territoire ennemi des Sabini, il rejoignit la bande de Bethnal Green de Dodger Mullins, et Harding révèle que Sewell fut brutalisé par la bande de Sabini aux courses de Brighton en 1920.[717] Il n'y a aucune mention de Sewell dans les guerres des hippodromes de 1921 et 1922, mais en 1930, lui et un autre homme furent attaqués par un gang comprenant Johnny et Toddy Phillips. Anciennement membres des Titanics et du Camden Town Gang, ils étaient devenus les alliés de Mullins. Johnny Phillips s'approcha de Sewell dans un pub de Soho et lui dit : « Alors, tu es avec les Italiens maintenant ? Tu ne peux pas être avec Dodger ? » Phillips frappa alors Sewell avec un verre brisé, lui infligeant « de graves blessures qui le défigureront à vie ». Dans le procès qui s'ensuivit, on fit référence au Sabini Gang et le juge remarqua qu'il pensait qu'il avait été dissous. La police l'informa qu'il existait toujours des gangs rivaux à Londres et que l'ancien Sabini Gang était désormais connu sous le nom de Gang Italien.[718] Ce changement de nom soulignait en soi que Darby Sabini n'était plus impliqué dans ce qui avait été son gang. Et en 1931, l'année que Billy Hill proclamait être celle où Darby Sabini était « le gros bonnet de la pègre » qui dirigeait Soho, le quartier était décrit comme le foyer des « survivants de l'ancien Sabini Gang ».[719]

Bien qu'il n'ait pas fréquenté les Sabini à leur apogée, Sewell joua un rôle important dans la biographie de Darby Sabini par Edward T. Hart. Il en fit un correspondant en affaires criminelles à Fleet Street, dans les années 1950 et 1960, qui glanait ses informations auprès de diverses sources telles que les propriétaires de clubs, les portiers, les boxeurs, les jockeys, les bookmakers, les voleurs et les racketteurs.

Il n'existe aucune preuve d'entretiens avec ces hommes, et le style de Hart évoque plutôt celui d'un roman de gangsters. Il y inclut de longues conversations et réflexions de Sabini – qui était mort depuis de nombreuses années avant la publication du livre et que Hart n'avait jamais rencontré – et il s'inspira fortement des clichés sur les immigrants italiens plutôt que de rappeler l'éducation et la culture anglaises de Sabini. Hart souligne que la grande découverte qu'il fit dans ses recherches sur la vie de Sabini se produisit lorsqu'il rencontra Sewell pour la première fois, « le lieutenant et le bras droit de Darby ». Surnommé « le combattant de Cobblestone », il était le plus redouté des guerriers de Sabini. Pourtant, rien ne permet de dire que c'était vrai, ou qu'il faisait partie du cercle proche de Sabini comme Harry Sabini, Joe Sabini, Alf White, George Langham, Alfie Solomon et Jim Ford. De plus, Sewell ne figure pas parmi les sujets britanniques associés aux gangsters italiens compilés en 1940 par la police métropolitaine.

Les graines de la biographie de Hart avaient pourtant été semées, non pas par Sewell, mais lors d'une conversation avec Jack Capstick, le légendaire commandant de Scotland Yard connu sous le nom de « Charlie Artful ». Au cours de l'été 1956, il déclara à Hart que « comparés à Darby Sabini, tous les autres chefs de gangs britanniques au fil des années n'avaient été que des coursiers ». Il avait tout : charisme, force et intelligence. Bien qu'il sût à peine lire et écrire, « il possédait un génie tactique tel que peu de commandants d'armée n'en connaîtront jamais ». En s'installant à la Petite Italie pour protéger les siens, il avait créé un empire criminel « dont la Grande-Bretagne n'avait jamais vu l'équivalent auparavant... et qu'elle ne reverra probablement jamais ».[720] Capstick a été acclamé à juste titre comme l'un des plus grands détectives de Scotland Yard par l'écrivain Dick Kirby, un détective réputé et un expert de l'histoire de la brigade volante. Cependant, Capstick n'entra dans la police métropolitaine qu'en 1925, devenant détective trois ans plus tard et rejoignant la brigade volante au cours de l'été 1929.[721] C'était trois ans après que Darby Sabini avait quitté Londres pour Brighton, ce qui signifie que Capstick ne dut connaître directement Sabini que de façon limitée.

LE CHAPITRE FINAL

Le reste de la vie de Sabini est loin d'être aussi étonnant que le mythe de Sabini. Arrivé à Brighton en 1926, il établit rapidement sa résidence familiale à Old Shoreham Road, à Hove, une maison mitoyenne de trois étages aujourd'hui divisée en appartements.[722] Il ne resta pas de nombreuses années dans un taudis de la Petite Italie avec une maison de vacances au Grand Hotel de Brighton, comme Hart l'a prétendu.[723] Bien qu'il cherchât à rendre sa famille respectable, la transition de Sabini depuis son statut de gangster fut incertaine, et en 1928, il fut disculpé pour avoir agressé trois hommes à Brighton, après que deux d'entre eux refusèrent de dire qu'il était le coupable.[724] Un an plus tard, après une dispute au stade de courses de lévriers de Hove, il fut identifié sous le nom de Darby Sabini lorsqu'il agressa à deux reprises un bookmaker, l'assommant la deuxième fois. Comme d'habitude, il n'y eut pas de témoins, car, comme s'en plaignit la victime : « Il est impossible d'essayer de les obtenir. Comment puis-je obtenir des témoins contre un homme comme lui, alors que tout le monde craint pour sa vie ? » Sabini ne reçut qu'une amende de 5 £.[725] Puis, en 1931, et maintenant sous le nom de Fred Handley, lui et un membre de son ancien gang, James Ford, furent condamnés chacun à un mois de travaux forcés pour ivresse. Au retour d'une course, à bord d'une voiture de location, ils avaient frappé le conducteur et semé le trouble au poste de police après leur arrestation. Passée en appel, la peine fut réduite à une amende de quarante shillings.[726] Ce fut la dernière condamnation de Sabini avant la Seconde Guerre mondiale.

À la fin des années 1930, Sabini était bookmaker au cynodrome de Hove sous le nom de Dan Cope, travaillant aux commissions pour la société d'Emanuel, la Portsea Press, et vendant des listes de courses pour l'Association pour les bookmakers – bien qu'il ne se déplaçât pas en dehors de son secteur dans le Sud-Est. Il contrôlait également les services pour les bookmakers. Frank Fraser « le fou » est devenu l'un des méchants légendaires de la Grande-Bretagne d'après-guerre et, dans ses mémoires, il se souvient que pendant trois ans, à partir de ses neuf ans en 1932, il avait été garçon de seau pour Darby, ou « Darbo » comme l'appelaient ses vrais amis. La tâche de Fraser était de circuler avec un seau d'eau et une éponge, afin que les bookmakers puissent essuyer les cotes des chevaux inscrites à la craie après chaque course. Ils payaient ensuite Sabini et, selon la façon dont les choses se passaient, le jeune homme recevait 2 shillings et 6 pence ou 7 shillings et 6 pence par jour.

« "Darbo" me tapait sur la tête et me disait : "Ramène ça à ta mère", et je répondais : "Merci, Darbo." Ça le faisait rire parce qu'il savait que je copiais ce que j'avais entendu ; un petit garçon insolent, mais avec le bon style. "Darbo" n'était pas du style menaçant, c'était juste un homme gentil, mais il n'avait pas l'air d'un nigaud non plus. Pour moi, même à l'époque, je pouvais dire qu'il avait quelque chose de spécial. »[727]

Sabini avait d'autres sources de revenus. Dans le Sud-Est, il vendait les emplacements sur les parties extérieures (non closes) des rencontres comme Epsom, qui n'étaient pas couvertes par les comités d'emplacement des bookmakers et où le public se rassemblait gratuitement. Lui et son ami de toujours, George Langham, faisaient de même lors des *point-to-points* – des rencontres où des cavaliers amateurs faisaient courir des chevaux de chasse sur les terres des fermiers. Non surveillées par les inspecteurs du Jockey

Club et de la National Hunt, elles donnaient encore l'occasion à de petites bandes de voyous de faire chanter les bookmakers. Ceux-là étaient tenus à l'écart par Sabini et Langham, qui veillaient à ce que tout fût « sous contrôle et qu'il n'y eût pas de fracas ou de problèmes ».

Ancien combattant à la loyale redouté, et bras droit de Sabini à l'époque de leur gang, Langham était également passé à la légalité. Son fils, Dave, devint un bookmaker respecté et il rapporte qu'à l'époque où lui et ses frères et sœurs avaient atteint l'adolescence, dans les années 1930, tous les combats avaient disparu. « En ce qui me concerne, le vieux a toujours été un gentleman. Il s'habillait toujours bien. Mon père a toujours eu sa propre maison. Enfant, je me suis toujours très, très bien porté. On s'est toujours occupé de nous. J'avais suffisamment à manger et il veillait à ce que nous ayons une éducation de première classe. Nous n'avions pas du tout le droit de jurer à l'intérieur. » Dave Langham nous apprend que son père gagnait également de l'argent en dirigeant les coureurs qui appelaient les numéros des chevaux sur les hippodromes autour de Londres. Lors de ces rencontres et aux cynodromes de White City et de Haringey, il partageait la vente des cartes à points et à tirets avec Sabini. À la fin des années 1930, cela entraîna des problèmes avec Harry Sabini.

« Mon vieux n'a jamais utilisé d'arme. Il a toujours utilisé ses poings, sauf une fois. Le vieux s'est disputé avec Harryboy. Mais c'était à propos des cartes à points et à tirets. Ils voulaient celles du vieux et ils voulaient le dégager et il a dit non. Ils se tiraient dessus avec des fusils. Ils sont venus en nombre, alors il a dû le faire [utiliser un pistolet] parce qu'ils étaient tous équipés. Je pense qu'ils s'y attendaient parce qu'ils savaient qu'il n'allait pas abandonner. Il n'avait peur de personne, peu importe ce que vous vouliez, il utilisait ses poings, sauf à cette occasion. Je sais que le vieux a pris un taxi et ils lui ont tiré dessus. Donc ça s'est terminé, parce que le vieux à l'époque devenait âgé, ça s'est terminé avec une pension, et il y avait une paie chaque semaine. Je m'en souviens parce que j'avais l'habitude d'aller chez eux [Harry Sabini] chaque dimanche pour récupérer l'argent. Il était dans une enveloppe. »

Cette brouille avec Harryboy n'entama pas l'amitié de Langham avec Darby Sabini et « le vieux allait religieusement tous les dimanches à Brighton pour lui rendre visite jusqu'à sa mort. C'est dire à quel point ils étaient proches. »[728]

La vie plus paisible de Sabini à Brighton et Hove contrastait fortement avec sa vie à Londres et, en 1940, la police locale soulignait qu'au cours des douze années précédentes, il ne leur avait causé que très peu de problèmes. En fait, le CID, bien informé, déclarait avec confiance que « le Sabini Gang pouvait à juste titre être considéré comme inexistant ».[729] Pourtant, en juillet de la même année, Darby Sabini fut arrêté et interné au camp de prisonniers de guerre d'Ascot. Le MI5 avait suggéré que si l'Italie devait s'engager dans la Seconde Guerre mondiale, « les consuls italiens et les dirigeants du Fascio emploieraient des Italiens du genre des gangsters ou des racketteurs pour certaines missions violentes ». En réponse, le CID de Londres dressa une liste de ces hommes, y compris des sujets britanniques d'origine italienne. Sabini était l'un d'entre eux. Signalé comme ayant des sympathies italiennes et comme un « criminel violent et dangereux du type gangster », il fut considéré comme susceptible de mener des insurrections internes. Son internement fut fortement soutenu par la police de Londres, bien que ses agents n'eussent pas eu affaire à lui depuis plusieurs années. Le commissaire adjoint admit même qu'il n'y avait jamais eu la moindre indication que Sabini avait des opinions politiques. La seule justification de sa détention était qu'il s'agissait d'un vaurien et d'un expert dans le terrorisme de gangs des hippodromes qui n'avait jamais fait un travail honnête. Néanmoins, on déclara que si quelqu'un voulait employer des personnes prêtes à perpétrer des actes de violence, il ne pouvait y avoir de meilleur choix que Sabini – et il en fut de même pour son frère, Harry.

Malgré tous les antécédents criminels de Sabini, c'était absurde. En faisant appel de sa détention, il fit valoir qu'il se comportait à merveille : « Je protégerai mon pays et notre maison à tout moment. Je m'y efforcerai. » L'Angleterre était son seul pays, et il avait collecté d'énormes sommes d'argent pour divers hôpitaux. Le comité consultatif du ministère de l'Intérieur sur les internés italiens reconnut lui-même qu'il n'y avait jamais eu de dossier très solide contre Sabini, si ce n'est qu'il s'agissait d'une personne de basse extraction d'origine italienne et d'un « dur » sans scrupules qui pouvait faire n'importe quoi pour de l'argent. Il fut donc libéré en 1941.[730] Par la suite, et peut-être parce qu'il avait perdu toutes ses sources de revenus, il se laissa tenter à retomber dans la criminalité et, en juin 1943, il fut condamné, ainsi qu'un autre homme, à deux ans de travaux forcés pour avoir reçu des biens volés d'une valeur de 383 £.[731] Ce n'était pas le genre de somme que l'on aurait pu associer à un grand gangster.

Peu après son emprisonnement, le 16 août, son fils unique, le sergent de section Harry Sabini, mourut des suites de ses blessures lors d'un accident de vol alors qu'il servait dans la Royal Air Force en Égypte. La perte de son fils, dont il était si fier, dut être un choc dévastateur. Présenté plus tard comme un croupier, Darby Sabini continua également à faire des paris à Brighton et dans les environs. Il mourut en 1950 des suites d'une maladie débilitante, sans le sou selon certains, tandis qu'une histoire circulait selon laquelle on avait empêché son employé de quitter le pays avec 30 000 £.[732] Il n'y a cependant aucune preuve de cela, et bien que Sabini n'ait pas laissé de testament, il n'était pas sans le sou. Sa femme lui survécut, vivant dans la maison de Hove, qui avait été achetée à son nom, jusqu'à sa mort en 1978, laissant 16 730 £.[733]

Joe Sabini s'était éloigné du banditisme aux côtés de son frère aîné. Après sa sortie de prison en 1925, il poursuivit son activité de coureur, mais comme la police le précisa, rien n'indique qu'il ait rejoint le Sabini Gang, même en coulisse. Il devint bookmaker au stade de Haringey Greyhound, sous le nom de Harry Lake ; en 1939, il était enregistré comme parieur professionnel. Comme Darby, il épousa une Anglaise, et au début de la Seconde Guerre mondiale, ils vivaient dans une grande maison mitoyenne de trois chambres avec une grande cour arrière, dans The Drive, à Wood Green. Ils y étaient toujours lorsque Joe Sabini décéda en 1969, laissant 6 000 £. Sa femme décéda cinq ans plus tard et laissa 14 500 £.[734] Les paris de Joe Sabini avaient manifestement porté leurs fruits, puisqu'il s'agissait de grosses sommes d'argent.

Le plus jeune des frères Sabini, Harry, gagna beaucoup plus – légalement et illégalement. En 1931, lui et sa femme anglaise, originaires de Hoxton, le bastion des Titanics, vivaient à Hamilton Park West.[735] Avec une certaine jalousie, l'inspecteur Greeno écrivit que le logement était « décoré comme un palais » ; c'était une maison géorgienne isolée très impressionnante à Highbury, qui vaut maintenant entre deux et trois millions de livres sterling.[736] Neuf ans plus tard, la maison était payée et Sabini possédait d'autres biens en pleine propriété d'une valeur de 12 000 £ et avait économisé 1 500 £ en obligations de guerre. Une autre somme de 3 600 £ fut investie pour ses trois enfants, et 3 000 £ étaient au nom de sa femme. C'était un homme très riche, bien plus que son frère Darby qui n'avait aucun investissement et une maison hypothéquée au nom de sa femme. Certaines preuves suggèrent que Harry Sabini gagna une partie de son argent de manière criminelle, notamment en extorquant de l'argent de protection aux propriétaires de boîtes de nuit. En 1935, quatre de ses associés semèrent le trouble au club de rencontre Majestic. Ils brisèrent des fenêtres et des meubles, et les membres paniqués « fuirent pour sauver leur vie ». Pendant ces agissements, Thomas Mack, l'un des membres originaux du Sabini Gang, cria au propriétaire du club : « Vous avez ruiné Harryboy et nous allons vous ruiner. On vous a prévenu il y a quelques mois. Comme vous n'avez pas écouté notre avertissement, on est venus l'appliquer. »[737] On suggéra également que Harry Sabini était impliqué dans le vol de 21 000 £ en lingots dans la chambre forte de l'aéroport de Croydon en 1935.[738]

Qu'il fût impliqué ou non, il gagna également des sommes importantes de manière légale. De 1921 à 1932, il était employé par les bookmakers Beresford and Smith, devenant ensuite un parieur professionnel de chevaux et un commissionnaire plaçant des paris pour d'autres. Walter Beresford mourut en 1931 et, selon toute probabilité, certains de ses clients furent récupérés par Sabini, car il opéra bientôt à grande échelle, avec des clients de la haute société, comme le lord Thomas Grave, et des milliers de livres transitèrent par ses comptes.

Harry Sabini fut également arrêté et interné en 1940, bien qu'il apparût rapidement qu'il n'avait aucune intention hostile et qu'il n'y avait aucun motif à sa détention. Malgré cela, il fut bientôt accusé de parjure, car dans son appel contre sa détention, il nia s'être fait connaître sous le nom de Harry Handley. Des preuves peu convaincantes furent trouvées pour cette réfutation et, en juillet 1941, il fut condamné à neuf mois d'emprisonnement.[739] Lorsque les courses reprirent à la fin de la guerre, Harry Sabini recommença à travailler comme commissionnaire, plaçant des paris pour d'autres personnes. Une fois, il fut conduit à Newmarket par Bert « Battles » Rossi, pour qui cela reste un jour spécial.

« En chemin, il sortait ces télégrammes jaunes, les ouvrait et commençait à prendre des notes. On apprenait sur le tas. Maintenant, il était commissionnaire et avait la confiance des entraîneurs pour faire baisser leurs paris. Et bien sûr, il était payé, et il savait aussi de lui-même quel cheval était volontaire et lequel ne l'était pas. Lorsque nous sommes arrivés et une fois garés, Harryboy est allé chez les membres (dans leur tribune) et a parlé à une ou deux personnes des chevaux. Ça m'a impressionné au plus haut point. »

L'un de ses interlocuteurs était soit le comte de Roseberry, soit Lord Derby, qui lui transmit l'information selon laquelle il fallait parier sur un certain cheval appartenant au roi parce qu'il était volontaire. Rossi paria sur lui et il gagna : « J'ai trouvé cela merveilleux ; un monde différent de celui des taudis de Clerkenwell. » Après cela, il emmena souvent Harryboy et Joe Sabini aux courses.[740] En 1978, et quelques mois avant la veuve de Darby, Harry Sabini mourut. Il vivait toujours à Hamilton Park et il laissa 31 000 £.[741]

La liste des criminels de type gangster compilée en 1940 pour le MI5 comprenait des sujets britanniques associés à des gangsters italiens. Parmi eux se trouvait Jim Ford, l'un des membres du cercle restreint du Sabini Gang, qui vivait désormais à Brighton. Emprisonné en 1929 après avoir agressé un bookmaker, il fut condamné deux ans plus tard à une amende pour agression, mais depuis lors, semblait avoir suivi Darby Sabini et George Langham loin du banditisme.[742] Edward Emanuel, alias Edward Smith, figurait également sur la liste, dans son cas en tant que « financier du Sabini Gang et d'autres brutes ». Comme pour Ford et Darby Sabini, les preuves de son implication étaient dépassées. Emanuel avait financé les Sabini au début des années 1920, mais depuis plus de dix ans, il était un homme d'affaires respectable et riche. En 1930, lui, sa femme et leurs deux filles vivaient dans une grande maison de Finchley Road, à Golders Green – un quartier qui attirait les familles juives de classe moyenne. Il mourut en 1943, suivi par sa femme sept ans plus tard. Elle laissa 22 656 £.[743]

Les chefs du Birmingham Gang étaient loin d'avoir autant de succès que certains des Sabini. Andrew Towey continua à vendre ses cartes à points et à tirets dans les Midlands et le Nord jusque dans les années 1940, mais il n'y a aucune trace de testament ; et Cunny Cunnington continua à vivre dans un bric-à-brac à Ladywood.[744] Quant à Ike Kimberley, un homme pressé qui aimait la boisson et la compagnie des prostituées, il était trop tard pour qu'il fût autre chose qu'un incorrigible voyou, ainsi qu'il fut qualifié en 1929 lors de son emprisonnement pour vagabondage. Soi-disant chronométreur sur les courses de chiens, il vivait à Paddington à Londres. Cinq ans plus tard, il fut même arrêté en train d'essayer de faire les poches lors d'une turbulente réunion fasciste à Brighton. Après sa libération, il fut emprisonné à deux reprises en 1935, et quelques jours après le début de la guerre, il fut condamné à trois mois de travaux forcés pour vagabondage. Visiblement peintre à présent, il vivait à Notting Hill.[745] Le frère aîné de Kimberley, Mo, resta à Birmingham. En 1926, il fut condamné comme « parasite de la société » lors de son emprisonnement pour vol à Hereford. Quelques semaines après sa libération, il fut condamné à Liverpool et fut ensuite arrêté pour avoir fréquenté les courses d'Uttoxeter en 1932, alors qu'il disait être employé d'un bookmaker.[746] On ne sait rien de plus sur Ike ou Mo Kimberley.

Le voyage en char-à-bancs pour la bataille d'Epsom Road avait été organisé par Edward « Ted » Banks. C'était un criminel invétéré, mais à une échelle plus grande que celle des Kimberley. Il fut désigné comme organisateur de crimes et ancien financier de criminels lorsqu'il fut finalement arrêté en 1934 pour un coup bien planifié où il devait recevoir une importante livraison de bacon volé dans son magasin de Digbeth. Condamné à quatre mois de travaux forcés, alors qu'il descendait les marches du quai, des femmes crièrent : « Au revoir, Ted. Bonne chance. »[747] Après sa libération, il reprit son vrai nom d'Edward Pankhurst ; en 1939, lui, sa femme et ses deux fils vivaient sur Belgrave Road, à Balsall Heath. Enregistré comme gérant d'épicerie, il avait alors pignon sur rue, ce qui représentait un statut plus élevé qu'une maison à l'arrière d'une cour. Il mourut en 1950.[748]

Billy Kimber est le seul membre du Birmingham Gang pour qui le crime paya. Il paya sa transition de pickpocket de rue à bookmaker respectable vivant dans une belle maison de la Riviera anglaise. Ce changement remarquable ne profita pas à sa première femme, Maude, et à leurs deux filles, Maudie et Annie, qu'il abandonna lorsqu'elles avaient huit et six ans. Son arrière-petite-fille, Juliet Banyard, pensait qu'il avait dû rester en contact avec Annie, car c'était sa préférée, « mais il ne s'occupait pas beaucoup de Maudie et elle ne s'occupait pas de lui non plus. Maudie avait l'habitude de dire : "Si tu devais de l'argent à notre père, tu le payais de ta vie." »[749] C'étaient des mots glaçants, mais prophétiques. En 1921, Kimber gagnait de grosses sommes d'argent grâce à sa criminalité, mais Maude et ses filles avaient du mal à s'en sortir dans une maison de fortune à Hockley.[750] La lutte contre la pauvreté l'épuisa probablement, car, en 1926, Maude mourut à l'âge de quarante-trois ans. Elle fut enterrée dans une tombe pour les gens pauvres.[751] Il s'agissait d'une sépulture commune, sans rien à la surface pour laisser une trace de ceux qui s'y trouvaient, et c'était l'indignité ultime pour une personne pauvre.

Kimber savait qu'elle était morte, car il déclara être veuf quand, quelques jours plus tard, il épousa Eliza Garnham, une sœur de son ami et allié, John Garnham, du Chapel Market Gang.[752] Après la trêve avec les Sabini, Andrew Towey reprit ses « services » dans les Midlands et le Nord, mais Kimber resta à Londres, bien que plus discrètement que par le passé. Il ne prit pas part au Camden Town Gang de Sage et, à partir de 1923 au moins, il vécut à Warren Street, à Islington, dans la maison de la famille Garnham.[753] À partir de là, Kimber travailla sur des rencontres de *point-to-point*. Peu surveillées, elles offraient un vaste champ d'action aux voyous des courses. En mars 1925, il se trouvait à l'une de ces rencontres dans le North Devon. Un bookmaker malhonnête fut entouré par une foule hostile, mais alors qu'il était sur le point d'être emmené par un policier, un autre bookmaker appela Kimber en disant : « J'offre cent livres contre un shilling que ce n'est pas lui. » Immédiatement, le mauvais payeur fut entouré par les gros bras des bookmakers, le protégeant de la foule en colère.[754]

D'après les histoires familiales intrigantes qui lui ont été transmises, Brian McDonald pense que Kimber avait également des intérêts dans les clubs du West End. Si c'est le cas, ces intérêts prirent fin vers 1927, lorsque lui et Bert McDonald tirèrent à travers les fenêtres du Griffin, un pub de Clerkenwell fréquenté par le Sabini Gang. Les deux hommes échappèrent à la police en se rendant en Amérique, où Kimber tua peut-être en Arizona un homme qui ne lui avait pas versé l'argent dû pour une faveur. Après s'être rendu à Los Angeles pour y retrouver Wag McDonald, qui s'y trouvait depuis sa fuite après la bataille d'Epsom Road, Kimber se serait rendu à Chicago. On a raconté à Wag McDonald qu'il avait été caché par Murray Humphreys, qui jouait un rôle important dans le célèbre gang d'Al Capone, avant de rentrer en Angleterre en 1929.[755] Les filles de Kimber à Birmingham savaient également qu'il devait partir pour l'Amérique, et il disparut effectivement de Londres à cette époque. Après 1927, il ne figure plus sur le registre électoral de Warren Street, mais en 1930, il réapparaît dans le personnel de la direction du champ de courses de Wimbledon Greyhound.[756] Les courses de chiens étaient un nouveau sport très populaire, mais Kimber continua également à travailler sur les courses de *point-to-point* dans le sud-ouest de l'Angleterre. Elles étaient désormais mieux organisées et, en 1938, il posta plusieurs annonces publicitaires dans les journaux locaux. Celles-ci indiquaient un numéro de téléphone à Yeovil avec le slogan « Pariez avec un homme fiable – Bill Kimber ». Mais Kimber lui-même n'avait plus besoin d'assister aux rencontres et opérait par l'intermédiaire de représentants.[757] Il gagnait beaucoup d'argent, et il le dépensait.

En 1932, il acquit la pleine propriété d'une maison appelée Beltinge à East End Road, dans le quartier d'East Finchley, après avoir occupé un appartement au-dessus d'un magasin d'Upper Street, à Islington.[758] Tout comme le déménagement de Sabini à Brighton, celui-ci symbolisait un changement social et culturel qui éloignait Kimber de ses anciens associés et de leurs secteurs. Kimber propulsa sa famille, en particulier ses deux filles issues de son second mariage, dans le style de vie de la classe moyenne aisée. Nées en 1920 et 1923, elles avaient une vie très différente de celle de leurs demi-sœurs de la classe ouvrière de Birmingham, bénéficiant de cadeaux luxueux tels que des croisières onéreuses. Une photographie envoyée aux parents d'Eliza Kimber à Islington la montre avec ses deux filles, élégamment vêtues de vêtements d'été, devant un jardin et un élégant bâtiment avec un balcon à balustrade et des fenêtres à volets. Les mots « Jour de boxe 1934 Madère » sont inscrits en bas de la photo. Quatre ans plus tard, les Kimber retournaient à Southampton à bord de l'Arundel Star après un long voyage en Afrique du Sud qui les avait menés à Durban, East London, Port Elizabeth, Cape Town et Madère. La liste des passagers indique que Billy Kimber était un commissionnaire qui vivait alors toujours à East Finchley.[759]

Pendant cette période, il envoya à sa fille Annie, à Birmingham, « un ensemble de coiffeuses très cher, mais ils durent le vendre, car ils étaient très pauvres... Elle reçut également une photo de lui sur le pont d'un bateau avec une femme. » Annie savait aussi que Kimber avait déménagé à Torquay, sur la Riviera anglaise, en 1939.[760] Ironiquement, il devint président de l'Association pour les bookmakers du Devon et des Cornouailles – ironiquement, car ce fut la création de l'Association pour la protection des bookmakers et des parieurs des champs de courses, à Londres, fin 1921, qui sonna le glas de ses rackets sur les champs de courses du sud de l'Angleterre.[761] Mais la nouvelle vie de Kimber fut illuminée en 1941 lorsque sa fille aînée, officier dans la Women's Auxiliary Air Force, épousa un lieutenant d'aviation de la Royal Air Force.[762] Quatre ans plus tard, Billy Kimber mourut après une longue maladie. La rubrique nécrologique du journal local affirme que « son grand intérêt dans la vie, tant personnel que professionnel, était les courses, et qu'il était bien connu et respecté sur tous les hippodromes d'Angleterre ». De nombreuses personnes assistèrent à ses funérailles, mais peu d'entre elles connaissaient son éducation et son passé – à l'exception de son frère Joe, qui faisait partie du premier gang de pickpockets de Kimber.[763] Après avoir dépensé des sommes considérables pour mener la belle vie, Kimber mourut en homme prospère, laissant à sa veuve la somme importante de 3 665 £.[764] Bien qu'il fût loin de sa jeunesse, passée à se battre et à voler dans les rues de Birmingham, Kimber mourut comme l'un des derniers Peaky Blinders.

POSTFACE

La vie d'Alfie Solomon changea irrémédiablement après son passage à tabac par Thomas Armstrong en 1921. Autrefois de bonne moralité, il se transforma en l'un des hommes les plus dangereux des gangs de courses. Négociant au rasoir aussi prompt à se servir d'un flingue que d'un couteau, il se tourna de nouveau vers la violence après sa libération en 1927, suite à l'homicide involontaire de Barney Blitz.[765] Darby Sabini ayant quitté Londres et Alf White ayant repris le contrôle des restes du Sabini Gang, Solomon forma son propre « gang de voleurs » qui faisait chanter les bookmakers, comprenant notamment Jackie Burman, initialement l'un des « vauriens » d'Emanuel. Bien que l'extorsion fût moins rentable et qu'elle fût bientôt limitée aux parties ouvertes des hippodromes et à certains champs de courses de chiens, elle attira également Dodger Mullins lorsqu'il sortit de prison et relança sa bande de Bethnal Green. Les deux gangs se querellèrent, mais Mullins fut bientôt de retour en prison, condamné en 1931 à six ans d'enfermement pour avoir exigé de l'argent en usant de menaces. Terreur notoire qui détestait les Sabini et leurs associés, il fut libéré en décembre 1935 et redéclencha la vendetta avec le gang de Solomon.

Début 1936, sous la direction d'un gangster connu sous le nom de « Conky », les membres du gang infligèrent à Mullins de graves blessures au visage et dans le dos. Désireux de se venger, il s'associa au Hoxton Gang dirigé par Jimmy Spinks et aux Elephant Boys de Wag McDonald.

En juin, ils se rendirent tous à Lewes pour « éliminer les racailles juives », arrivant avec des hachettes, des poings américains, des matraques, des marteaux et des cisailles. Quand ils virent Solomon, Spinks cria : « Les voilà, les gars, préparez vos outils. » Dans un grand moulinet de hachette au-dessus de sa tête, il mena la charge contre Solomon, qui fut frappé de plusieurs coups et blessé à la tête, mais parvint quand même à s'enfuir. Son commis n'eut pas cette chance et fut sauvagement roué de coups. Alertée par des sources anonymes, la police était prête et mit rapidement un terme à ces actes de violence. Mullins et McDonald s'échappèrent, mais de lourdes peines furent prononcées à l'encontre des seize hommes qui avaient été arrêtés et reconnus coupables. Par la suite, la plupart des auteurs ont présumé que l'attaque visait le Sabini Gang.[766] Ce n'était pas le cas, car ce gang n'existait plus, et parmi les personnes arrêtées se trouvait Thomas Mack, qui avait été un membre éminent des Sabini. L'attaque était clairement dirigée contre Solomon et ses hommes, comme le confirmait l'arrestation d'Albert Blitz, supposé être un parent de Barney Blitz, précédemment tué par Solomon.[767] Ce fut la dernière mention de Solomon, l'un des gangsters les plus violents des années 1920.

La mal nommée « bataille de Lewes » donna à Graham Greene l'idée de son premier chef-d'œuvre, *Brighton Rock*.[768] Comme le fit remarquer plus tard Norman Sherry, l'aspect le plus étrange du roman était « le développement du thème religieux, qui l'a fait passer d'une histoire de guerre de gangs à une lutte entre le bien et le mal ».[769] Pourtant, c'est l'aspect « gangster » du roman qui attira l'attention du public. Greene lut avidement dans les journaux les comptes rendus de l'échauffourée de Lewes et, peu après, invita son frère à le rejoindre aux courses de Brighton.[770] Visiteur récurrent de la ville, il écrira plus tard : « J'ai passé une fois une soirée avec un membre d'un gang qui m'a initié à une certaine quantité d'argot en usage, et m'a emmené dans un des lieux de rencontre de ses collègues gangsters. »[771] Bien qu'il fût issu de la classe moyenne supérieure, Greene réalisa des recherches qui apportèrent un certain réalisme au roman, avec ses bookmakers soumis au chantage, leur peur d'être tailladés, la scène des courses du jour férié, les files de bookmakers, le changement des cotes, la tribune d'une demi-couronne, l'attaque du gang des courses et les coups de rasoir de Pinkie, le personnage principal. Adolescent, et pourtant déjà à la tête de sa propre bande, assassin impitoyable envers ses ennemis… Il se met à dos Colleone, un grand chef de gang. De petite taille, avec un ventre bien rond, celui-ci porte un costume gris à veston croisé, arbore des cheveux fins et gris et ses yeux brillent comme des raisins. Sa base se trouve au grand Cosmopolitan Hotel.[772] Pinkie fut-il nommé d'après Jimmy Spinks, connu sous le nom de Spinkey par ses copains ?[773] Et Colleone était-il inspiré de Darby Sabini ? En tout cas Greene le reconnaissait : « Mon roman *Brighton Rock*, il est vrai, traite un peu de quelque chose de similaire au Sabini Gang. »[774]

Que Sabini eût ou non inspiré le personnage de Colleone, c'était le Sabini Gang, plutôt que ses rivaux, qui établit les liens les plus étroits avec les bandes organisées de Londres après la Seconde Guerre mondiale. Pourtant, lorsque Darby Sabini s'installa à Brighton et Hove en 1926 et commença à s'éloigner de la criminalité dans la capitale, le Sabini Gang aurait pu se désintégrer comme le Camden Town Gang et le Birmingham Gang. Cela ne se produisit pas, car Sabini avait formé une bande bien organisée de gangsters loyaux, et ceux qui n'étaient pas « légalisés » par les bookmakers cherchèrent à être dirigés par l'un des membres du cercle restreint de Sabini. Après sa sortie de prison, ces affaires n'intéressaient pas Joe Sabini, tandis que Harry Sabini, bien qu'il maintînt quelques liens avec le gang, se concentrait surtout sur ses gains légaux en tant que commissionnaire. Parmi les autres chefs potentiels, George Langham s'éloignait également du banditisme, Jim Ford avait suivi Sabini sur la côte sud et Alfie Solomon était en prison. Il ne restait donc qu'un seul des lieutenants originaux de Sabini, Alf White. Il est probable qu'il avait commencé à prendre en charge les opérations dans la capitale dès 1925, lorsque Sabini était impliqué dans l'affaire de diffamation avec D. C. Thomson, et il est intéressant de noter que White était le chef du Sabini Gang cette année-là, lors de sa défaite contre Benneworth, Mullins et leur bande.

Il n'y avait aucun des frères Sabini dans le Sabini Gang dirigé par White, qui, bien qu'il ne fût pas aussi grand et puissant qu'il l'avait été, demeurait une force redoutée. Ce gang de successeurs comprenait Thomas Mack, aux côtés de Darby Sabini depuis le début, ainsi que de jeunes Anglo-italiens. N'opérant plus de racket sur les hippodromes, White et ses « complices » usaient délibérément de violence pour « impressionner » les gérants de débits de boissons et les bookmakers de rue illégaux, « dans le but de les intimider et d'extorquer ensuite de l'argent ».[775] White était lui-même un homme dangereux et, en 1927, à l'âge de quarante ans, alors qu'il dirigeait encore son entreprise de fleuriste, White fut accusé d'une attaque brutale contre deux policiers, dont l'un eut la chance de ne pas perdre la vue. White fut emprisonné pendant trois mois seulement.[776] Sept ans plus tard, lui et ses fils furent condamnés comme « les hooligans les plus notoires du nord de Londres », contre lesquels personne ne voulait témoigner.[777]

Ces accusations furent corroborées en avril 1935, lorsque les White, se rendant à un bal de charité, attaquèrent un homme qu'ils ne connaissaient pas, « sans raison ou motif apparents, le frappant au visage et au corps à coups de poing, de pied, de table et de chaise ». L'agression fut si violente que la victime perdit la vue de son œil gauche. White et deux de ses fils furent arrêtés, mais la femme de l'homme blessé fut la seule témoin à se présenter en sa faveur, tandis que les White convoquèrent douze personnes pour déclarer qu'ils n'étaient pas impliqués. Le jury ne les crut pas et les White furent condamnés à douze mois de prison chacun. Au cours de la procédure, quarante de leurs « complices étaient présents, soit au tribunal, soit à proximité » ; après la condamnation, l'avocat de l'accusation reçut une lettre de menaces et demanda la protection de la police. Dans un rapport de police sur l'affaire, White était décrit comme « l'un des principaux chefs de file du Sabini Gang », mais, bien que le nom eût persisté, il s'agissait désormais clairement du gang de White.[778] Plus tard connu sous le nom de la bande de King's Cross, son commandement fut transmis à l'un des fils d'Alf, Harry. Il contrôlait les rackets de protection dans le West End, et après l'internement de Darby Sabini en 1940, Harry White prit en charge la gestion des emplacements des bookmakers sur les parties gratuites des rencontres comme Epsom et Brighton, ainsi que lors des *point-to-points*. Ces gains des hippodromes furent repris de force par Jack Spot (Jacob Cromer) au début de l'année 1947. Comme l'indique James Morton, peu après, les White furent finalement mis en déroute par une alliance entre Spot et Billy Hill, qui deviendraient rapidement ennemis.[779]

Le pouvoir manifeste des White jusqu'à leur chute fut égalé par d'autres figures notables du milieu des gangs londoniens de l'après-guerre – des hommes qu'on considérait comme des membres des anciens gangs. L'une de ces personnalités était Bert Marsh, qui avait fait partie du Sabini Gang. Né en 1901, son vrai nom était Pasqualino Papa. Coiffeur à Clerkenwell, puis bookmaker *off-course* illégal, il avait été un très bon boxeur. L'un des meilleurs poids plume de Londres, il avait été sélectionné parmi les jeunes qui pouvaient prétendre à faire partie de la fine fleur de la boxe avec beaucoup d'entraînement.[780] Il fut entraîné pendant un temps par Darby Sabini, qui se rappelait : « Marsh n'était pas aussi bon que nous le pensions. »[781] Malgré son jeu magnifique, il possédait malheureusement « le défaut commun à beaucoup de nos boxeurs : une profonde aversion pour toute forme d'entraînement intense, ce qui l'avait empêché jusqu'à présent de gagner les honneurs du titre ». Marsh ne se racheta pas : en 1925 il cessa de boxer, peu après avoir été emprisonné avec d'autres membres du Sabini Gang pour avoir frappé deux bookmakers aux courses de Wye.[782] Après avoir été condamné pour blessures illégales et voies de fait, il fut reconnu coupable en 1936 de l'homicide involontaire d'un ami d'enfance, Massimino Monte-Colombo. Il n'est pas étonnant qu'il ait été considéré par la police comme « un individu des plus violents et dangereux, et le chef des brutes qui fréquentent les hippodromes et les clubs ». Marsh fut interné aux côtés de Darby et Harry Sabini en 1940.[783] Morton, un expert des gangs londoniens d'après la Seconde Guerre mondiale, révèle qu'après sa libération, Marsh devint une figure importante de Soho et un partisan d'Albert Dimes, parieur et gangster très en vue. Après l'éviction de Jack Spot et le retrait de Billy Hill, Dimes était considéré comme le « roi des *point-to-points* » et « le parrain presque invisible » de la fin des années 1950.[784] Il est clair que le nom de Sabini exerçait toujours une certaine fascination, ainsi, jusqu'en 1955, cinq ans après la mort de Darby Sabini et presque trente ans après qu'il se fût éloigné de son gang, Dimes était considéré comme étant le chef du Sabini Gang.[785]

Bien qu'il n'existât plus rien de tel que le Sabini Gang, son nom continua de retentir dans la Grande-Bretagne d'après-guerre. Mais qu'en était-il des Peaky Blinders et du redoutable Birmingham Gang, formé par certains des plus cruels d'entre eux ? Par contraste, son nom ne fit pas même l'objet d'un faible écho.

Sans la direction d'ensemble de Kimber après la trêve avec les Sabini, le Birmingham Gang s'était effondré. En l'absence de boîtes de nuit ou d'autres possibilités de rackets de protection, dans une ville fortement surveillée par la police comme Birmingham, le gang disparut si rapidement et si complètement qu'il n'entra pas dans le folklore de Birmingham et encore moins dans la mythologie des gangs. Pourtant, il avait été le premier grand gang d'Angleterre à opérer à l'échelle nationale et, après sa prise de contrôle des rackets sur les hippodromes du Sud en 1920, il semblait dans une position de pouvoir inattaquable. Ce pouvoir, cependant, était illusoire en raison de la nature même du Birmingham Gang. Il ne devint jamais une association de criminels totalement organisée, mais resta un regroupement de bandes disparates de ruffians. Ils étaient peut-être dangereux et effrayants, mais en dehors de Kimber, il ne s'agissait que de vauriens mesquins qui continuaient à agir comme des Peaky Blinders, appréciant par-dessus tout la bagarre et la violence. Ce qu'ils extorquèrent et volèrent, la majorité d'entre eux le « siffla » en boissons et en bons moments. Aussi inconscients, irréfléchis et indisciplinés qu'ils l'étaient, ils demeuraient incapables de créer une force disciplinée afin de consolider leur emprise dans le Sud, comme le montrait leur persécution raciste des bookmakers juifs.

C'est cette haine qui provoqua un violent retour de bâton, entraînant l'apparition du Sabini Gang et la rivalité entre gangs la plus féroce que la Grande-Bretagne ait jamais connue. Ce développement inquiétant alarma non seulement les journalistes, mais aussi les chefs de la police et même le ministre de l'Intérieur. Abhorrés à juste titre pour leur brutalité et leur chantage, ces gangsters britanniques devinrent toutefois un élément distinctif, bien que malheureux, des Années folles. Cela se serait-il produit sans les Peaky Blinders ? Peut-être, mais en l'état actuel des choses, l'héritage de ces Peaky Blinders était le Birmingham Gang et les gangs les plus célèbres des années 1920 en Grande-Bretagne.

SUGGESTIONS DE LECTURES

Les notes de fin d'ouvrage détaillées énumèrent de nombreux livres et articles à consulter. Cette liste met en évidence les lectures les plus pertinentes à propos des Peaky Blinders, du Sabini Gang et de la guerre des gangs de Sheffield.

J. P. Bean, *The Sheffield Gang Wars* (Sheffield, 1981).

Carl Chinn, *Peaky Blinders. The Real Story. The true history of Birmingham's most notorious gangs* (Londres, 2019).

Brian McDonald, *Elephant Boys. Tales of London and Los Angeles Underworlds* (Édimbourg et Londres, 2005).

Brian McDonald, *Gangs of London. 100 Years of Mob Warfare* (Wrea Green, 2010).

James Morton, *Bert Battles Rossi. Britain's Oldest Gangland Boss* (Londres, 2017).

James Morton, *Mad Frankie. Memoirs of a Life of Crime. By Frankie Fraser as told to James Morton* (Londres, édition 1995).

James Morton, *Gangland. London's Underworld* (Londres, édition 1993).

Raphael Samuel, *East End Underworld. Chapters in the Life of Arthur Harding* (Londres, 1981).

Heather Shore, *London's Criminal Underworlds, c. 1720 – c. 1930. A Social and Cultural History* (Londres, 2015).

ABRÉVIATIONS

BCWG *Bath Chronicle and Weekly Gazette*

BDG *Birmingham Daily Gazette*

BDP *Birmingham Daily Post*

BLA Birmingham Lives Archive, MS 1902, Archives et Collections, Bibliothèque de Birmingham

BM *Birmingham Mail*

CCBA *Carl Chinn Bookmaking Archive*, US39, Bibliothèque de recherche de Cadbury, Université de Birmingham.

CID Criminal Investigation Department (Département des enquêtes criminelles)

DC *Dundee Courier*

DET *Dundee Evening Telegraph*

DH *Daily Herald*

DM *Daily Mail*

HDM *Hull Daily Mail*

DTC *Daily Telegraph & Courier* (Londres)

ED *Evening Despatch* (Birmingham)

EN *Empire News*

GRO General Register Office (Bureau général des registres)

IPN	*Illustrated Police News*
LM	*Leeds Mercury*
LMA	London Metropolitan Archives (Archives métropolitaines de Londres)
MG	*Manchester Guardian*
NEP	*Nottingham Evening Post*
PG	*Police Gazette*
PMG	*Pall Mall Gazette*
SDT	*Sheffield Daily Telegraph*
SI	*Sheffield Independent*
SL	*Sporting Life*
SP	*Sunday Post* (Glasgow)
TBL	The British Library
TEN	*The Evening News* (Londres)
TG	*The Guardian*
TNA	The National Archives (Les Archives nationales)
TP	*The People*
TS	*The Scotsman*
TT	*The Times*
WG	*Westminster Gazette*
WSG	*West Sussex Gazette*
YPLI	*Yorkshire Post and Leeds Intelligencer*

SOURCES

Les recherches effectuées dans le cadre de cet ouvrage reposent en grande partie sur des preuves primaires. Sauf indication contraire dans les notes de fin d'ouvrage, les informations ont été récoltées auprès des sources suivantes :

Journaux

"Men in Custody", *Birmingham Daily Gazette* (4 juin 1921) "Persons Wanted in Custody", *The Police Gazette* (8 juin 1921).

Les Archives nationales

CRIM : Records of the Central Criminal Court (Archives de la Cour d'assises centrale)

HO : Home Office (Ministère de l'Intérieur)

MEPO : London Metropolitan Police (Police métropolitaine de Londres)

WO : War Office (Bureau de la Guerre)

PCOM : Home Office & Prison Commission

Recensements 1871, 1881, 1891, 1901 et 1911 et registre de 1939.

CRIM 1/209 : Défendeur : Cortesi, Augustus Cortesi, George Cortesi, Paul Cortesi, Enrico Tomaso, Alexander. Chef d'accusation : Tentative de meurtre.

HO 45/23691 : GUERRE : Octavius Sabini, alias Darby Sabini, alias Frederick Handley, gangster et racketteur notoire des champs de courses : internement.

HO 45/25720 : GUERRE : Régulation de la Défense 18B, détenus : Harry Sabini.

HO140 : Calendrier des prisonniers.

HO 144/10430 : PARI ET JEU : voyous des hippodromes : activités du gang « Sabini ».

MEPO 3/346 : Bagarre à Ewell, connue sous le nom de « hold-up d'Epsom », le 2 juin 1921, après une rencontre de courses. Vingt-huit personnes accusées d'avoir causé des lésions corporelles graves à un groupe de bookmakers.

MEPO 3/352 : Affrontement entre gangs de courses à Waterloo Road et dommages volontaires : renoncement aux engagements précédemment contractés.

MEPO 3/366 : Plusieurs membres d'un gang de courses accusés à différents moments d'avoir exigé de l'argent en usant de menaces, de voies de fait et d'avoir conspiré ensemble.

MEPO 3/374 : Alfred Solomon, accusé du meurtre volontaire de Barnet Blitz et de la tentative de meurtre de Michael Abelson le 201/MR/549, puis condamné pour homicide involontaire, demande ici la protection de la police contre les gangs de courses.

MEPO 3/444 : Tentative de corruption de deux gardiens de Maidstone pour transmettre une correspondance à Joseph Sabini.

MEPO 3/9190 : Alfred, William White et autres causent des lésions corporelles graves à John McCarthy Defferary.

MEPO 3/1579 : Cinq membres du « Camden Town Gang » reconnus coupables d'avoir tiré sur le détective J. Rutherford avec l'intention de le tuer à Gray's Inn Road le 28 juillet 1922.

MEPO 3/1581 : Fusillade entre le « gang italien ou Sabini » et le « Birmingham Gang » à Mornington Crescent, Camden Town, le 19 août 1922.

MEPO 6 : Bureau des archives criminelles : Registres des criminels récidivistes et documents divers.

PCOM 2 : Archives des prisons, Série 1.

PCOM 8/58 : CAPITAL. FOWLER, Lawrence à Leeds le 13 juillet 1925.

PCOM 8/59 : CAPITAL. FOWLER, Wilfred à Leeds le 13 juillet 1925.

WO 96 : Papiers d'attestation de la milice.

WO 329 : Rouleaux de médailles et de récompenses de service, Première Guerre mondiale.

WO 363 : Documents de soldats, Documents « endommagés » de la Première Guerre mondiale.

WO 364 : Documents de soldats provenant de demandes de pension, Première Guerre mondiale.

NOTES

Introduction

1 Une victime, “Lettre à l'éditeur”, *DTC* (20 août 1898).

2 ‘Our Note Book’, *Sporting Times* (20 août 1898) & ‘Racing Notes’, *The Sketch* (21 septembre 1898).

3 C., “Lettre à l'éditeur”, *DTC* (18 août 1898) & Noel Fairfax-Blakeborough (éd.) *‘J.F.B.’ The Memoirs of Jack-Fairfax- Blakeborough, OBE MC* (Londres, 1978) p.87.

4 ‘Roughs on the Turf’, *DTC* (13 août 1898).

5 Cité dans J. Fairfax-Blakeborough, ‘The Ring in the Merry Past’, *Banyan* (décembre 1948) & p.19

6 Ron Whytock, Southern Bookmakers’ Protection Association, *History File* (n.d.) p.4.

7 ‘Scene at Hamilton’, *DET* (10 septembre 1904).

8 J. Fairfax-Blakeborough, ‘Secrets of the Old Tyneside Race Gang’, *Sunday Sun* (Newcastle) (20 janvier 1935) & Fairfax- Blakeborough (éd.) p.87 & ‘Roughs on the Turf’, *DTC* (13 août 1898).

9 Geoffrey Pearson, *Hooligan. A History of Respectable Fears* (Londres, 1983) p.74 & Heather Shore, *London's Criminal Underworlds c. 1720 – c. 1930. A Social and Cultural History* (Londres, 2015), p. 144–165.

Chapitre 1

10 ‘The Epsom Road Ambush’, *TEN* (Londres) (4 juin 1921).

11 'Twenty-Eight Men Charged at the Police Court', *TG* (4 juin 1921).
12 'Story of the Epsom Ambush', *BDG* (4 juin 1921).
13 'The Epsom Road Ambush', *TEN* (Londres) (4 juin 1921).
14 'Identity of the Twenty-Eight', *BDG* (21 juillet 1921).
15 'The Epsom Road Ambush', *TEN* (4 juin 1921).
16 'Denials of Epsom Prisoners', *BDG* (22 juillet 1921).
17 'Acts of Violence', *BDG* (29 décembre 1903).
18 'Sequel to the Nottingham Jewellery Robbery', *NEP* (22 avril 1904).
19 'Charge of Housebreaking', *NEP* (16 juin 1904).
20 'The End of the Peaky Blinders', *SI* (28 juin 1923).
21 Carl Chinn, *Peaky Blinders: The Real Story. The true history of Birmingham's most notorious gangs*, p. 173–189.
22 'The Dartmouth Street Vendetta', *BDG* (3 mai 1909).
23 'A Birmingham Vendetta', *BDG* (26 août 1910).
24 'Edward Pankhurst', Midlands, England, Registres électoraux, 1832–1955 (Deritend,1922).
25 'Men of Means in Epsom Ambush', *BDG* (11 juin 1921) & 'The Epsom Road "Battle"', *BDG* (27 juin 1921).
26 Anonyme, *BLA*.
27 'Quarrel Over Football', *BDG* (6 avril 1909).
28 'Birmingham Gambling Raid', *BDG* (10 mai 1910).
29 'After the Epsom Races', *WSG* (28 juillet 1921).
30 'Assaulting Jews', *BDP* (9 février 1892) & Chinn, p. 30–31.
31 Chinn, p. 223–224.
32 'A Judenhetze at Birmingham', *Bristol Mercury* (9 février 1892).
33 'Assaulting Jews', *BDP* (9 février 1892).
34 'Lady to a Policeman's Rescue', *Central Somerset Gazette* (4 septembre 1897).
35 MEPO 3/346, Bureau du commissaire en chef de Birmingham, Rapport (10 juin 1921).
36 'Gaming at Gosforth Park', *Newcastle Daily Chronicle* (28 juin 1919).
37 'Lichfield City Police', *Lichfield Mercury* (18 août 1905).
38 'After the Epsom Races', *WSG* (28 juillet 1921).
39 'An Expert Scamp', *Liverpool Echo* (28 mai 1914).
40 'Racecourse Gang', *TS* (5 juillet 1926).
41 'Pocket-Picking in Newcastle', *Newcastle Evening Chronicle* (3 juillet 1919).
42 'Aston Police Court', *BM* (12 août & 27 mars 1887).
43 'Assault', *BDP* (4 septembre 1894).
44 'An Alibi that Failed', *BDP* (10 octobre 1914).

45 'A Soldier's Return', *BM* (11 février 1918) & PMG.
46 Lesley & Robert Staight, Courrier (18 avril 2015).
47 'Assaulting the Police', *BDP* (26 mai 1893).
48 'Burglary at Yardley', *BDP* (11 décembre 1895).
49 'Drinks in the Tap Room', *BDG* (23 février 1907).
50 'Lincoln Racecourse Cases', *NEP* (22 mars 1911) & PMG.
51 'Street Tragedy', *BDG* (7 mars & 14 mars 1912).
52 'City Assizes', *BDG* (21 mars 1912).
53 MEPO 3/346, Bureau des archives d'infanterie, Lettre (8 juillet 1921), Sergeant G. Rawle, Police de Birmingham (6 juillet 1921).
54 'Result of a Holiday', *BM* (8 juillet 1901).
55 Chinn, p. 173–189.
56 'Fierce Police Court Struggle', *BDG* (2 septembre 1903).
57 'Quarter Sessions', *BDG* (1er juillet 1908).
58 'After the Jewels', *Surrey Advertiser* (2 juillet 1917).
59 'After the Epsom Races', *WSG* (28 juillet 1921).
60 *Bedfordshire Mercury* (12 mars 1909).
61 'Robbery with Violence', *BDG* (10 mars 1909).
62 Andrew Davies, 'Histories of Hooliganism', in Dick Hobbs (éd.) *Mischief, Morality and Mobs: Essays in Honour of Geoffrey Pearson* (New York et Londres, 2017) p. 89.
63 'Other Trials', *BDG* (6 mars 1914).
64 'Assaulting the Police', *BDP* (24 août 1916).
65 'Shopbreakers Sentenced', *BDP* (1er octobre 1918).
66 'Working the Queues', *BDG* (9 août 1919).
67 M. et Mme Gilliver, Interview, *BLA* (6 janvier 1989).
68 'Warwick Borough', *Leamington Spa Courier* (19 septembre 1919).
69 TNA WO 97, Hôpital royal de Chelsea: Documents de soldats en service, Dossier 6013, Archive 85, Numéro d'attestation de service 10601 (31 juillet 1907).
70 '*A Dangerous Thief*, Sentenced', *ED* (13 février 1914).
71 TNA WO 86, Bureau du juge-avocat général : Registres de guerre de la Cour de district, Intérieur et étranger : Pièce 071 (1916–1917) WO 86/71 (21 septembre 1916) ; 'Dangerous Thief', *ED* (13 février. 1914) ; 'Alleged Shopbreaking and Assault', *BM* (28 septembre 1917) ; & MEPO 3/346, Bureau des archives d'infanterie, Lettre (8 juillet 1921).
72 'Trading on Army Service', *BDG* (29 janvier 1920).
73 MEPO 3/346, Bureau des archives d'infanterie, Lettre (8 juillet 1921).

74 WO 364, Demandes de pensions de la Première Guerre mondiale, William O'Brien, Numéro de service 19769.
75 'Suspicious City Loiterers', *Manchester Evening News* (23 juillet 1918).
76 'Alleged Notorious Pickpockets at Blackpool' & 'Jostled Blackpool Crowd', *Lancashire Evening Post* (2 & 3 août 1918).
77 'Suspect Sentenced for Loitering', *BDP* (31 décembre 1918).
78 *The National Roll of the Great War, 1914–1918. Section VI, Birmingham* (Londres, 1920) p.419.
79 Association du Front Ouest, 1GM, livres de comptes et fiches des pensions, 6 MV 1 498959 & WO329 ; Référence 615.
80 MEPO 3/346, Commissaire en chef, Rapport (10 juin 1921) & 'After the Epsom Races', *WSG* (28 juillet 1921).
81 Eric Rickman, *On and Off the Racecourse* (Londres, 1937) p.256.

Chapitre 2

82 'Racing Rogues Held Off By Armed Man', *TEN* (Londres) (24 mars 1921).
83 Pour un compte rendu complet du passé de Kimber, voir Chinn, p. 191–208.
84 'Thomas Templar', *IPN* (20 février 1913) & Moss Deyong, '*Everybody Boo ...*' (Londres, 1951), p.53.
85 Thomas Dey, *Leaves from a Bookmaker's Book* (Londres, 1931) p. 208–210.
86 'Englishmen Charged in Dublin', *Dublin Daily Express* (11 mai 1917).
87 Tommy Garnham, Interview (juillet 2013).
88 'A Charge of Stabbing', *IPN* (20 février 1913).
89 'Alleged Wounding', *East London Observer* (15 mars 1913).
90 Brian McDonald, *Gangs of London. 100 Years of Mob Warfare* (Wrea Green, 2010) p.188.
91 Raphael Samuel, *East End Underworld. Chapters in the Life of Arthur Harding* (Londres, 1981) p.182.
92 Wray Vamplew, *A Social and Economic History of Horse Racing* (Londres, 1976), p. 62–67.
93 Chinn, p. 200–202.
94 Rickman, p.252.
95 'Easter Racing Features', *LM* (19 avril 1919).
96 Rickman, p. 252–255.
97 Tom Divall, *Scoundrels and Scallywags (And Some Honest Men)* (Londres, 1929) p.208.
98 'Detectives v Crooks', *Sunderland Daily Echo and Shipping Gazette* (15 septembre 1919).

99 'Station Disturbance', *SDT* (8 octobre 1919).
100 'Station Disturbance', SDT (8 octobre 1919).
101 'Racecourse Pests', *DM* (9 juillet 1920).
102 'Rogues of the Racecourse', *TT* (17 juillet 1920).
103 'Racecourse Roughs', *Ibid.* (23 août 1920).
104 McDonald, p.139.
105 'Racecourse Roughs', *IPN* (12 août 1920).
106 McDonald, p. 139–140.
107 Ali Harris, Interview, *CCBA* (3 juillet 1987).
108 McDonald, p.152.
109 'Applauds His Sentence', *Globe* (15 juin 1920).
110 'Blackmail Charge', *Glasgow Herald* (11 septembre 1922).
111 Sam Dell, Interview, *CCBA* (1987).
112 HO 144/10430, CID, Rapport (1er décembre 1922).
113 'Sabini's Admissions in Bankruptcy Court', *DET* (29 juin 1926).
114 Dell, Interview.
115 Dell, Interview.
116 Charlie Maskey, Interview, *CCBA* (18 avril 1988).
117 Jim Cooper, Interview, *CCBA* (4 avril 1988).
118 Simeon Solomon, Interview, *CCBA* (3 juillet 1987) & Dave Langham, Interview, *CCBA* (1987).
119 Dell, Interview & 'Bookmakers' Accessories', *SL* (17 janvier 1939) & Lou Prince, Interview, *CCBA* (1987).
120 Garnham, Interview.
121 Prince, Interview.
122 Divall, p.199.
123 'Racecourse Bullies', *TT* (12 avril 1921).
124 Pour un compte rendu complet du passé de Solomon, voir Chinn, p. 208–211.
125 Deyong, p.55.
126 'Fatal Blow at the Races', *DH* (2 août 1921).
127 'Sandown Park Riot Sequel', *PMG* (3 août 1921).
128 'Racing Men's Feud', *BDG* (18 août 1921) & 'Racecourse Fight', *Derby Daily Telegraph* (10 septembre 1921).
129 'Pleaded Guilty', *BDG* (17 décembre 1889).
130 TNA WO 9602, Archives des services de la milice 1806–191, Dossier 94, Archive no. 233 (2 février 1891).
131 'Racing Man's Death', *BDG* (3 août 1921).
132 Solomon, Interview.

133 Alan Harris, Interview.
134 Dell, Interview.
135 Prince, Interview.
136 Samuel, Interview.
137 Ralph L. Finn, *Grief Forgotten* (1re édition 1968 ; éd. Londres, 1985) p. 23–25.
138 Dell, Interview.
139 'The Story of the Rival Gangs', *BDG* (4 juin 1921).
140 Prince, Interview & Divall, p.199.
141 Solomon, Interview.
142 HO 45/23691, Ottavio Sabini, Déposition (3 décembre 1940).
143 Chinn, p. 216–220.
144 À propos des Italiens de Saffron Hill voir David R. Green, 'Little Italy in Victorian London. Holborn's Italian Community', *Camden History Review*, vol.15 (1988) p. 2–6.
145 Shore, p. 178, 186–187.
146 McDonald, photographie p.2.
147 'Free Fights at a Trotting Match', *PMG* (24 mars 1921).
148 'Racecourse Pests', *WG* (31 mars 1921).
149 McDonald, p.156 & Samuel, p. 204–205.
150 'Blackmail Gangs on Racecourses', *PMG* (31 mars 1921).
151 HO 144/10430, CID, Rapport (1er décembre 1922).
152 McDonald, p. 125, 139–40 & 158.
153 Edward T. Hart, *Britain's Godfather* (Londres, 1993) p.56.
154 Shore, p.11.
155 Hart, p. 56–60.
156 Edward Greeno, *War on the Underworld* (Londres, v. 1960) p.17.
157 'Hit First, Then Shot', *BDG* (20 avril 1921).
158 'A Shadow and a Revolver', *WG* (19 avril 1921).
159 'Shot after Orgy', *BDG* (6 avril 1921).
160 'King's Cross Mystery', *Nottingham Journal* (29 mars 1921).
161 'Hit First Then Shot', *BDG* (20 avril 1921).
162 'A Gang of Terrors', *Nottingham Journal* (28 avril 1921).
163 Garnham, Interview.
164 'Shot after Orgy', *BDG* (6 avril 1921).
165 Greeno, p.18.
166 Deyong, p.54.
167 Prince, Interview.
168 'Racecourse Gangs', *DM* (5 juillet 1921) & Greeno, p.18.

169 'Racecourse Fracas', *DH* (5 avril 1921).
170 'Racecourse Scenes', *WG* (4 juillet 1921) & 'Fracas at Races', *DH* (5 juillet 1921).
171 'Rival Race Gangs', *BDG* (5 juillet 1921).
172 Joe Martin, Interview, *BLA* (1987) p.23.
173 'Shooting on a Racecourse', *MG* (5 avril 1921).
174 Martin, Interview.
175 'German Bomb Handed to Policeman', *DET* (21 avril 1921) & 'Shooting Affray', *DH* (22 avril 1921).
176 Greeno, p.18.
177 MEPO 3/346, Commissaire en chef, Rapport (10 juin 1921).

Chapitre 3

178 'Racecourses Infested with Ruffianly Gangs', *DET* (13 avril 1921) ; 'Black mail Gangs on Racecourses', *PMG* (31 mars 1921) ; 'Racing Roughs Riot at Alexandra Park', *IPN* (7 avril 1921) ; 'Race-Course Riot' & 'Ruffianism at the Races', *TT* (4 avril & 2 août 1921) ; 'Racecourse Gangs in Conflict', *DET* (21 avril 1921) ; 'Rival Race Gangs', *BDG* (5 juillet 1921) ; 'Racecourse Fracas', *MG* (5 juillet 1921).
179 'Racing Roughs Riot at Alexandra Park', *IPN* (7 avril 1921).
180 'Racecourse Riot,' & 'Meeting at Alexandra Park', *TT* (4 avril 1921).
181 'More Ruffianism', *Sporting Times* (9 avril 1921).
182 'Midland Men Resent Blackmail Charges', *BDG* (6 juin 1921).
183 Hilda Burnett, Lettre, *BLA* (1995).
184 'Mr Bigland's Trial', *SP* (19 février 1922).
185 Richard Lane, 'The Battle of Kingston Hill' (mai 1951). Cet article a été publié dans un magazine, mais il n'a pas été possible de retrouver lequel.
186 Steve Nicholls, Interview, *BLA* (30 mars 1989).
187 'A Battle after the Races', *Gloucester Citizen* (4 juin 1921).
188 'The *Hold-Up* at Epsom', *LM* (17 juin 1921).
189 'Epsom Race Riot', *BDG* (17 juin 1921).
190 'Police Find at Inn', *BDG* (25 juin 1921).
191 'The Epsom Road Battle', *YPLI* (17 juin 1921).
192 Hart, p. 47–49.
193 'Leader of the S– Gang', *EN* (6 août 1922).
194 'The Epsom Ambush', *Western mail* (20 juillet 1921).
195 'After the Epsom Races', *WSG* (28 juillet 1921).
196 MEPO 3/346, Charles Schwartz, Déposition (2 juin 1921).

197 'Epsom Road Battle', *TT* (4 juin 1921).
198 Inspecteur en chef James Berrett, *When I was at Scotland Yard* (Londres, 1932), p.116–119.
199 MEPO 3/346, Détective inspecteur de division James Berrett, Rapport (28 juillet 1921).
200 'Epsom Road Prisoners Sentenced', *TT* (25 juillet 1921).
201 MEPO 3/346, Commissionnaire assistant, Rapport (21 juillet 1921).
202 'Epsom Road Prisoners Sentenced', *TT* (25 juillet 1921).
203 MEPO 3/346, Berrett, Rapport (28 juillet 1921) & Commissionnaire assistant, Rapport (21 juillet 1921).
204 'Birmingham Boys', *TEN* (Londres, 4 juin 1921).
205 'A Brutal Assault', *BM* (27 juin 1883).
206 'Quarter Sessions', *BDG* (31 octobre 1907).
207 Chinn, p. 164–189.
208 'Blackmailed *Bookies*', *BDG* (4 juin 1921).
209 HO 144/10430, CID, Rapport (1er décembre 1922).
210 'The *Hold-Up* at Epsom', *LM* (17 juin 1921).
211 Dell, Interview & 'Race day Feud', *NEP* (19 juillet 1921).
212 McDonald, p.162 & Fairfax-Blakeborough (éd.) p.99.
213 Brian McDonald, *Elephant Boys. Tales of London and Los Angeles Underworlds* (Édimbourg et Londres, 2005).
214 MEPO 3/346, Super-intendant W. May, CID, Bureau du commissaire en chef de Birmingham, Rapport (28 juin 1921).
215 *Ibid.*, Sergent Hall, Commissariat de Staffordshire, Rapport (8 juillet 1921).
216 'Matrimonial' & 'A Bookmaker's Clerk and His Matrimonial Affairs', *Smethwick Telephone* (21 janvier & 29 janvier 1921).
217 Horace Bottrell, Interview, *CCBA* (1987).
218 Déclaration fondée sur des conversations non consignées avec des personnes qui ont connu Cunnington.
219 'Calendar of Prisoners, 1870–1935. Birmingham Quarter Sessions, 1839–1971', QS/B/20/81 (27 janvier 1909).
220 *Ibid.*, QS/B/20/111 (1er mars 1913).
221 'Birmingham Police Court', *BDP* (20 mai 1918).
222 MEPO 3/346, Ernest Seigenberg, Déposition (2 juin 1921).
223 'Attack on Lady Cashier', *BDG* (14 novembre 1907) ; 'Suspects at Snow Hill Station', *BDG* (16 décembre 1908) ; 'Christmas Day Scene in Hurst Street', *BM* (27 décembre 1911) ; & 'Persons in Criminal Custody', *PG* (10 avril 1917).
224 'Moat Thieves Sentenced', *Irish Independent* (12 décembre 1917).

225 Berrett, p.120.
226 'Violent Gangs at Salisbury', *Western Gazette* (8 juillet 1921).
227 McDonald, *Gangs of London*, p.163.
228 'Violent Gangs at Salisbury', *Western Gazette* (8 juillet 1921) & 'After the Races', *Western Times* (20 juillet 1921).
229 Rickman, p.262.
230 'Wild Scenes at Bath Meeting', *YPLI* (18 août 1921).
231 'Sensational Scenes in Bath', *BCWG* (20 août 1921).
232 'Murderous Race Gangs', *IPN* (25 août 1921).
233 'Sensational Scenes in Bath', *BCWG* (20 août 1921).
234 'Rival Bookies' Vendetta', *SP* (21 août 1921).
235 'Sensational Scenes in Bath', *BCWG* (20 août 1921).
236 Divall, p. 200–201.
237 'Ugly Racecourse Scenes', *Courier* (Dundee, 18 août 1921).
238 'Racecourse Feuds', *Observer* (21 août 1921).
239 'Rival Bookies' Vendetta'. Suite de 'Wild Scenes at Racecourse', *SP* (21 août 1921).
240 'Suspicious Persons at the Races', *Cheltenham Chronicle* (25 mai 1907).
241 Bottrell, Interview.
242 'Mounted Police Clear Racecourse', *DC* (20 août 1921).
243 'Racecourse Feuds', *TT* (23 août 1921).
244 'Your Time Draws Near', *NEP* (30 août 1921).
245 'Racecourse Ruffianism', *YPLI* (24 août 1921).
246 'Always First to Start Betting', *DH* (7 septembre 1931).
247 'Heavy Penalties', *London Daily News* (22 mai 1902).
248 'North London', *London Evening Standard* (24 décembre 1904).
249 'The East End Gambling Raid', *East London Observer* (10 février 1912).
250 'London Gambling Den', *NEP* (17 septembre 1917).
251 '£300 Fine for Gaming', *Daily Mirror* (18 septembre 1917).
252 Prince, Interview.
253 'Denied he was the King of the Sabini Gang', *SP* (4 juillet 1926).
254 Netley Lucas, *London and Its Criminals* (Londres, 1926) p.76.
255 'Ruffianism on the Racecourse', *DH* (30 août 1921).
256 *Association pour la protection des bookmakers et des parieurs des champs de courses*, Comité général, Compte rendu (12 septembre 1921).
257 'Race Gang at the Old Bailey', *WG* (16 janvier 1923) & 'Frightened Witnesses in Race Feud Trial', *YPLI* (25 octobre 1922).
258 HO 144/10430, CO, Lettre (1er décembre 1922).

259 Ron Whytock, *Association pour les bookmakers du Sud : fichier historique* (n.d.).
260 'Racecourse Rowdies', *TT* (30 août 1921) & 'The Bookmakers' and Backers' Racecourse Protection Association, What it has done and what it can do with YOUR help' (nouveau BBRPA, 1921) p.14–15.
261 'Hurst Park Free Fight', *TT* (26 juillet 1921).
262 Divall, p. 201–205.
263 BBRPA 1921, p. 6–7.
264 *Ibid.*, p.3 & 'Battle of the Race Gangs', *EN* (20 août 1922).
265 'Racing Gangs Feud', *BG* (21 août 1922).
266 Greeno, p.12.
267 'Sporting Items', *NEP* (20 septembre 1921).
268 'The Bubbly Armistice in the Great Turf War', *Sporting Times* (1er octobre 1921).
269 'Bath Race Day Scene', *BCWG* (8 octobre 1921).
270 Brian McDonald, Courrier (10 octobre 2013).
271 'Bath Race Day Scene', *BCWG* (8 octobre 1921).
272 'Neglecting Children', *BM* (5 mars 1891).
273 'A Stabbing Affray', *BDP* (3 avril 1895).
274 'The Boys' Early Start', *BDG* (20 mars 1907).
275 'Under the Seats', *BDG* (28 octobre 1907).
276 '£25 Compensation for a Referee', *PMG* (21 février 1919).
277 'Racecourse Feud', *MG* (5 octobre 1921).
278 BBRPA 1921, p. 6–8, 2 & 10.

Chapitre 4

279 Finn, p.26.
280 Bryan Magee, *Clouds of Glory. A Hoxton Childhood* (Londres, éd. 2004) p. 150–153.
281 'Turf Gangs' New Move', *DM* (28 août 1922).
282 HO 144/10430, CID, Rapport (1er décembre 1922).
283 'Extraordinary Burglary at Ponders End', *Middlesex Gazette* (7 novembre 1896).
284 Procès en ligne d'Old Bailey : www.oldbaileyonline.org, version 8.0, 22 mars 2020, novembre 1896, procès de GEORGE SAGE (20) WILLIAM LOADER (20) BEN COOPER (19) (t18961116-18).
285 LMA, Registres de l'Église d'Angleterre, paroisses de St. James, St. Pancras, Camden (22 avril 1900) & 'Miscellaneous Charges', *Islington Gazette* (11 juillet 1899).

286 'Walter Butler's Assault at Arms', 'Wonderland Tonight', 'Tom Loates Beat "Brummy" & Contests at Finsbury Park Hall', *SL* (9 février 1898, 6 septembre 1898, 4 novembre 1905 & 24 octobre 1905).
287 'Counterfeit Coins', *DTC* (20 janvier 1910).
288 LMA, St. Mark, Battersea Rise, 'Irene Sophia Sage' (22 octobre 1911).
289 McDonald, *Gangs of London*, p. 111–112.
290 'Thomas Templer' & 'A Charge of Stabbing', *IPN* (20 février 1913).
291 WO 364, 'Soldiers' Documents from Pension Claims, First World War', Pièce 2489.
292 'Englishmen Charged in Dublin', *Dublin Daily Express* (11 mai 1917).
293 Divall, p. 205–207.
294 McDonald, *Gangs of London*, p.218.
295 TBL, Angleterre & Pays de Galles, Registres électoraux 1920–1932, Référence : SPR.Mic.P.316/BL.F.1 & SPR. Mic.P.316/BL.F.1 (1923 & 1927).
296 LMA, 'Parish Registers Hoxton St Mary', Référence Numéro : p91/mry2/005 (2 avril 1893).
297 LMA, 'Poor Law Hospital Registers', Rouleau numéro CBG/346/001 (2 novembre & 26 septembre 1899). Les détails de la relation de John Gilbert avec Fred Gilbert sont dans MEPO 3/336, Goodwillie, Rapport (15 octobre 1922).
298 'Boxing Notes', *SL* (10 mars 1910) ; 'Matinee Boxing', *DH* (7 février 1913) ; 'National Sporting Club', *The Referee* (14 avril 1912) ; 'Six Rounds Contests', & 'Six Rounds Contests', *SL* (18 décembre 1911, 5 août 1912 & 16 avril 1912).
299 'West London Stadium', *TP* (28 mars 1915) & 'Fifteen Rounds Contests', *The Sportsman* (20 avril 1917).
300 'Battle of the Race Gangs', *EN* (20 août 1921).
301 'New Charge against Racing Men', *DC* (7 septembre 1922) & 'Alleged Paddington *Hold Up*', *Kensington Post* (8 septembre 1922).
302 Our Commissioner, 'Battle of the Race Gangs', *EN* (20 août 1921).
303 'Rooting Out the Razor Rogues', *TP* (30 août 1925).
304 Maskey, Interview.
305 'Three Sabinis and Their Rivals', *EN* (10 septembre 1922).
306 Our Commissioner, 'Battle of the Race Gangs', *EN* (20 août 1921).
307 'Bookmakers Unafraid', *BCWG* (26 août 1922).
308 Samuel, p. 146.
309 Sidney Theodore Felstead, *The Underworld of London* (Londres, 1923), p.40.
310 'Founder of the Flying Squad', *TP* (24 mai 1925) & '*Titanic* Gang', *PMG* (10 septembre 1921).

311 'Leader of the S– Gang', *EN* (6 août 1922).
312 'The Titanic Gang', *DH* (15 février 1921) ; 'The Titanic Gang', *Ealing Gazette and West Middlesex Observer* (19 mars 1921) ; 'Pickpocket Gang on Underground', *WG* (23 août 1924) ; & 'Titanic Gang', *PMG* (10 septembre 1921).
313 Felstead, p. 41–45.
314 'Leader of the S– Gang', *EN* (6 août 1922).
315 'Battle of the Race Gangs', *EN* (20 août 1921).
316 Bryan Magee, p. 76 & 81.
317 Magee, p.81.
318 'Nile Street Battle', *Shoreditch Observer* (18 janvier 1908).
319 Carnet de notes de George H. Duckworth : Police District 5 [Old Street, Finsbury and Shoreditch], District 6 [Hoxton and Haggerston], District 9 [Bethnal Green, North and South] (1898), LSE Library's Charles Booth archive, BOOTH/B/352, p.155.
320 Maskey, Interview.
321 'Greenford Revolver Shots', *Middlesex County Times* (2 avril 1921).
322 'I Carry That', *WG* (21 avril 1913) & 'Theft in Tube Lift', *Globe* (10 mars 1909).
323 Maskey, Interview.
324 'Faro Till Serve in the Morning', *Yorkshire Evening Post* (13 février 1925) & 'Mr William Chandler', *DC* (26 mars 1946).
325 'Chief of *Sabini Gang*', *EN* (3 septembre 1922).
326 'Blackmail Gangs at the Races' & 'Hunt for Turf Pests', *DM* (25 & 26 août 1921).
327 'Gangs Who Make Thousands of Pounds', *SP* (27 août 1922).
328 'Blackmail Gangs at the Races' & 'Hunt for Turf Pests', *DM* (25 & 26 août 1921).
329 'Gangs Who Make Thousands of Pounds', *SP* (27 août 1922).
330 Département du travail des États-Unis, 'Earnings and Hours of Labor of Workers in Great Britain and Northern Ireland, 1924', *Monthly Labor Review*, vol. 25, no. 3 (1927).
331 Greeno, p.18.
332 'Battle of Three Race Gangs', *EN* (20 août 1921).
333 'Hooligan Gangs in London', *Shoreditch Observer* (18 janvier 1908).
334 'Battle of Three Race Gangs', *EN* (20 août 1921).
335 Maskey, Interview.
336 'Battle of Three Race Gangs', *EN* (20 août 1921).

337 'Alleged Strand Pickpockets', *DTC* (23 mai 1908) & 'Violent Gangsters Sentenced', *IPN* (30 octobre 1930). Voir aussi McDonald, *Gangs of London*, p. 104–105.

338 'Alleged Racing Ruffianism. Strange Story at Brighton Police', *WSG* (31 août 1922).

339 'Racing Men Charged at Brighton', *YPLI* (12 septembre 1922).

340 'Brighton Racing Feud Charges', *Gloucester Citizen* (12 septembre 1922).

341 'Three Sabinis and Their Rivals' & 'Man in Fear of His Life', *EN* (10 septembre 1922 & 27 août 1922).

342 'Judge on *Influence* in Brighton Case', *WG* (12 décembre 1922).

343 HO 144/10430, CID, Rapport (1er décembre 1922).

344 MEPO 3/1579, Sir James Olive, Commissaire de police de la métropole, Rapport (27 novembre 1922).

345 *Ibid.*, George Langham, Déposition (9 août 1922).

346 *Ibid.*, Alfred White, Déposition (6 août 1922).

347 *Ibid.*, Olive, Rapport (27 novembre 1922) & Hill, Rapport (9 août 1922).

348 *Ibid.*, Hill, Rapport (9 août & 22 septembre 1922).

349 *Ibid.*, Goodwillie, Rapport (1er août 1922).

350 *Ibid.*, Hill, Rapport (9 août 1922).

351 *Ibid.*, Goodwillie, Rapport (24 août 1922) & Droy, Déposition (21 août 1922).

352 'Revolver Fracas Echo', *BDG* (23 août 1922).

353 MEPO 3/336, Goodwillie, Rapport (24 août 1922).

354 *Ibid.*, Jack Delew, Déposition (20 août 1922).

355 *Ibid.*, Simeon Solomon, Déposition (21 août 1922).

356 *Ibid.*, Samuel Samuels, Déposition (20 août 1921).

357 'Racecourse Feuds', *Daily Telegraph* (31 août 1921).

358 'Racecourse Feud Case', *PMG* (30 août 1922).

359 'Titanic Versus *Sabini*', *DC* (21 août 1922).

360 'Race Gang War', *WG* (31 août 1922).

361 'Public Prosecutor on Racing Gangs', *DH* (31 août 1922).

362 'Race Gang on Trial', *SDT* (24 octobre 1922) & 'Walking Stick Curio Half Revolver and Half Stiletto', *PMG* (30 août 1922).

363 'The Jewish Invasion', *WSG* (21 juillet 1921).

364 'London Shooting Affair', *TS* (4 octobre 1922).

365 'Racing Men's Feud', *YPLI* (7 septembre 1922).

366 Greeno, p.19.

367 'Shooting Affray at Camden Town', *WG* (23 août 1922) & 'Racing Feud Trials', *MG* (24 octobre 1922).

368 'Racing Gang Affray', *WG* (5 octobre 1922).
369 'Racing Feud Sensation', *PMG* (21 août 1922).
370 'Man in Fear of His Life', *EN* (27 août 1922).
371 'The Racing Feud', *Western mail* (23 septembre 1922).
372 'Racecourse Feud', *PMG* (26 août 1922).
373 'Sequel to Race-Train Scene', *WG* (23 septembre 1922).
374 'Sabini's Record', *Nottingham Journal* (21 novembre 1922).
375 MEPO 3/1581, Hambrook, Rapport (4 novembre 1922).
376 'A Revolver-Stiletto Stick', *DH* (31 août 1922).
377 MEPO 3/1581, Hambrook, Rapport (4 novembre 1922).
378 'More *Fear* at Old Bailey', *PMG* (24 octobre 1922).
379 MEPO 3/1581, Hambrook, Rapport (4 novembre 1922).
380 'Shooting Affray after Hurst Park Races', *YPLI* (31 août 1922) & 'Racing Feud Case', *Western Morning News* (25 octobre 1922).
381 'Witnesses' fears', *SDT* (27 octobre 1922).
382 MEPO 3/1581, Hambrook, Rapport (4 novembre 1922) & 'Racing Gangs Feud', *TT* (4 novembre 1922).
383 'Racing Feud Sentences', *DH* (4 novembre 1922).
384 TBL, Angleterre & Pays de Galles, Registres électoraux 1920–1932, Arrondissement parlementaire de Finsbury, Référence SPR. Mic.P.316/BL.F.1 (1925)
385 'Three men remanded for Soho Affray', *IPN* (8 octobre 1925) & 'Lowfield Heath Charge', *Surrey Mirror and County Post* (20 mai 1927).
386 'Tattersall's Scene', *WG* (16 décembre 1925).
387 GRO, vol.1b, p.515 & vol.5c, p.948.

Chapitre 5

388 'Leader of the S– Gang', *EN* (6 août 1922).
389 MEPO 3/1581, 'Shooting Affray', Anonyme, Lettre (23 août 1922).
390 HO 144/1043, Tommy Atkins, Lettres (21 septembre & 5 octobre 1922).
391 'The Liability of Bedding to Seizure', *Tower Hamlets Independent and East End Local Advertiser* (3 février 1900).
392 TBL, Angleterre et Pays de Galles, Registres électoraux 1920–1932, SPR. Mic.P.330/BL.H.11 ; 'Special Six Rounds', *IPN* (19 octobre 1901) ; & 'Boxing at the Baths' & *West London Observer* (10 mars 1922).
393 Chinn, *Peaky Blinders: The Real Story*, p. 211–215.
394 Heather Shore, 'Criminality and Englishness in the Aftermath: The Racecourse Wars of the 1920s', *Twentieth Century British History*, vol.22, no.4, (201), p.497.

395 Frederick Porter Wensley, *Forty Years of Scotland Yard. The Record of a Lifetime's Service in the CID* (1re édition 1930 ; éd. New York 1968) p. 301–302.
396 'Alien Criminals', *PMG* (21 septembre 1901).
397 Lucio Sponza, *Italian Immigrants in Nineteenth Century Britain: Realities and Images* (Leicester, 1988), p. 241–242.
398 George R. Sims, 'Byways of Babylon, vii Naples in London', *Pearson's Weekly* (14 mars 1907).
399 Sponza, p. 32–36.
400 Morton, *Bert Battles Rossi. Britain's Oldest Gangland Boss*, p.3.
401 'Leader of the S– Gang', *EN* (6 août 1922).
402 Thomas Burke, 'The London I Know', *The Sphere* (6 décembre 1924).
403 'Battle of Three Race Gangs', *EN* (20 août 1921).
404 'Leader of the S– Gang', *EN* (6 août 1922) & Morton, *Bert Battles Rossi*, p.5.
405 HO 45/23691, Octavious Sabini, Lettre (n.d.).
406 'Give Me That Tenner', *DH* (28 août 1922).
407 'Chief of *Sabini Gang*', *EN* (7 septembre 1922).
408 HO 45/23691, Frederick Sabini, Lettre (n.d.) & Ann Sabini, Lettre (27 février 1941).
409 LMA, Ottavio Sabini, Référence Numéro : p76/phi/016 (21 décembre 1913) ; & LMA, Doris Annie Amelia Sabini, *Registres de l'Église d'Angleterre, 1754–1906,* Référence Numéro : p90/jud/005 (25 janvier 1916).
410 'Chief of *Sabini Gang*', *EN* (3 septembre 1922).
411 HO 45/25720, Détective Inspecteur Greeno, Rapport (27 juillet 1940).
412 'Chief of *Sabini Gang*', *EN* (7 septembre 1922).
413 'Six Rounds Contest', *SL* (4 octobre & 24 décembre 1912).
414 'Denied he was the King of the Sabini Gang', *SP* (4 juillet 1926).
415 HO 45/23691, Commissaire en chef de Hove, Rapport (20 août 1940).
416 'Chief of *Sabini Gang*', *EN* (3 septembre 1922).
417 CRIM 1/209, Charles Sabini, Cross Examined (5 décembre 1922) & Témoignage (28 novembre & 5 décembre 1922).
418 Prince, Interview.
419 Divall, p.209.
420 Langham, Interview.
421 'Three Sabinis and Their Rivals', *EN* (10 septembre 1922).
422 Samuel, Interview.
423 HO 45/25720, Harry Sabini, Déposition.
424 Langham, Interview.

425 Dell, Interview.

426 'Terry Martin Wins by Narrow Margin', *DH* (6 mai 1919), 'Boxing at the Baths', *Cheltenham Chronicle* (18 janvier 1919), & 'Starmer and Tully at N.S.C.', *DH* (8 mars 1920).

427 HO140 (3 mars 1903 & 8 avril 1913) ; TNA CRIM9, Pièce 59, 'Central Criminal Court: After Trial Calendars of Prisoners' (22 avril 1912) ; & 'Gang of Separate Criminal', *Jarrow Express* (11 avril 1913).

428 Langham, Interview & 'War Office Daily List No. 5632' (31 juillet 1918).

429 'Ripe in Ringcraft', *BDG* (9 novembre 1920) and 'Was Betting the Cause?', *Star Green'un* (13 novembre 1920).

430 Deyong, p.43.

431 MEPO 3/910, CID, Rapport, (5 juillet 1935).

432 McDonald, *Gangs of London*, p.100.

433 'A Border Farmer', *Shields Daily News* (24 juin 1913).

434 *Bognor Regis Observer* (4 août 1920).

435 McDonald, *Gangs of London*, p. 102 & 139–140.

436 'Betting in City Road', *Hackney and Kingsland Gazette* (30 août 1907).

437 'Leader of the S– Gang', *EN* (6 août 1922).

438 Ted McLean, 'How We Outwitted a Rival Gang', *Topical Times* (12 avril 1924).

439 Morton, *Bert Battles Rossi*, p.4.

440 Prince, Interview.

441 'Football', *Athletic News* (30 août 1926).

442 Southern BPA, 'Printing of Lists', *Folio 47* (15 mai 1933).

443 'Sabini Racing Gang Feud', *Nottingham Journal* (16 janvier 1923).

444 BBRPA Comité général, Compte rendu (15 mai, 12 juin et 4 septembre 1922).

445 'Amazing Scene on Sea Front', *Newcastle Daily Chronicle* (24 août 1922).

446 BBRPA 1921, p.1.

447 'Hunt of Phantom Desperadoes', *DH* (25 août 1922) & 'Terrorism on the Racecourse', *DH* (26 août 1922).

448 'Race Feud Revelations', *PMG* (18 janvier 1923).

449 'Twelve Months' War' & 'Dominic Marini', *London Daily News* (9 & 26 septembre 1907).

450 Procès en ligne d'Old Bailey (www.oldbaileyonline.org, version 8.0, 5 avril 2020) 'GEORGE CORTESI, VINCENT SABINI. Breaking Peace: wounding.' (11 janvier 1910).

451 'Italians Charged', *Islington Gazette* (6 septembre 1909).

452 'Race Feud Revelations', *PMG* (18 janvier 1923), 'Foreigners at Strife', *Islington Gazette* (27 mars 1912) & TNA WO 372/5, 'British Army Medal

Index Cards, 1914–1920', numéro de service 46270.
453 CRIM 1/209, Augustus Cortesi, 'Certificate of Employment during the War'.
454 'Hunt for Turf Pests', *DM* (26 août 1922).
455 Ted Mclean, 'Confessions of a Turf Crook', *Topical Times* (5 & 12 avril 1924).
456 'Race Feud Revelations', *PMG* (18 janvier 1923).
457 Lucas, p.74.
458 'Sabini Shooting Affair', *PMG* (15 janvier 1923).
459 'Bottle Salutes', *PMG* (17 janvier 1923).
460 CRIM 1/209, *Firearm Certificate* (10 janvier 1921).
461 *Ibid.*, John Corsi, Témoignage (28 novembre 1922).
462 *Ibid.*, Louisa Doralli, Témoignage (28 novembre 1922).
463 'Italian Club Affray', *LM* (29 novembre 1922).
464 'Race Gangs Feud', *DM* (21 novembre 1922).
465 CRIM 1/209, Détective Inspecteur Grosse, Témoignage (21 novembre 1922).
466 'A Sidelight of the Turf', *PMG* (21 décembre 1922).
467 CRIM 1/209, Charles Sabini, Témoignage (28 novembre & 5 décembre 1922).
468 'Race Feud Shooting Affray', *WG* (22 décembre 1922).
469 'What Is a Riot?', *PMG* (16 janvier 1923).
470 'Used Pistol for a Zeppelin', *LM* (17 janvier 1923).
471 'Sabini Shooting Affray', 'What Is a Riot?' & 'Race Feud Revelations', *PMG* (15, 16 & 18 janvier 1923).
472 'Six and Half a Dozen', *WG* (19 janvier 1923).
473 Index des décès, gouvernements d'Angleterre et du Pays de Galles 1858–2019 (8 avril 1968).
474 GRO, Décès Angleterre et Pays de Galles 1837-2007, vol.5C, p.1340.
475 'Scene at Wembley', *Hendon & Finchley Times* (19 juin 1925).
476 GRO Décès Angleterre et Pays de Galles 1837–2007, vol.5C, p.588.
477 HO 144/10430, Charles Haughton Rafter, Lettre (17 février 1923 & 20 décembre 1922).
478 'Sequel to Sabini Case', *WG* (27 février 1923).
479 MEPO 3/444, Matt. Freight, Lettre (16 février 1923).
480 *Ibid.*, E. Blackwell, Lettre (19 février 1923).
481 *Ibid.*, Inspecteur en chef Brown, Rapport (9 mai 1923).
482 'Sabini Feud Echo', *PMG* (30 juillet 1923).
483 'After a Betting Dispute', *PMG* (28 mai 1923) & 'Magistrate on Cowardice', *LM* (6 juin 1923).
484 'He is What May Be Described as a Racing Desperado', *IPN* (12 juillet 1923).
485 'Tancy Lee in Feud Drama' & 'Bookmaker in the Box', *PMG* (28 mai

& 9 juin 1923) & 'Race Feuds Ended', *DH* (7 juillet 1923).
486 'Sabinis at Epsom', *PMG* (8 juin 1923).
487 'Sabini Boys Freed', *DH* (19 juin 1923) & 'Fracas at Epsom', *News of the World* (24 juin 1923).
488 HO 144/10430, Anonyme, Lettre (11 juin 1922).
489 Samuel, p.204.
490 'Leader of the S– Gang', *EN* (6 août 1922).
491 HO 144/10430, *Memorandum* (8 décembre 1922).
492 'Blackmail by Police?', *WG* (9 décembre 1922).
493 H. Daley, *This Small Cloud. A Personal Memoir* (Londres, 1985), p.95 & 'Police Bribery Charges', *DM* (3 février 1923).
494 'Who's Who at a Night Club', *Dundee People's Journal* (25 octobre 1919).
495 'Blackmailers' Haunts', *Globe* (3 décembre 1920).
496 'Round the Nightclubs of London', *Sunday Post* (19 mars 1922).
497 'The Thugs' Haunts', *HDM* (19 janvier 1923).
498 'Death of Mrs Meyrick', *NEP* (20 janvier 1933).
499 Mme Kate Meyrick, 'When Terror Reigns in Night-Clubland', *Sunday Sentinel* (24 février 1929).
500 'Raid on Night Club Sequel', *IPN* (31 janvier 1924).
501 'Eighteen Months for Goddard', *LM* (30 janvier 1929).
502 'London Letters', *HDM* (19 janvier 1923).
503 Il s'agissait d'une série d'articles sur des boîtes de nuit plus petites dans le *DM* de janvier 1923.
504 'The secrets behind the sets', https://www.bbc.co.uk/programmes/articles/29nTX6cZHtPs2flYz8G8fjP/the-secrets-behind-the-sets (consulté le 12 avril 2020).
505 Samuel, p.185.
506 MEPO 3/374, Inspecteur en chef Brown, Rapport (27 octobre 1924).
507 *Ibid.*, Maurice Burn, Déposition (2 octobre 1924).
508 *Ibid.*, Brown, Rapport (27 octobre 1924).
509 *Ibid.*, 'Wanted for Crime' (23 septembre 1924).
510 *Ibid.*, Anonyme, Lettre (26 septembre 1924).
511 *Ibid.*, Brown, Rapport (27 octobre 1924).
512 'Street Stabbing Affray', *DET* (24 septembre 1924).
513 'Manslaughter in Club Case', *The Morning Advertiser* (19 novembre 1922) & 'A Silent Quarrel', *Sheffield Daily Telegraph* (10 octobre 1924).
514 'Joy of the Sabini Gang', *TP* (23 novembre 1924).
515 'Racecourse Fiends' & 'Turf Gangs Break Truce', *HDM* (30 août 1924).

516 'Attacked by Race Gang at Wye', *Whitstable Times and Herne Bay Herald* (11 octobre 1924).
517 'Assault at Races', *WG* (14 octobre 1924).
518 'Mancini Was Nearly Four Months Awaiting Death', *Manchester Evening News* (31 octobre 1941).
519 'Joy of the Sabini Gang', *TP* (23 novembre 1924).
520 Concernant Glasgow voir Davies, City of Gangs. Il existait aussi des gangs au rasoir à Sydney, Australie, voir Larry Writer, *Razor: A True Story of Slashers, Gangsters, Prostitutes and Sly Grog* (Sydney, 2001).

Chapitre 6

521 'New Phase in Feud of Race Gangs', *TP* (28 décembre 1924).
522 Frank Harris, Interview, *CCBA* (26 avril 1988).
523 'The Raid Upon the Cold Well Gambling School', *Nelson Leader* (20 octobre 1922).
524 Carl Chinn, *Better Betting with a Decent Feller. A Social History of Bookmaking* (Londres, 2004), p. 87–88.
525 Arthur Hopcraft, *The Great Apple Raid & Other Encounters of a Tin Chapel Tiro* (Londres, 1970), p. 71–72.
526 Michael Doyle, Interview (1987).
527 Máirín Johnston, *Around the Banks of Pimlico* (Dublin, 1985), p.75.
528 'Dublin's Animal Gang', *Belfast News-Letter* (16 octobre 1934).
529 'The Bradley Gaming Case Re-Opened', *Yorkshire Evening Post* (6 septembre 1928).
530 'To Supress Gangs', *SDT* (12 janvier 1927) & A. W. Cockerill, *Sir Percy Sillitoe: the biography of the former head of MI5* (Londres, 1975) p.91. L'extrait sur les guerres de gangs de Sheffield a bénéficié de mes discussions avec Alex Marshall, étudiant de l'université de Birmingham ayant obtenu son diplôme en 2015 et dont j'ai supervisé le devoir de fin de dernière année.
531 'City Gambling Rings', *SI* (18 mars 1921).
532 'Smart Police Coup', *Ibid.* (26 juin 1917).
533 'On Sky Edge', *SDT* (26 juin 1917).
534 '"Under or Over"', *Yorkshire Telegraph and Star* (1er avril 1913).
535 'Mooney Gang', *Ibid.* (28 novembre 1913).
536 TNA, 'A Calendar of Prisoners Tried at the Epiphany Quarter Sessions of the Peace for the Year 1903', Pièce 229 (7 juin 1902) & Pièce 309 (2 avril 1913).
537 'Married at Sixteen Separated at Seventeen', *SDT* (29 octobre 1907).

538 'Sheffield Gangs Who Invade Licensed Houses', *SDT* (16 février 1911) & 'Hard Labour for Sheffield Mooney-ites', *SDT* (11 septembre 1913).
539 'Sharp Sentence', *SDT* (24 février 1913).
540 'Mooney Convicted', *SDT* 11 juillet 1914) & 'Scene in a Bar', *SDT* (15 janvier 1913).
541 'Bitten Ear', *SDT* (6 mai 1914) & 'One of the Gang', *SI* (11 juillet 1914).
542 'Mooney Again', *Sheffield Evening Telegraph* (29 octobre 1914).
543 'George Mooney', *PG* (12 juillet 1918) & 'Theft on a Leeds Tramcar', *Yorkshire Evening Post* (8 juillet 1918).
544 'Rowdyism in the Park District', *SDT* (29 juillet 1921).
545 'Racecourse Melee' & 'Shots at Club', *SI* (12 septembre 1921 & 13 avril 1922).
546 'Notorious Sheffielder', *SI* (11 septembre 1919) & 'Notorious Gang of Thieves', *Lancashire Evening Post* (21 juillet 1919).
547 'A Lame Excuse', *SI* (1er octobre 1909).
548 Service des archives de West Glamorgan, 'Records of Glamorgan Calendar Prisoners 1877–1922' (21 avril 1915) & 'Arrests at Gosforth Park', *Newcastle Evening Chronicle* (24 juin 1910).
549 'Terrorist Gang', *SDT* (25 mai 1911).
550 'Hooliganism', *SDT* (29 juin 1912).
551 'Foulkes's New Role', *SDT* (10 juillet 1915).
552 'Samuel Garvin', *PG* (28 décembre 1917).
553 'Mooney Puts His Case', *SI* (28 juin 1923).
554 'A Charge against Samuel Garvin', *SDT* (13 avril 1920).
555 PCOM 8/58 & 59, Chief Superintendent J. W. Hollis, 'Activities of Rivals Gangs in Sheffield' (5 juillet 1923) & 'Besieged House', *SDT* (26 juin 1923).
556 'Park Sensation', *SDT* (28 mai 1923).
557 PCOM 8/59, Chief Superintendent J. W. Hollis, 'Activities of Rivals Gangs in Sheffield' (5 juillet 1923).
558 'Midnight Shots at Mooney's House', & 'Street Battles in Sheffield', *SI* (23 & 26 juin 1923).
559 'Sheffield Feud Scenes', *SI* (26 juin 1923).
560 Brian McDonald, *Alice Diamond and the Forty Elephants* (Wrea Green, 2015).
561 'The Passer-By' & 'Mooney Puts His Case', *SI* (28 juin 1923).
562 'Sheffield Crime'', *SDT* (7 mai 1923).
563 PCOM 8/58 & 59, Hollis, 'Activities' (5 juillet 1923).
564 'When Friends', *SDT* (3 juillet 1923) & 'Sequel to a Gang Feud', *SI* (19 octobre 1923).
565 'House Raided', 'Sheffield Feud', *SDT* (27 décembre 1923 & 9 janvier 1924).

566 'Assistant Recorder on Gangs', *SDT* (avril 1925).
567 'Election Night Case Dismissed', *SDT* (4 décembre 1924).
568 PCOM 8/58 & 8/59, Chief Superintendent J. W. Hollis, 'Activities' (1er juin 1923) & 'Sheffield Affray', *SDT* (10 décembre 1924).
569 'Recorder of Sheffield and Stories of the Gangs', *SDT* (22 janvier 1925).
570 'A Fierce Struggle', *SDT* (23 décembre 1924).
571 'The G.O.C.', *SDT* (22 janvier 1925).
572 'Recorder of Sheffield and Stories of the Gangs', *SDT* (22 janvier 1925) ; 'A Fierce Struggle', *SDT* (23 décembre 1924) ; 'Gang Feud Ends', *SDT* (8 janvier 1925) ; 'Sheffield Gangs', *SDT* (4 décembre 1924); & 'Gangs Feud', *SDT* (23 janvier 1925).
573 PCOM 8/58 & 59, Chief Superintendent J. W. Hollis, 'Activities of Rivals Gangs in Sheffield' (1er juin 1925).
574 J. P. Bean, *The Sheffield Gang Wars* (Sheffield, 1981), p. 51–52 & 'Gang Feud Ends', *SDT* (8 janvier 1925).
575 'Sheffield Gangs', *YPLI* (21 janvier 1925).
576 'The G.O.C.', *SDT* (22 janvier 1925).
577 'Recorder of Sheffield and Stories of the Gangs', *SDT* (22 janvier 1925) ; 'Sheffield Outbreak', *SDT* (23 janvier 1925) ; & 'Sheffield Gang Talk', *SDT* (5 février 1925).
578 'Gang Reference', *SDT* (20 février 1925) & 'Assistant Recorder on Gangs', *SDT* (avril 1925).
579 'Intolerable', *SDT* (13 juillet 1925).
580 PCOM 8/58 & 59, Hollis, 'Activities' (1er juin 1925).
581 *Ibid.* & 'Copy of Mr Justice Finlay's Notes'.
582 *Ibid.*, Elizabeth Plommer, Thomas Plommer, William Hazelwood, William Holden, Albert Pollard, John Rigg, Percy John Playfield & James Ewart Scholefield, 'Coroner's Inquest Evidence' (18 mai 1928).
583 'Impressive Scenes at Home of Murdered Glasgow Man', *SP* (3 mai 1925).
584 'Threats to Witnesses', *DM* (28 mai 1925) & 'Lurid Death Threats', *News of the World* (23 août 1925).
585 'Brothers Sentenced to Death', *DM* (1er août 1925).
586 PCOM 8/59, Wilfred Fowler, 'Petition' (24 août 1925).
587 'Fowler Brothers' Last Bid', *SP* (30 août 1925) & 'Double Execution', *DM* (4 septembre 1925).
588 'Plommer's Death', *SDT* (30 juillet 1925).
589 Keith Farnsworth, *Sheffield's East Enders. Life As It Was In the Lower Don Valley* (Sheffield, 1987) p. 93 & 95.

590 Harris, Interview.
591 'The Sheffield Murder', *YPLI* (1er août 1925).
592 'Lawless Assaults', *SDT* (27 août 1932) & 'Sheffield Gang War Fear', *SI* (17 mai 1934).
593 Harris, Interview.
594 'King Garvin', SDT (1er août 1925) & 'Sheffield Murder Case', *TT* (1 août 1925).
595 'Gang Chief' Sentenced', *SDT* (3 août 1925).
596 'Judge and Sheffield Gangs', *YPLI* (3 août 1925).
597 'Mooney and Garvin on Lincoln Racecourse', *SDT* (27 mars 1925).
598 'Head of Sheffield Gang Sentenced', *YPLI* (22 octobre 1925).
599 'Sheffield C.I.D. Officer to Retire. In Charge of First *Flying Squad*', *SI* (16 janvier 1936).
600 'Solicitor Attacks Flying Squad', *SI* (1er janvier 1926).
601 Sir Percy Sillitoe K. B. E., 'Cloak without Dagger' (Londres, 1955), p.64.
602 'Gangs Recalled', *SI* (24 décembre 1937).
603 Sillitoe, p.64.
604 'Member of Police Flying Squad Retires', *SDT* (27 avril 1927).
605 Harris, Interview.
606 A. W. Cockrill, *Sir Percy Sillitoe. The biography of the former head of MI5* (Londres, 1975), p.92–93.
607 Sillitoe, p.62.
608 'Gaol for Members of Mooney Gang', *SI* (11 mars 1927).
609 'Boy Attacked', *SDT* (15 décembre 1928).
610 'Sheffield Street Affray', *SDT* (22 décembre 1928) & 'Promised to Be Good But', *SI* (22 décembre 1928).
611 'Gangs Recalled', *SI* (24 décembre 1937).
612 'Black Eyes Court', *SI* (23 juillet 1929) & 'Sheffield Man Sentenced', *SDT* (18 février 1930).
613 GRO, vol.2d, p.280.
614 Sillitoe, p.68.
615 'Six Months' Sentence', *SDT* (11 octobre 1930).
616 'City Men Sent to Prison', *SI* (10 octobre 1931) & 'Garvin's *Vast Knowledge of Train Criminals*' (19 avril 1937).
617 GRO, vol.2d, p.21.

Chapitre 7

618 'The New Terrorism', *Western Daily Press* (28 août 1925).
619 'Race Gangs Get *Busy* Again', *SP* (14 juin 1925).

620 'Racing Gang Fracas', *Western Daily Press*, 'Race Gang Fight', *WG*, & 'Slashed with Razor', *Portsmouth Evening News* (16 février 1925).
621 Greeno, p. 29–30.
622 Samuel, p. 133 & 215 & 'Decision Applauded in Court', *DET* (23 février 1925).
623 'Five Men Implicated in Razor Attack', *DET* (17 février 1925) & 'Bookmaker in Bandages', *DH* (24 février 1925).
624 McDonald, *Gangs of London*, p.196.
625 Samuel, p. 132–133
626 Greeno, p.24.
627 LMA, Référence p72/jsg/015.
628 Décès, Angleterre & Galles 1837–2007, Londres, Bethnal Green, vol.1C, p.118 (1903).
629 'Nightmare of the East End', *Daily Herald* (3 juillet 1926).
630 'Two Tempers', *IPN* (10 juin 1920).
631 'Happy Prisoner', *Globe* (15 juin 1920).
632 'Pat O'Keefe Prosecutes', *PMG* (20 juillet 1923).
633 'Epsom', *Surrey Mirror* (13 juin 1924).
634 McDonald, *Gangs of London*, p.191.
635 'A Disorderly Scene in Leeds', *YPLI* (17 janvier 1925).
636 'Gunmen in a Motor Car', *DM* (22 mai 1925).
637 'More Behind This Case', *DH* (2 juin 1925).
638 'Alleged Race Gang Raid', *BDG* (2 juin 1925).
639 Greeno, p.21.
640 McDonald, *Gangs of London*, p.200.
641 'Car Driver's Thrilling Night Adventure', *IPN* (28 mai 1925).
642 'Maiden Lane Affair', *Lancashire Evening Post* (25 mai 1925).
643 'Victim Who Said He Was Italian', *WG* (2 juin 1925).
644 'Car Driver's Thrilling Night Adventure', *IPN* (28 mai 1925).
645 'Derby Scenes', *TS* (28 mai 1925).
646 'Dangerous Gang', *BDG* (4 juin 1925).
647 Hart, p.140.
648 'Attacked in Public House', *BDG* (15 juin 1925).
649 Musée de la police des West Midlands, Police de Birmingham, *Convicts on Licence*, Thomas McDonald, no. 184.
650 'Today's Cases', *Coventry Evening Telegraph* (25 juillet 1895).
651 'Penal Servitude for a Birmingham Soldier', *BDP* (3 juillet 1917).
652 'Birmingham Police Court', *Coventry Standard* (15 avril 1922).

653 'Bound Over', *Tamworth Herald* (20 septembre & 27 décembre 1924).
654 'Englishmen Charged in Dublin', *Dublin Daily Express* (11 mai 1917).
655 'Racecourse Gang at Chester', *MG* (9 mai 1925).
656 'Slashed with a Razor' & 'Feud of Race Gang', *BDG* (17 & 23 juin 1925).
657 '"Birmingham Boys"', *HDM* (7 août 1925).
658 'Blackpool Man Fined for Loitering', *Lancashire Evening Post* (1er avril 1930) & 'Calendar of Prisoners, 1880–1891 and 1906–1913', Birmingham Autumn Assizes (Nov.), QS/B/20/108.
659 'Race Gang at Nightclub', *BDG* (7 août 1925) ; 'Three Bookmakers Committed', *Worthing Herald* (15 août 1925) & 'Race-Gang Fight', *YEP* (6 août 1925).
660 'Sequel to Race Gang Feud', *WSG* (24 décembre 1925).
661 GRO, vol.6d, p.227.
662 'Fifty Men Fight with Razors', *Daily Express* (21 août 1921).
663 HO 144/10430, Super-intendant Palmer, Rapport (24 août 1925) & Rapport au ministère de l'Intérieur (25 août 1925).
664 'War on Race Gangs', *SDT* (24 août 1925).
665 '40 Men in Race Gang Fight', *DM* (26 août 1925).
666 MEPO 3/352, 'Race Gang Affray at Waterloo Road', Détective Henry Corbett, Rapport (25 août 1925) & 'Race Gangs Feuds', *Morning Post* (2 septembre 1925).
667 'Three Men Remanded for the Soho Affray', *IPN* (8 octobre 1925).
668 'Special Police to Break Race Gangs', *TEN* (24 août 1925).
669 'Race-Gangs', *Daily Express* (25 août 1925).
670 'Home Secretary and Gang Feuds', *TT* (27 août 1925).
671 'Race Gangs', *Morning Post* (25 août 1925).
672 Ex-Inspecteur en chef 'Nutty' Sharpe, 'Fade out of the Race Gangs', *The Star* (4 janvier 1938).
673 Dell, Interview.
674 Dick Kirby, *The Guv'nors. Ten of Scotland Yard's Greatest Detectives* (Barnsley, 2010), p. 30–31.
675 'How Birmingham Ends Race Gang Wars', *Belfast Telegraph* (11 mai 1931).
676 Rickman, p. 263–264.
677 W. Bebbington, *Rogues Go Racing* (London, 1947), p. 15–20.
678 'Gang War in London', *DM* (13 juillet 1931).
679 David Ashforth, 'Darby Sabini Emperor of The Racetrack', *Racing Post* (3 juillet 2006).
680 Greeno, p.22.

681 Ted McLean, 'Confessions of a Turf Crook' & 'How We Outwitted a Rival Gang', *Topical Times* (5 & 12 avril 1924).
682 'Prominent Cases in Coming Terms', *WG* (3 octobre 1925).
683 'Non-Appearance of a Plaintiff', *YPLI* (16 décembre 1925).
684 'Sabini Bankruptcy', *DH* (11 juin 1926).
685 'Sabini's Admissions in Bankruptcy Court', *DET* (29 juin 1926).
686 HO 45/2369, Ann Sabini, Lettre (5 mars 1921) & Frederick Sabini, Déposition (n.d.).
687 *Ibid.* Ottavio Sabini, Déposition (3 décembre 1940).
688 'A Mixed Career', *TS* (30 juin 1926).
689 'Sabini's Admissions in Bankruptcy Court', *DET* (29 juin 1926).
690 Cooper, Interview.
691 'Bookmakers Protection Association', *BDG* (18 mars 1925).
692 Langham, Interview.
693 APB du Nord, Lettre (28 août 1940) & NAB File, 'Dots and Dashes'.
694 'Racing and Race Gangs', *SDT* (22 mars 1926).
695 'Farm-Boy as a Police Chief', *The People* (18 juillet 1926).
696 'Race Day Scene at Yarmouth', *Yarmouth Independent* (5 juin 1926).
697 'Stoning the Police', *Yorkshire Evening Post* (7 novembre 1913).
698 'Witnesses Fear', *SDT* (17 février 1925).
699 Bebbington, p. 96–97 & 'Race Day Scene at Yarmouth', *Yarmouth Independent* (5 juin 1926).
700 'Nightmare of the East End', *DH* (3 juillet 1926), & Samuel, p.132.
701 Reg et Ron Kray avec Fred Dinenage, *Our Story* (Londres, 1988), p.11.
702 'Blackmailers Smartly Sentenced', *Diss Express* (9 juillet 1926).
703 'Characters Told By Detective', *Norwood News* (26 mars 1927).
704 Bebbington, p. 98–99, 'Beware of Pickpockets', *DET* (4 septembre 1929).
705 'Race Day Charge', *Essex Newsman* (30 novembre 1929).
706 'What has the B.P.A. Done?' (*Southern File*, 'History', 1939), p.1.
707 *Ibid.* & Rencontre entre les intendants du Jockey Club et les représentants des trois branches de l'APB, Rapport (16 octobre 1929) et fichier NAB, 'Pitches'.
708 'In Joseph Chamberlain's City Today', *The Sphere* (20 février 1932).

Chapitre 8

709 'I'm the Gangster Who Runs London's Underworld' & 'One Night of Terror', *TP* (5 & 19 septembre 1954).
710 HO 45/23691, Inspecteur Collyer, Police de Brighton, Rapport (28 mars 1941).

711 'As Others See Us', *West Sussex Gazette* (21 novembre 1957).
712 Tom Tullett, 'Sudden death again in Little Italy', *Daily Mirror* (17 octobre 1962).
713 Norman Lucas, *Britain's Gangland* (Londres, 1969), p.23.
714 'Ugly violent criminals of the past', *Telegraph* (22 avril 2005) & Catharine Arnold, *Underworld London: Crime and Punishment in the Capital City* (Londres, 2012), p. 284–286.
715 'Gunfight at Columbus Circle', *Reading Evening Post* (13 décembre 1980).
716 Brian McDonald, *Gangs of London*, p.278.
717 Samuel, p.184 & 'Boxing for Charity', *DH* (9 juin 1920).
718 'Public House Brawl in Soho' & 'Three Men Sentenced for Assault', *IPN* (13 février & 3 avril 1930).
719 'The Seamy Side', *DM* (24 janvier 1931).
720 Hart, p. 1–5.
721 Kirby, p. 105–110.
722 TBL, Angleterre & Galles, Registres électoraux 1920–1932, Référence SPR. Mic.P.243/BL.B.101.
723 Hart, p.194.
724 'Innocent Man's Night in the Cells', *DET* (6 juillet 1928).
725 'Everyone Goes in Fear of Him,' *EN* (29 octobre 1929).
726 'Pulled Inspector's Nose', *Belfast News-Letter* (4 avril 1931).
727 James Morton, *Mad Frankie. Memoirs of a Life of Crime. By Frankie Fraser as told to James Morton* (éd. Londres, 1995), p. 13–14.
728 Langham, Interview.
729 HO 45/23691, Hillier, Rapport (20 août 1940).
730 HO 45/23691, Collyer, Police de Brighton, Rapport ; Assistant commissionnaire Norman Kendall, Rapport (2 janvier 1941) ; Sabini, Déposition & Compte rendu (12 janvier 1941).
731 'Heavy Sentence on Receivers', Kent & Sussex Courier (25 juin 1943).
732 '£50 Produced from Sock', *Mid Sussex Times* (16 mai 1945) ; Index des décès de l'état civil, 1916–2007, vol.5h, p.351, Hove, Sussex, Ollavio Sabini (décembre 1950) ; & Hart, p.232.
733 Annie Emma Sabini, Registre des homologations : Brighton (30 octobre 1978).
734 GRO, vol.5b, p.290 & Registre des homologations : Londres (25 avril 1974).
735 LMA, Registres électoraux (1931).
736 Harry Sabini, Registre des homologations : Londres (27 juin 1978) & HO 45/23691, Détective Greeno, Rapport (21 juin 1940).

737 'Alleged Riot at Club' & 'Scene at a Soho Club', *TT* (21 & 27 mai 1935).
738 James Morton, *Gangland. Volume 2. The Underworld in Britain and Ireland* (éd. Londres, 1995), p. 7– 9.
739 'Harry Sabini Denies Perjury', *DH* (8 juillet 1941).
740 Morton, *Bert Battles Rossi*, p. 49–50.
741 Angleterre et Pays de Galles, Registre national des homologations (Londres, 27 juin 1978).
742 'Disgraceful Scenes in a Club', *West Sussex Gazette* (29 janvier 1931) ; & 'Pulled Inspector's Nose', *Belfast News-Letter* (4 avril 1931).
743 GRO, Angleterre et Pays de Galles, Index des décès de l'état civil, vol.3, p.948, Edmonton, Essex, Edward Emanuel (mars 1943) ; & Elizabeth Mary Emanuel, Angleterre et Pays de Galles, registre national des homologations (3 février 1951).
744 Jackie Currigan, Interview, *CBBA* (1987).
745 'Goddard Trial Echo', *DH* (22 février 1929) ; 'Fascists in Skirmish', Liverpool Echo (13 juillet 1934) ; 'Bow Street' & 'Pickpockets Struggle with Detective He Robbed' *IPN* (25 avril & 26 décembre 1935) ; & 'Flying Squad Officer's Smart Capture', *Marylebone Mercury* (30 septembre 1939).
746 'Show Ground Till', *Western mail* (6 janvier 1926) ; 'Shadowed Bank Customers', *Belfast Telegraph* (1er mars 1926) ; & 'Sequel to Racecourse Incident', *Staffordshire Advertiser* (9 avril 1932).
747 'What Police Saw at Back of Fruiterer's Shop', *BDG* (31 mars 1936).
748 GRO, vol.9c, p.209.
749 Juliet Banyard, Courrier (7 septembre 2013).
750 TBL, Angleterre et Galles, Registres électoraux 1920–1932, Référence SPR.Mic.P.226/BL.B.68 (1921).
751 GRO, Angleterre et Pays de Galles, Index des décès de l'état civil, 1916–2007, vol.6d, p.11 (1926) & Banyard, Courrier.
752 GRO, Angleterre et Pays de galles, Index de l'état civil (1926) vol.1b, p.1341 (19 juillet 1926).
753 TBL, Angleterre et Pays de Galles, Registres électoraux 1920–1932, Référence SPR. Mic.P.316/BL.F.1 & SPR. Mic.P.316/BL.F.1 (1923 & 1927).
754 'Angry Crowd', *Nottingham Journal* (24 mars 1925).
755 McDonald, *Gangs of London*, p.187–188 & 344.
756 Dey, p.210.
757 Par exemple *Western Morning News* (12 avril 1938).
758 'Freehold', *The London Gazette* (27 mai 1932).

759 TNA, Chambre de commerce : Service du commerce, des statistiques et organismes, Listes des passagers à l'arrivée ; Classe BT26, Pièce 1160.
760 Banyard, Courier.
761 'Late Mr Bradshaw Smith', Devon and Exeter Gazette (25 octobre 1940).
762 'Personal and General', *Bedfordshire Times and Independent* (5 décembre 1941).
763 'Mr W. Kimber', Coupure de presse.
764 William Kimber, Angleterre & Pays de Galles, Registre national des homologations, Llandudno (20 octobre 1945).

Postface

765 'Eden Club Case Stabbing', *MG* (19 novembre 1924).
766 Magee, p.152.
767 Bebbington, p. 100–104; McDonald, *Gangs of London*, p.255 ; 'Story of Race-Gang's Hatchets and Truncheons', *DH* (10 juin 1936) ; 'No Mercy for Gang Violence', *DM* (30 juillet 1936) ; & 'Alleged Wounding on Racecourse', *DET* (28 juillet 1936).
768 John Carey, 'Book Review', *Independent* (2 janvier 1993).
769 Norman Sherry, *The Life of Graham Greene, vol. 1, 1904–1939* (Londres, 1989), p. 634–636.
770 Carey, 'Book Review'.
771 Graham Greene, "Lettre à Carl Chinn" (9 mai 1988).
772 Graham Greene, *Brighton Rock* (1re édition 1938 ; éd. Middlesex 1970), p.61.
773 'Alleged Wounding on Racecourse', *DET* (28 Juil. 1936).
774 Jake Arnott, 'Mad, bad and dangerous to know', *TG* (20 juillet 2002) & Greene, Lettre.
775 MEPO 3/9190, Détective inspecteur Burt, Rapport (2 mai 1935).
776 'Brutal Attack on Police Officers', *IPN* (12 mai 1927).
777 MEPO 3/9190, Anonyme, Lettre (mai 1935).
778 *Ibid.*, Inspecteur en chef Sharpe, Rapport (5 juillet 1935).
779 Morton, *Gangland. London's Underworld*, p. 44–45.
780 'Bert marsh of Clerkenwell', *SDT* (10 juillet 1923).
781 HO 45/23691, Ottavio Sabini, Déposition (3 décembre 1940).
782 'Assault at Races', *WG* (14 octobre 1924).
783 HO 45/23691, Détective inspecteur Greens, Rapport.
784 Morton, *Gangland*, p. 27 & 70–73.
785 'Glinski on Trial for Perjury Charge', *Liverpool Echo* (7 novembre 1955).

Le bookmaker de Birmingham Bill Ashby, debout à gauche, prend des paris pour le Portland Handicap à Doncaster peu après la fin de la Première Guerre mondiale. Ashby a dû payer le gang de Birmingham pour le tabouret sur lequel il se tient, la craie pour écrire les noms des chevaux et leurs cotes sur son tableau noir, ainsi que le seau d'eau et l'éponge avec lesquels il les efface. L'homme avec les liasses de papier est le commis, qui notait les paris, et derrière lui se trouve un tic-tac, qui transmettait les informations sur les paris aux autres bookmakers par des signaux de la main.

En haut : Une scène de l'hippodrome de Bromford Bridge, dans la banlieue de Birmingham, en septembre 1923. Le bookmaker Edward John Guy est au centre et compte son argent. Les bookmakers respectables comme lui auraient accueilli favorablement la trêve conclue entre le gang de Birmingham et les Sabinis et leurs alliés à la fin de 1921.

En bas : Le bookmaker de Birmingham Alfie Bottrell, connu sous le nom de Bottle, et de Joe White The Silver King, vers 1924. De nombreux bookmakers ont revêtu l'uniforme immédiatement après la Première Guerre mondiale. Le fils d'Alf, Horace, est devant à gauche.

Alf Prince, un bookmaker londonien avec une liste de courses sur son tableau imprimé par la Portsea Press d'Edward Emanuel et probablement vendu par des associés de Darby Sabini.

En haut à droite : Henry Tuckey en 1906, l'un des membres du gang de Birmingham emprisonné après l'embuscade d'Epsom Road en 1921. Il avait été un slogger, un précurseur des œillères de pointe.

© West Midlands Police Museum.

Au milieu : William Darby au début du XXe siècle avec trois de ses enfants. En juin 1921, il a été arrêté à Epsom avec deux autres hommes de Birmingham pour avoir menacé des bookmakers. Cette photo m'a été donnée par sa nièce, la regrettée Ann Middleton née Darby, une femme merveilleuse qui a généreusement partagé avec moi ses souvenirs vivaces de la vie à Birmingham.

© BirminghamLives Archive

En bas : Le quartier d'Emily Street à Birmingham avant qu'il ne soit nettoyé dans les années 1930, avec la flèche de St Martin's dans le Bull Ring en arrière-plan. Ce quartier était dominé par des maisons adossées et de petits ateliers, et plusieurs membres de la mafia de Banks y résidaient.

© BirminghamLives Archive

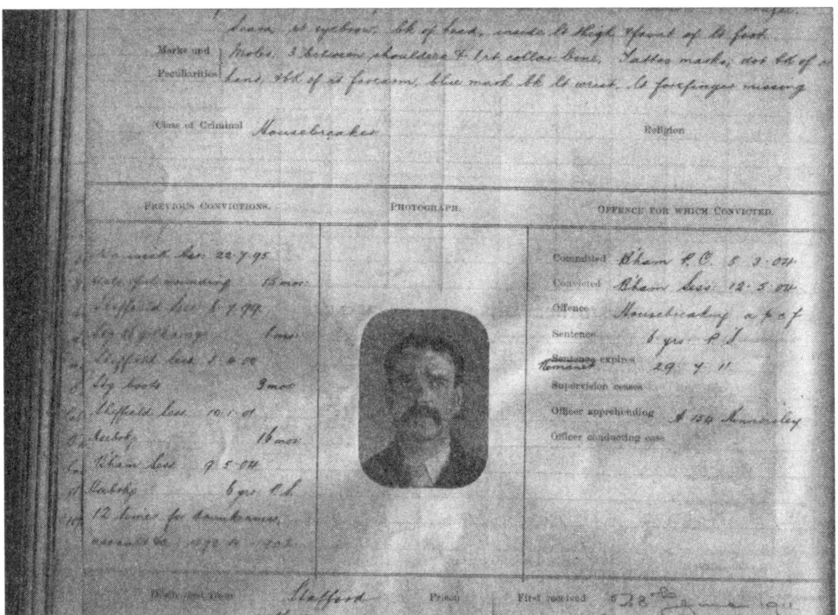

En haut : Moses Kimberley en 1907, l'un des chefs du gang de Birmingham qui a échappé à la capture après l'embuscade d'Epsom Road. Il a été impliqué dans l'égorgement de Thomas Macdonald en 1925. *© West Midlands Police Museum*

En bas : Thomas MacDonald, un coureur de pointe qui devint l'un des Birmingham Boys et l'un des principaux joueurs d'hippodrome. Cette photo a été prise en 1910, quinze ans avant son affrontement avec Kimberly. *© West Midlands Police Museum*

Rencontrez les Kimber : Billy Kimber lui-même (en haut © Brian MacDonald) avec ses deux filles issues de son premier mariage à Birmingham. Son aînée, Maude, avait seize ans en 1917 (en bas à droite © Juliet Banyard) et Annie (ci-dessus © Juliet Banyard) qui avait vingt-quatre ans lorsque cette photo a été prise en 1927. Kimber les a abandonnées toutes deux à la pauvreté lorsqu'il a quitté leur mère en 1910.

Des foules immenses d'amateurs de courses au Derby d'Epsom en 1920 remplissent les espaces entre les bookmakers. Au milieu, la bannière blanche de Beresford et Smith – Walter Beresford était la figure de proue de la création de la Bookmakers' and Backers' Racecourse Protection Association.

© Alamy

En haut : Rare photographie du premier dîner annuel de la Bookmakers' and Backers' Racecourse Protection Association au restaurant Holborn le 6 décembre 1921. On y voit Edward Emanuel, considéré comme le patron de la pègre juive de l'East End, et Walter Beresford, président de l'Association, à la table du haut.

À droite : Le comité national de l'Association de protection des bookmakers lors de son dîner à Birmingham le 18 mars 1925.

BIRMINGHAM GAZETTE, WEDNESDAY, 18 MARCH, 1925.

D CHANGE: BILLIARDS CHAMPION IM

GOLFING GOSSIP.

FORTHCOMING EXHIBITION MATCHES AT MOSELEY.

IN AID OF W. H. ADWICK

BY A MIDLAND GOLFER.

There will be much satisfaction in local golfing circles at the news that a date (Monday, 6 April) has been definitely fixed for the exhibition matches at Moseley, and that four such famous players as Sir Ernest Holderness, Mr. Cyril Tolley, J. H. Taylor, and James Braid will take part in them.

As explained in this column recently these matches are in aid of W. H. Adwick, the late professional to the Copt Heath Club.

It should be mentioned that Adwick was a corporal in the Grenadier Guards, and that his war record was an excellent one. He was severely wounded, and is unfortunately still suffering from the effects of his injuries. It will thus be seen that while local golfing enthusiasts will be provided with a popular form of entertainment, they will at the same time contribute to a deserving cause.

Before passing on to some comments on

LAWN TENNIS AFFAIRS.

ANOTHER RULING CONCERNING AMATEUR STATUS.

HOTEL EXPENSES.

The Council of the Lawn Tennis Association, at a meeting in London yesterday, passed the following resolution:—

"Any lawn tennis player accepting a reduction of more than 40 per cent. in the ordinary charges at hotels, and similar establishments in connection with the playing of the game at any tournament, match, or competition will forfeit his or her amateur status under Rule 27 (E) of the Rules of the L.T.A., and the offering of such reduction to any player in connection with any tournament will render such meeting liable to have the sanction of the Council for its holding withdrawn, and future sanction refused.

"Any reduction not exceeding 40 per cent. which is offered must be extended without distinction to all lawn tennis players taking part in the tournament, match, or competition concerned."

'NATIONAL HOCKEY IN BIRMINGHAM.

Next Saturday's Big Match At Edgbaston.

ENGLAND V. IRELAND

BY BULLY-OFF.

There was a time, not so long ago, when the Hockey Association, whose home, of course, is in London, reserved the "plum" of the international contests for the "home" district. For instance, the game with Ireland, always England's strongest foes, was played biennially on London district grounds, such as Richmond, Wimbledon, Surbiton, Bromley, Kensington, or Beckenham.

In those days we Midlanders had to be satisfied with an occasional (very) glimpse at the other international aspirants, Wales and Scotland.

Naturally we were querulous Midlanders, and were told that we hadn't suitable grounds or that our patronage was not liberal enough. We exploded both notions in 1914 at Bournville and

BOOKMAKERS' PROTECTION ASSOCIATION.

The National Committee of the Bookmakers' Protection Association held their dinner and meeting at the Central Hotel, Birmingham. Picture shows the delegates.

En haut : Le pub Elephant and Castle, 18-19 Green's End à Beresford Square en 1957. Ce pub a donné son nom au gang des Elephant Boys du sud de Londres.

© The London Picture Archive

En bas : L'angle d'East Road et de Nile Street par Allerton Street, Hoxton, en 1936. Nile Street fut le lieu de la bataille du Nile en 1921 entre les Titanics de Hoxton et le Gang Sabini.

© The London Picture Archive

En haut : Une scène de rue à Hoxton vers 1902. Un grand groupe de résidents locaux est aligné pour l'occasion. L'endroit pourrait être Boot Street, à côté du marché de Hoxton.

En bas : Mornington Crescent, à l'angle de Hampstead Road, à Camden, où George « Brummy » Sage vivait dans le confort au début des années 1920 grâce à sa criminalité.

En haut : Le gang Sabini en 1920. Le deuxième à partir de la gauche est Joe Sabini et Harry Cortesi est assis. À sa gauche et sans chapeau, Angelo Gianicoli et à la droite de Cortesi, Darby Sabini avec une casquette plate et une chemise sans col. À côté de lui, Gus Cortesi et derrière lui, à droite, Harry « Boy » Sabini.

© Islington Local History Centre

En bas : Un groupe d'hommes italiens est assis au soleil ou se prélasse dans l'embrasure d'une porte dans une rue de Saffron Hill, le point central de la Petite Italie de Clerkenwell.

© Mary Evans Picture Library/MARGARET MONCK

À gauche : Alfie Solomon à l'hippodrome de Hurst Park dans les années 1920.

© *Brian McDonald*

À droite: Un ticket de pari pour Sydney Lewis, dont le vrai nom était Simeon Solomon. Simeon était le jeune frère du vrai Alfie Solomon.

© *Carl Chinn Bookmaking Archive*

George Langham, de son vrai nom Angelo Gianicoli, ami de longue date de Darby Sabini et membre du cercle restreint de la bande à Sabini dans les guerres des hippodromes.

En haut : Un groupe de jeunes hommes joue en lançant des pièces de monnaie. Le banquier est au milieu et vient de lancer les pièces en l'air avec sa main droite, et les autres jeunes regardent vers le haut les pièces qui tournent.

En bas : Prise vers 1925, cette photo montre George « Ganner » Wheywell, à gauche, portant les bretelles. Originaire de la Park Brigade et du Garvin's Gang, il a ensuite changé de camp pour rejoindre le Mooney Gang. Debout à droite, portant un chapeau à pompon, se trouve Harry Rippon, également membre du Mooney Gang.

En haut : Le carrefour d'Attercliffe Road et de Princess Street, près du Rawson's Arms et de l'endroit où William Plommer a été attaqué et a reçu ses blessures mortelles le 27 avril 1925. *The National Archives PCOM8/58*

En bas : Wilfred Fowler, l'un des deux frères pendus pour le meurtre de William Plommer. *The National Archives PCOM8/59*

En haut : Une photo de Darby Sabini plus tard dans sa vie, dans le jardin de sa maison à Hove.

© Unknown

À droite : Billy Kimber lors d'une croisière effectuée avec sa deuxième famille dans les années 1930. Sa première famille n'a pas eu autant de chance, vivant dans la pauvreté à Birmingham après avoir été abandonnée en 1910, et sa femme, Maude, est décédée en 1926. Son arrière-petite-fille, Juliet Banyard, se souvient que sa propre mère, Sheila Jones, a un jour essayé de trouver la tombe de Maude, mais comme elle avait eu des funérailles de pauvre, il n'y en avait pas : « Elle en est toujours folle, sachant que Billy avait de l'argent ». Cette photo a été envoyée à la mère de Sheila, Annie, la deuxième fille de Kimber de sa famille de Birmingham.

© Sheila Jones, Juliet Banyard